일러두기

- 이 책은 MBN에서 방송한 〈신들의 사생활 Ⅱ-그리스 로마 신화〉의 내용을 따랐습니다.
- 이 책은 국립국어원 표준국어대사전과 외래어 표기법을 따르되, 일부 명칭은 학계에서 사용하는 통칭을 따랐습니다.
- 이 책에 나오는 인명과 지명 등은 그리스식 표기를 따르되, 필요한 경우 로마식 표기를 나란히 적었습니다.
- 본문에 실린 이미지 정보는 '작품명, 화가명, 소장처' 순으로 기재했습니다. 단 소장처가 정확히 알려지지 않은 경우 기재하지 못했습니다. 정보를 아시는 분은 출판사로 연락 부탁드립니다. 확인되는 대로 보완해 나가겠습니다.
- 이 책에 수록한 작품의 대부분은 저작권 허가를 받았습니다. 일부 예외의 경우는 추후 저작권자가 확인되는 대로 절차에 따라 계약을 진행하겠습니다.

상상 그 이상의 신神 세계!

신들의 사생활 2
그리스 로마 신화

〈신들의 사생활-그리스 로마 신화〉
제작팀 지음

프롤로그

즐거운 여행을 위한 삶의 나침반, 신화

우리는 콘텐츠 과부하 시대에 살고 있습니다. 요약된 책을 읽고, 고속 재생으로 영상을 보는 것에 익숙합니다. 매일 업데이트되는 새로운 콘텐츠를 볼 시간도 부족한데, 기원전부터 이어져온 고대 그리스 신화 속 12신에 대해 이야기하려고 합니다. 우리는 왜 이 오래된 이야기를 계속해서 듣고 읽는 것일까요?

신화학자 조지프 캠벨은 신화가 사람들에게 내면으로 돌아가는 길을 가르쳐준다고 말했습니다. 우리는 신화 속 신과 영웅이 겪는 온갖 사건과 시련에 대해 들으면서 그 속에 담긴 메시지를 발견합니다. 그리고 지금 우리가 겪고 있는 삶의 문제를 해결할 실마리를 찾게 됩니다.

이번 기획은 올림포스 12신을 모두 다뤄보자는 김헌 교수님의 제안에서 시작됐습니다. 여기에 설민석 선생님이 현대인이라면 누구나 이해하고 공감할 수 있는 12신 캐릭터를 만들고, 마치 살아 숨 쉬는 것 같은 생동감을 불어넣어 주신 덕분에 시청자의 공감대를 살 수 있는 매력적인 신들이 탄생하였습니다. 또한 이창용 선생님이 보여주신 다양한 미술 작품은 신화를 더 깊고 재미있게 즐길 수 있게 한 원동력이 되었습니다.

이 지면을 빌려 더욱 방대해진 자료를 꼼꼼하게 검토해 주신 전문 검수자님들께 깊은 감사를 드립니다. 함께 이야기꽃을 피워주신 한가인, 유병재, 김소현, 송경아, 에녹, 카라 한승연, 배다해, 이현이, 오마이걸 승희 님께도 특별한 감사를 드립니다. 무엇보다도 깊은 감사의 마음을 독자 여러분께 전합니다. 신들의 사생활 1권을 향해 보내주신 사랑 덕분에 두 번째 여행을 시작할 수 있었습니다.

신화에서는 인간이 고개를 들어도 시선이 닿지 않는 하늘 위에 신들의 거처가 있다고 말합니다. 고대 그리스인은 신화라는 신성한 그릇으로 신의 이야기를 빚어냈지만, 그 안에는 인간사의 거의 모든 문제가 담겨 있습니다. 신화가 시작되었던 그때부터 사람들은 이야기에 등장하는 신들을 통해 인간의 내면을 들여다보고, 더 나은 삶을 고민했을 것입니다. 이 책을 읽는 여러분도 그리스로마 신화를 통해 내면을 들여다볼 수 있는 즐거운 삶의 여행을 떠나보시길 응원합니다.

〈신들의 사생활-그리스 로마 신화〉 제작팀

차례

프롤로그 ✛ 즐거운 여행을 위한 삶의 나침반, 신화   004

첫 번째 이야기 ✛ **영웅의 탄생! 헤라클레스**   009
— 헤라의 젖을 먹고 자란 비범한 영웅

두 번째 이야기 ✛ **엄마 찾아 삼만 리, 헤파이스토스**   045
— 버림받은 아이에서 올림포스의 신이 되기까지

세 번째 이야기 ✛ **술의 탄생, 디오니소스**   077
— 밤낮으로 벌이는 기쁨의 축제

네 번째 이야기 ✛ **아테네에서 생긴 일, 포세이돈 vs 아테나**   107
— 세기의 재판에서 가려진 승리자

다섯 번째 이야기 ✛ **다재다능한 신, 아폴론**   139
— 강렬한 빛을 내며 어둠을 몰아내는 태양의 신

여섯 번째 이야기 ✛ **헤르메스의 성공 신화**   167
— 모든 역경과 고난을 이겨낸 명품 조연

일곱 번째 이야기 ✥ **아르테미스의 분노와 복수 그리고 사랑**   199
— 순결의 여신을 찾아온 단 하나의 사랑

여덟 번째 이야기 ✥ **결혼과 가정의 여신, 헤라 이야기**   231
— 결혼과 이혼 사이

아홉 번째 이야기 ✥ **데메테르와 하데스**   259
— 인간의 끝없는 탐욕이 가져온 비극

열 번째 이야기 ✥ **황금 사과의 주인**   291
— 가장 아름다운 여신, 황금 사과를 가져라

열한 번째 이야기 ✥ **에로스와 프시케의 사랑**   319
— 사랑의 위대한 힘

열두 번째 이야기 ✥ **왕좌의 게임, 기간토마키아**   357
— 우리 모두의 세상을 지키기 위한 최후의 항전

에필로그 ✥   400

첫 번째 이야기

영웅의 탄생!
헤라클레스

그의 외모만 보더라도
제우스의 아들임에 분명했다.
몸은 네 완척이었고,
눈에서는 섬광이 빛나고 있었기 때문이다.
- 아폴로도로스, 『신화집』

첫 번째 이야기
영웅의 탄생! 헤라클레스

✥ 제우스의 '영웅 만들기'

설민석 올림포스를 차지한 제우스 Zeus. 모든 걸 가진 그에게도 고민이 있었습니다.
야만족인 기간테스 Gigantes라는 종족이 있어요. 상반신은 인간이고 하반신은 용의 비늘로 뒤덮였죠.

> **기간테스(Gigantes)**
> 신화 속 엄청난 크기의 몸집을 가진 거인족. 오늘날 '자이언트(giant)'의 어원.

크기를 가늠할 수 없을 정도로 거대한 기간테스가 올림포스를 침공하려 한다는 첩보를 입수한 겁니다. 그런데 이런 신탁이 내려왔다는 소문도 돌아요. "너희 신들 모두의 힘을 합쳐도 결코 기간테스를 물리치지 못할 것이다. 그러나 필멸必滅의 인간이 나타나

기간토마키아
작자 미상,
튀르키예
이스탄불
고고학박물관

여기 신들의 세상을 구하리라!"

단꿈 필멸의 인간이요? 인간이 구한다고요?

설민석 신들도 이기지 못하는 괴물을 인간이 어떻게 이기나요? 말도 안 되는 소리죠. 그런데 우리 신화 속에서 신탁은 단 한 번도 틀린 적이 없습니다. 그래서 제우스는 생각합니다. '과연 그럴 만한 인간이 있다면 혹시 영웅 중에 있지 않을까?'

그리스 로마 신화에서 말하는 영웅은 신과 인간이 결합해서 낳은 아이죠. 행위적 영웅이 아니라 생물학적 영웅이에요. 제우스는 그런 영웅 중 누군가가 세상을 구할 거라 짐작하죠. 그중에도 자신의 DNA를 가진 아이가 세상을 구하지 않을까 생각합니다. 자,

이렇게 판단한 제우스가 어떤 행동을 했을까요?

단꿈 아이가 생겨야겠네요. 영웅이 될 아이를 만들기 위해 최대한 노력을 많이 하는 건가요?

설민석 맞습니다. 인간 여인들을 무수히 만나고 다녀요.

단꿈 너무 제우스답네요.

설민석 그리고 운명의 여인을 만나게 됩니다. 그녀의 이름은 알크메네Alcmene. 그리스 로마 신화에 안 예쁜 여인이 없지만, 이 여인도 굉장히 아름다웠어요. 원전에 보면 단순히 예쁜 게 아니라 늘씬하고 키가 컸고요, 고결하고 지혜로웠다고 해요.

> 그녀는 부드러운 여성 종족 중에
> 용모에 있어서나 몸의 크기에 있어서나 특출났으며,
> 지성에서도 필멸의 남자와 잠자리하여 낳은 자 중에
> 어느 누구도 그녀와 겨룰 수 없었다.
>
> ✎ 헤시오도스, 『헤라클레스의 방패』

제우스는 한눈에 반합니다. 그런데 유부녀예요. 장군의 부인이었어요. 마침 장군은 전쟁하러 떠나고 그녀 홀로 있습니다. 세상을

사랑을 나누는 장면(연인) 줄리오 로마노, 러시아 에르미타주미술관

구하는 영웅을 만들기 위해 저 여인과 사랑을 하고 싶은 제우스, 과연 어떤 방법을 쓸까요? 본인의 주특기를 살립니다. 변신이죠. 알크메네가 집에 있는데 똑똑똑 소리가 들립니다. 문을 열었더니, 남편이 서 있어요. "여보, 나 돌아왔어. 열심히 싸워서 승리하고 돌아왔어." 물론 그 남편은 변신한 제우스였죠. "전쟁터에서 싸우는 동안 당신을 단 한 번도 잊은 적이 없어. 여보 사랑해." 그러면서 다짜고짜 그녀를 안고 침실로 향합니다. 그녀도 이해해요. 너무 오래 떨어져 있었잖아요.

두 사람은 뜨겁게 사랑을 나눕니다. 그런데 부인이 좀 이상한 걸 느껴요. 밤이 너무 긴 거예요. 해 뜰 때가 되었는데 뜨지 않아요. 계속 밤이 이어집니다. 사랑도 이어집니다.

단꿈 기분 탓인 건가요, 아니면 진짜로 밤이 긴 건가요?

설민석 언제 진짜 남편이 돌아올지 모르니까, 한 번 만날 때 길게 만나려고 제우스가 계략을 세운 겁니다. 태양 마차를 끄는 헬리오스Helios라는 신에게는 3일간 태양을 뜨지 않게, 밤의 신에게는 밤이 3일간 지속되게 해달라고 했거든요. 그래서 해가 뜨지 않고 3일 동안 밤만 계속된 거죠. 3일 밤낮 없이 사랑을 합니다.

> 제우스가 밤에 찾아왔고 한 밤을 세 배로 늘리고
> 암피트리온의 모습과 똑같이 하고는
> 알크메네와 잠자리에 들었다.
>
> ✎ 아폴로도로스, 『신화집』

긴 사랑을 끝내고 남편이 씻으러 간 사이 문밖에서 '똑똑똑' 소리가 들립니다. 알크메네가 문을 열었더니 "여보!" 하면서 남편이 서 있는 게 아닙니까.

단꿈 씻으러 갔잖아요.

설민석 진짜 남편이 온 거죠. 알크메네가 "아니, 여보……. 어떻게 여기에? 잠깐만!" 하고 목욕탕으로 달려가 문을 열었더니 아무도 없네요. 도무지 무슨 일인지 어리둥절해서 남편에게 얘기했죠. 뭔가 심상치 않았던 남편은 예언자를 찾아갔고 제우스가 다녀갔다는 사실을 알게 됩니다.

그런데 이야기가 여기서 끝나는 게 아닙니다. 알크메네가 임신한 겁니다. 전쟁터에 갔다 왔는데 아내가 제우스한테 속아 아이까지 가지다니요. 이 사실을 받아들일 수 있을까요?

단꿈 마음은 너무 아프지만 아이한테 죄가 있는 건 아니니까, 받아들일 수밖에 없지 않을까요?

설민석 착한 남편은 "내 사랑하는 아내가 품고 낳은 자식은 곧 나의 자식이야." 하면서 받아들입니다.

✤ 비범한 아이, 헤라클레스

설민석 제우스도 자신의 아이가 생긴 걸 지켜보고 있었어요. 그토록 원하던 영웅을 얻게 됐잖아요. 대략 태어날 날을 뽑아봤더니, 애가 왕이 될 팔자래요. 신이 나서 신들을 초대해 축하받습니다. 그런데 이 상황을 용서하지 못하는 자가 있어요. 부인 헤라Hera죠.

단꿈 헤라가 마음고생이 많네요.

설민석 가정의 여신에서 질투의 화신이 되어버린 그녀의 귀에도 소문이 들어갑니다. 분노한 헤라는 출산의 여신인 자기 딸을 불러 이 아이의 출생을 막고, 대신 그날 다른 왕비가 출산하도록 하라고 해요. 출산의 여신이 답해요. "엄마. 그 아이는 3개월 뒤에 태어나야 해. 너무 일러. 안 돼."

헤라는 질투하여……
에우리스테우스가 일곱째 달에 태어나도록 계획했던 것이다.

／ 아폴로도로스, 『신화집』

하지만 헤라를 막을 수 없었고, 출산의 여신은 그 아이를 3개월 일찍 조산시켜 버립니다. 원래 알크메네 배 속의 아이가 태어나야 할 시간에 왕비의 아이가 태어난 거죠. 그래서 두 아이의 운명이 바뀌었고, 훗날 이 칠삭둥이가 정말 왕이 됩니다.
한편 정작 나와야 할 알크메네의 아이는 못 나오고 있어요. 원전에 보면 출산의 여신이 아이가 나오는 걸 막는 장면이 나오는데요. 오른 다리를 왼 다리에 올리고 손은 깍지를 낀 채 주문을 외웠다고 해요.

오른 무릎을 왼 무릎 위에 올려놓고
손가락 깍지 낀 채…… 주문을 걸기까지 했지.

／ 오비디우스, 『변신』

출산의 여신의 자세에 따라 산모의 산도가 닫혔다 열렸다 하는 거예요. 아이가 나올 듯하다 안 나오는 걸 보고 시녀는 헤라가 방해하고 있다는 걸 깨달아요. 그때 꾀를 내 본인이 아이 울음소리를 냅니다. "어? 아이가 태어났어요! 응애~!" 그 소리에 출산의 여신이 깜짝 놀라 몸을 움직였고, 그 사이에 아이가 나오죠. 초우량아예요. 엄청난 아이가 태어났어요. 개연성을 좀 넣어보면요. 이 모습을 보고 너무 기뻤던 제우스는 아이에게 최고의 양식을 주려고 해요. 가정의 여신, 하늘의 여왕, 헤라의 젖을 먹이려고 해요.

단꿈 아유, 그걸 어떻게 먹여요?

수행원들에게 둘러싸여 헤라클레스를 출산하는 알크메네 프레데릭 바우타츠

설민석 제우스가 뭔들 못하겠어요. 제우스는 아이를 몰래 데려와 잠든 헤라의 젖을 물려줍니다. 다른 여자와 낳은 자식에게 자기 부인 젖을 먹이는 거죠. 느낌이 이상해서 잠을 깬 헤라는 놀라서 아이를 확 밀칩니다. 그런데 이 우량아의 빠는 힘이 너무 센 나머지 아이가 빨던 헤라의 모유가 뿜어져 나와 우주 전체에 뿌려집니다. 그렇게 흩뿌려진 모유가 오늘날 무엇으로 불릴까요?

단꿈 밀키웨이? 은하수?

설민석 정답. '밀키웨이 Milky Way'라고도 하는 은하수가 이렇게 생기게 됩니다. 헤라는 어이가 없었겠죠. 거기에 제우스는 이렇게 대처하지 않았을까요? "여보, 너무 화내지 마. 나에게 지금 좋은 생각이 떠올랐어. 이 아이의 이름 말이야, 당신 젖을 먹었으니까 당신 이름을 따서 헤라를 넣고, 헤라의 젖을 먹는다는 건 엄청난 영광이니까, 그것도 넣는 거야."

단꿈 글로리?

설민석 "글로리, 그리스 말로 클레스. 헤라클레스 Heracles! 이 아이가 나중에 유명해지면 당신의 명성도 같이 높아질 거야!"

영광을 뜻하는 글로리(glory)는 그리스어로 클레오스(kleos).

단꿈 어유, 입만 살았다.

설민석 헤라의 분노가 폭발할 수밖에요. 헤라는 결심합니다. "내 이름을 걸고 애를 반드시 죽일 거야. 가장 행복한 순간에 잔인하게 죽여 줄 거야."
시간이 흘러서 8개월이 지났어요. 아이가 양손에 각각 뱀 한 마리씩을 잡고 있네요. 꼭 코브라와 아나콘다처럼 생겼어요. 그런데 뱀들은 이미 숨이 끊어져 있어요. 헤라가 아이를 죽이려고 이 뱀들을 요람에 풀었던 거예요. 그걸 아이는 장난감처럼 잡았던 거고, 힘 조절이 안 돼서 죽여버린 거죠.

단꿈 힘이 장사였네요!

설민석 세월이 흘러 헤라클레스가 어른이 됐어요. 굉장히 우락부락한 모습일 것 같은데, 실은 꽃미남이에요.

그의 외모만 보더라도
제우스의 아들임에 분명했다.
몸은 네 완척이었고,
눈에서는 섬광이 빛나고 있었기 때문이다.

✒ 아폴로도로스, 『신화집』

헤라클레스가 18세가 됐을 때 이웃 나라가 쳐들어와 전쟁이 납니다. 제우스의 아들이자, 헤라의 젖을 먹은 헤라클레스는 적군을 한 방에 다 무찌르고 진짜 영웅이 됩니다. 생물학적 영웅일 뿐 아니라 행위적 영웅까지 된 거예요.

일등 신랑감이 된 헤라클레스는 착하고 아리따운 그 나라 공주님과 결혼을 하죠. 예쁜 아이들도 생겨요. 이때가 헤라클레스 인생에 가장 행복했던 순간이 아닐까 싶어요. 얼마나 행복했을까! 그런데 기억나세요? 가장 행복한 순간에 그녀가 찾아옵니다.

단꿈 맞다, 헤라! 가장 행복한 순간에 죽이겠다고 했잖아요.

설민석 헤라는 잊지 않았어요. 기다렸을 뿐. 사냥을 마치고 집에 돌아온 헤라클레스가 아내와 아이들을 부릅니다. "여보, 나 왔어. 저녁 먹자. 얘들아." 그런데 아무 소리도 안 들려요. 이상해서 돌아보니 "크아아앙!" 하는 짐승 울음소리와 함께 집안에 짐승 무리가 나타난 겁니다.

이 짐승들이 가족을 해쳤다고 생각한 헤라클레스는 눈에 뵈는 게 없어요. 무서운 힘으로 앞에 있는 하이에나를 잡아서 찢어버리고 다른 놈은 화로에 던져버립니다. 도망가는 두 마리는 화살로 같이 꿰뚫고요. "너희들 도대체 어디서 온 거야. 누가 보낸 거야." 하며 한 놈의 대가리를 들었는데, 아니 이게 무슨 일이죠? 아내 머리인 거예요. 헤라가 광기를 불어넣어서 가족을 하이에나로 착각하게 만든 것이었습니다.

단꿈 아, 어떡해요.

설민석 돌아보니 자기 아이들이 처참하게 쓰러져 있어요. 아이를 감싸 안고 도망가던 아내는 화살로……. 이 참혹한 상황에서 헤라클레스는 어떤 심정일까요? 헤라가 꾸민 일이라는 사실을 모르기 때문에 복수할 생각도 못 하고, 오로지 자신을 탓하죠. 자기가 잠깐 미쳐서 그런 건 줄 알아요.

단꿈 아, 너무 힘들겠는데요. 전 못 살 것 같아요.

설민석 헤라클레스는 과연 어떤 선택을 할까요? 잠시 후에 이야기할 게요!

그림과 신화

은하수의 기원 틴토레토, 영국 내셔널갤러리

단꿈   헤라의 젖이 뿜어져 나와 은하수가 만들어졌다고 했는데, 혹시 그림으로 남아 있는 게 있을까요?

이창용   굉장히 많은데, 대표적인 두 작품을 소개하겠습니다. 첫 번째 작품은 베네치아 학파 3대 화가 가운데 한 사람으로 불리는 틴토레토Tintoretto의 〈은하수의 기원〉이라는 작품입니다. 두 번째는 바로크 거장으로 불리는 루벤스Rubens의 〈은하수의 탄생〉이라는 작품입니다.
틴토레토의 작품 우측을 보면, 번개를 쥐고 있는 독수리가 등장합니다.

제우스의 상징이죠. 우측 하단에는 공작새가 있어요. 헤라의 상징이죠? "지금 이 작품은 제우스와 헤라의 이야기를 하겠습니다." 하고 작가가 친절하게 알려주는 거예요. 이런 걸 '이콘'이라고 합니다. 일종의 이름표를 붙여주는 거죠.

> **이콘(Icon)**
> '그림', '도상'을 뜻하는 그리스어에서 유래되었으며, 종교나 신화적 주제를 표현한 미술 작품에 나타난 인물 또는 형상을 나타내는 일종의 이름표.

단꿈 아이콘이라는 말이 여기서 나온 건가요?

이창용 '이콘' 또는 '아이콘'이라고도 하지요. 이런 상징물을 통해 제우스와 헤라가 이야기의 주인공이라는 것을 확인할 수 있습니다. 두 작품 모두 아이

은하수의 탄생
페테르 파울
루벤스, 스페인
프라도미술관

첫 번째 이야기 · 영웅의 탄생! 헤라클레스

가 젖을 빨고 있는 모습으로 등장하지만, 자세히 보면 두 그림에는 큰 차이점이 있어요. 뭘까요?

단꿈 틴토레토의 그림에서 헤라는 굉장히 놀라고 당황스러워하는데, 루벤스의 그림에서는 본인의 의지도 있는 것처럼 보이는데요?

이창용 그렇죠. 우리가 들은 이야기 속 헤라는 젖을 먹이는 것에 대해 동의한 적도 없고 그 상황 자체를 굉장히 기분 나빠했어요. 틴토레토의 작품은 신화의 내용을 정석대로 그리고 있습니다. 화면 뒤쪽에 침대가 놓여 있죠. 조금 전까지 저 침대에 누워 잠들어 있던 헤라가 지금 깜짝 놀라서 벌떡 일어나는 장면이에요. 오른손으로 침대를 짚고 마치 "아야!" 하면서 일어나는 것처럼 보이잖아요. 제우스는 하늘에서 몰래 날아와 젖을 먹이다가 놀라 도망치려는 것처럼 보이고요.

반면에 루벤스의 그림을 보면 좀 이상해요. 헤라가 헤라클레스를 품에 안고 있고, 자기 손으로 젖을 짜서 먹이고 있어요. 신화의 내용과는 전혀 다른 모습으로 그려졌죠. 루벤스가 신화 내용을 정확하게 알지 못했다고 말할 수도 있겠죠? 하지만 루벤스는 인문학자였어요. 그가 신화의 내용을 모를 리 없었겠죠. 그렇다면 이건 의도적으로 다르게 그렸다는 거예요.

사실 사연이 있어요. 루벤스가 이 그림을 그리기 얼마 전에 자기보다 37살이나 어린 헬레나 푸르망이라는 여자와 결혼을 합니다. 다섯 명이나 되는 자식을 낳았을 정도로 사이도 돈독했었어요. 아마 이 그림을 그렸을 때쯤 아이가 태어났고, 루벤스는 자신의 아들이 헤라클레스처럼 건강하게 자라기를 바라는 마음으로 그렸던 것이 아닐까, 추정해 볼 수 있습니다.

김헌 저는 신화학자로서 저 그림이 다르게 해석되네요. 신화적으로만 따지면, 틴토레토의 그림은 그 장면을 사진처럼 그대로 묘사했어요. 루벤스 그림은 헤라가 헤라클레스를 미워했지만, 앞으로는 이렇게 친한 사이가 될 거라는 내용을 미리 그려 넣은 것이 아닌가 싶어요.

루벤스와 아내 헬레나 푸르망 그리고 아들 프란스
페테르 파울 루벤스, 미국 메트로폴리탄미술관

단꿈 그러니까 스포일러가 되는 건가요?

설민석 스포일러인지 아닌지는 이야기를 끝까지 들어보면 알 수 있겠죠?

✥ 왜 헤라클레스에게 헤라의 젖을 먹였을까?

단꿈 그런데 제우스는 하필이면 왜 헤라의 젖을 먹였을까요?

김헌 제가 제우스의 충실한 변호사로서 말하자면, 제우스에게 다 깊은 뜻이 있었다고 생각돼요. 일차적으로 생각할 수 있는 건 권력을 지키기 위해서예요. 막강한 기간테스와의 싸움을 앞두고 있는데, 신탁에서 필멸의 인간이 가세해야만 승리할 수 있다고 했죠. 그러면 이 아이가 강력해져야 해요. 비록 인간으로 태어났지만, 신들의 젖을 먹이면 신과 같은 힘과 능력을 갖지 않을까 해서 여신을 택했을 거예요.

그런데 자기에게 호의적일 수 있는 다른 여신들 중에서 택해도 되는데, 왜 하필 헤라였을까요? 제우스 심보가 못됐다고 해석하면 재미없을 것 같고요. '제우스는 분명히 깊은 뜻이 있었을 것이다.'라고 생각해 보면 이렇게 해석할 수 있어요. 누군가의 젖을 먹었다면 그 사람의 자식이라고 할 수 있는 거잖아요. "너는 헤라의 젖을 먹은 아이다. 너의 진정한 어머니는 헤라다." 그래서 이름도 헤라클레스가 된 거죠. '신들과 기간테스의 전쟁에서 마지막 화룡점정을 찍을 아이에게 헤라의 이름을 주자.' 그 이름 그대로 헤라에게 영광을 주기 위해서요. 이런 메시지가 담겨 있다고 생각해요. 그러려면 헤라의 젖을 먹일 수밖에 없던 거죠.

헤르메스가 변신한 것으로 추정되는 인물

* 그림 해석에 따라 다양한 견해가 있을 수 있습니다.

단꿈   제우스가 이렇게까지 할 때 옆에서 직언해 주는 신은 없는 건가요?

김헌   알크메네에게 접근한다는 사실을 아는 신은 있었어요. 제우스의 자식이면서 비서실장인 헤르메스Hermes죠. 문제는 "아버지, 이러시면 안 됩니다."가 아니라 "아버지가 장군으로 변장하셨으니 저는 시종으로 변장하겠습니다."라고 한 거죠. 그래서 헤르메스가 시종으로 변해 밤에 그 집 앞에서 망을 봤어요.

한편 진짜 남편인 암피트리온Amphitryon은 집에 가기 전에 시종인 소시아Sosia에게 "내가 온다는 소식을 먼저 전해라."면서 보내거든요. 소시아가 오니까 집 앞에 누가 서 있는 거예요.

"당신, 누구입니까?" 하니까, "나는 암피트리온 장군의 시종 소시아인데요." 하지 뭡니까. 가만 보니 자기랑 똑같이 생겼어요. "아니, 제가 소시아인데 누구십니까?" 그랬더니 상대방이 "아니, 내가 소시아인데, 당신 누구야?"라고 하면서 진짜 소시아의 목을 잡고 막 때립니다. 그러곤 다시 묻죠. "너 이름이 뭐라고? 아직도 소시아야?" 그러니까 진짜 소시아가 "저 소시아 아닌 거 같아요." 해요. 쫓겨난 소시아가 돌아가면서 기도를 하죠. "불멸의 신이시여, 제가 분명히 소시아인데 저는 저를 어디서 잃어버린 겁니까?"

설민석 기가 막히네요.

김헌 그러니까 헤르메스는 직언을 하기보다, 충실하게 비서실장의 일을 또 한 거죠.

✦ 헤라클레스의 12과업

단꿈 설민석 선생님, 스스로 가족을 전부 죽인 우리 헤라클레스는 어떻게 되는 건가요? 살아도 사는 것 같지 않았을 텐데요.

설민석 헤라클레스는 죽으려고 칼까지 가져왔어요. 그런데 불현듯 스친 생각이 있어요. 이대로 저세상에 가면 아내와 자식들 얼굴을 볼 수 없을 것 같은 거죠. 죄를 지었으면 죗값을 치르는 게 죽은 아내와 자식들에 대한 도리라고 생각하게 됩니다. 그래서 신전에 가 신탁을 구합니다. "저는 어떻게 해야 할까요?" 그랬더니 "어느 나라에 가면 어느 왕이 있는데 그를 찾아가면 너의 죄를 씻을 방법을 알려줄 것이다."라고 신탁이 내려와요. 헤라클레스는 그 길로 산 넘고 물 건너서 그 왕을 찾아갑니다. 그런데 그 왕이 누구일까요? 바로 헤라클레스 대신 3개월 먼저 태어난 칠삭둥이였습니다. 이게 그리스 로마 신화죠. 내 운명을 빼앗은 자! 뒤바뀐 운명이 다시 만나는 거예요.

헤라클레스가 찾아가서 죄를 씻을 수 있는 방법을 묻자, 왕은 식은땀을 흘립니다. 헤라클레스의 눈에는 보이지 않지만, 왕의 배후에 헤라가 있었던 겁니다. 헤라는 헤라클레스가 찾아올 테니 무조건 자기가 시키는 대로 하라고 했죠. 왕은 허수아비였어요.

"사자를 죽여라. 네메아의 사자를 죽이고 와. 그러면 죄의 사함을 받을 것이다." 이건 사실 헤라클레스에게는 너무 쉬운 과제였어요. 젊어서 사자를 때려잡은 적이 있거든요.

단꿈 사자도요?

설민석 헤라클레스의 조각상이나 그림을 보면 투구를 쓴 것처럼 표현돼 있는데, 그게 사자예요.

자기가 죽인 사자의 가죽을 벗겨서 투구와 망토처럼 쓰고 다녔죠. 사자를 잡으러 간 헤라클레스는 주저 없이 가서 활을 쏩니다. 그런데 활이 박히지 않고 튕겨 나와요. 창으로 찔러도 안 들어가요. 평범한 사자가 아닌 거예요. 아무래도 안 되겠다 싶어 뒤에서 확 덮쳐서 사자의 목을 조릅니다.

그런데 아무리 힘을 써도 안 죽는 거예요. 그렇게 30일간 목을 졸라요. 결국 30일 만에 사자를 죽이며 첫 번째 미션을 완수합니다. 사자를 잡으면서 헤라클레스는 인내심을 배우게 됩니다.

헤라클레스 동상 작자 미상, 독일 레지덴츠박물관

살아 돌아왔더니 왕도 헤라도 놀라죠. 그리고 새로운 미션을 줍니다. 이번에는 물뱀, 히드라Hydra를 잡아 오라고 해요.

단꿈 독을 뱉는 뱀 아닌가요?

설민석 맞아요. 독을 뿜는데 심지어 목이 9개예요. 이번에도 헤라클레스는 덤덤해요. 8개월 때 이미 잡았잖아요. 거기에 머리 몇 개 더 있는 정도니 쉬운 상대였던 거죠.

헤라클레스에게는 이올라오스Iolaos라는 조카가 있었는데, 자기도 데려가 달라고 하는 거예요. 그래서 조카의 마차를 타고 두 사람은 밤낮없이 달려갑니다. 낮에는 해를 따라 가고 밤에는 횃불을 하나 꽂고 가죠. 드디어 히드라가 사는 물가에 다다른 헤라클레스는 칼을 꺼내 목을 벱니다.

히드라의 목이 뚝 떨어지죠. 그다음 목을 베려고 다시 칼을 드는데 이럴 수가! 아까 벤 자리에서 목이 동시에 2개가 자라나지 뭐예요.

단꿈 하나를 벴는데 2개가 난 거예요?

설민석 그러니까요. 또 벴죠. 거기서 또 2개가 나와요. 칼을 휘둘러봐도 9개의 목이 18개가 되고 36개가 되는 겁니다. 늘어난 머리에서는 독이 정신없이 날아오고요. 지켜보는 헤라는 신이 납니다. 원전을 보면 지원군으로 게도 보낸다고 나와요. 보통 게가 아니라 크기가 집채만 합니다. 이 위기를 어떻게 극복할 수 있을까요?

당황하던 헤라클레스는 절체절명의 순간에 조카를 부릅니다. "횃불을 가져와!" 마차에 꽂고 달렸던 횃불이 있잖아요. 자기가 히드라의 목을 치면, 그 상처 난 자리를 횃불로 지지라고 한 겁니다.

단꿈 아, 다시 못 나오게 막는 거네요.

설민석 헤라클레스가 치면 조카가 횃불로 치이이익! 지져 새로운 목이 자라지 못하게 하죠. 그렇게 둘이 협력해 히드라의 목을 다 베어버립니다. 헤라가 보낸 게는 뭐, 그냥 한 번 밟으니까 죽었대요. 싸움이 끝난 후, 헤라클레스는 자신의 화살에 히드라의 독을 묻혀서 가져옵니다.

헤라클레스와 히드라 안토니오 델 폴라이우올로, 이탈리아 우피치미술관

단꿈 게임 같네요. 미션을 성공하고 아이템을 얻고.

설민석 맞아요, 게임처럼 미션이 계속됩니다. 헤라는 이번에 헤라클레스의 약점을 공략해요. 헤라클레스가 근육은 발달했지만 육중하거든요. 그래서 달의 여신 아르테미스Artemis가 키우는 암사슴을 잡아오라고 하죠. 거의 빛의 속도로 달리는 사슴이에요.

단꿈 이번에 조카는 없는 거죠?

설민석 없어요. 조카가 도와준 것을 헤라가 꼬투리 잡아서 미션 성공이 무효 처리 됐거든요. 원래 헤라클레스에게 10개의 과업이 내려지는데, 2개가 더해져요. 그래서 12개의 과업이 되죠.

단꿈 누가 도와주면 추가되는구나.

설민석 그렇죠. 그래서 본인이 잡아야 해요. 그렇게 빠른 암사슴을 어떻게 잡아야 할까요? 제가 헤라클레스를 공부해 봤더니, 이분은 원칙주의자더라고요. 꾀를 쓰기보다는 그냥 무소의 뿔처럼 갑니다. 암사슴을 추격해요. 그렇게 1년을 쫓아다닙니다.

죽이거나 상처 입히기를 바라지 않았기 때문에
헤라클레스는 암사슴을 1년씩이나 쫓아다녔다.

✎ 아폴로도로스, 『신화집』

레르네의 히드라와 싸우는 헤라클레스
프란시스코 데 수르바란,
스페인 프라도미술관

단꿈 대단하네요.

설민석 결국 사슴이 지쳐서 누웠대요. 이번에도 성공! 이 대결로 헤라클레스는 끈기를 배우고 심폐 지구력을 얻게 된 거죠.

그는 이후로도 미션을 계속 해결하는데요. 저는 아홉 번째 미션이 가장 인상적이었어요. 아마조네스Amazones 부족 여왕인 히폴리테Hippolyte의 허리띠를 가져오라는 미션이었죠. 원더우먼의 모티브가 된 아마조네스는 그리스 신화에 나오는 전설의 여전사 부족이잖아요. 이들의 특징이 오른쪽 가슴이 없어요. 활쏘기에 거추장스럽다고 제거해 버리는 겁니다. 그런 최강 집단 우두머리의 허리띠를 가져오라는 건 죽으라는 거죠. 신들의 사생활 1권에서 벨레로폰Bellerophon이라는 영웅이 아마조네스와 붙은 적이 있어요. 나중에 나올 아킬레우스Achilleus도 한 번 붙고. 아마조네스와의 대결은 영웅한테는 일종의 통과 의례 같은 거죠.

헤라클레스는 이번에는 긴장을 늦추지 않고 겸손한 마음으로 갑니다. 여전사들의 무서운 시선을 받으며 여왕 앞에 섰을 때 호통이 날아듭니다. "남자가 겁도 없이 여길 들어와? 여기가 어딘지 알고 왔느냐? 너 이름이 뭐야?" "헤라클레스입니다." 그러자, 갑자기 반응이 달라져요. "사자를 잡았다는 그 헤라클레스?"

단꿈 벌써 소문이 났나 봐요.

설민석 그리스에 소문이 다 난 거예요. 여왕은 너무나 호의적입니다. 허리띠를 달라고 청하니 흔쾌히 주겠다고 해요. 대신 자신이 원하는 걸 달라고 하죠. 헤라클레스의 DNA. 강인한 여전사가 필요하기 때문에 헤라클레스의 강인한 유전자가 필요했던 겁니다. 그렇게 하려면 잠자리를 해야 하지만, 허리띠를 구해야 하니 할 수 없죠. 그렇게 합의를 본 뒤 아마조네스의 여왕은 다른 부하들을 다 바깥으로 내보내고 씻으러 갔어요.

헤라가 지켜보니, 이건 자기 계획하고 다른 거예요. 안 되겠다 싶어 직접 아마조네스의 여전사로 변신해서 나타납니다. 그러고는 문밖의 아마조네스들에게 호통을 쳐요. "너희들 지금 여기서 뭐 하는 거야? 우리 여왕님께서 지금 저 불한당 같은 놈한테 잡혀가잖아. 빨리 가서 구해드려야지!" 듣고 보니까 그런 거예요. 그래서 중무장한 아마조네스의 여전사들이 문을 부수고 들어갑니다. 옷을 벗고 누워 있던 헤라클레스는 당황한 거죠. 그리고 이내 의심합니다. '아! 날 죽이려고 거짓말을 한 거구나.'

단꿈 아유, 그게 아닌데.

설민석 속았다는 생각에 화가 난 그는 아마조네스 여전사를 다 제압하고, 여왕마저 제압해 허리띠를 빼앗아 옵니다. 이때 헤라클레스가 뭘 배웠을까요? 불혹. 유혹에 넘어가지 않는 마음입니다.

헤라가 나서도 소용없었어요. 죽을 고비를 넘기면서 모든 미션을

케르베로스 윌리엄 블레이크, 호주 빅토리아국립미술관

완수하고 마지막으로 12번째 미션을 받습니다.

저승의 문 앞에 가면 머리 셋 달린 케르베로스Cerberus라는 개가 있어요. 이 개를 잡아오라는 거였죠.

헤라클레스는 케르베로스도 가뿐하게 사로잡아 데려옵니다. 그렇게 마지막 미션까지 끝난 거지요. 그런데 어쩐 일인지 헤라는 없고 왕 혼자 있어요. 이제 더 할 것도 없는 왕은 "저는 죄 사함을 받을 수 있는 건가요?"라는 헤라클레스의 물음에 "충분히 받고도 남으니 가거라." 하며 자기도 떠납니다. 그런데 이때 누군가 나타납니다. 마치 전쟁에 나갈 듯 투구를 쓰고 방패와 창을 든 여신, 누구일까요?

단꿈 아테나Athena?

설민석 네. 무시무시한 메두사의 머리가 달린 방패를 든 전쟁의 여신 아테나가 나타났어요. 헤라클레스를 데리러 온 겁니다.
같은 시각 올림포스는 기간테스와의 전쟁으로 쑥대밭이 돼 있었죠. 기간테스는 상반신은 사람이지만 하반신은 용의 비늘로 뒤덮였다고 했죠? 무서운 용의 눈, 뱀의 이빨도 가지고 있어요. 온몸은 털로 뒤덮였는데요, 웬만한 무기는 다 튕겨져 나갑니다. 엄청나게 많은 기간테스가 쳐들어온 겁니다. 포세이돈Poseidon의 삼지창도 소용없고, 헤르메스도 잡혔어요. 제우스가 번개를 날려보지만, 이것도 안 통합니다.

단꿈 전기에도 반응이 없나 봐요.

설민석 헤라클레스가 마지막 미션을 마치고 찾아갔을 때 헤라가 없었던 이유도 기간테스와 싸우러 갔던 거예요. 싸우던 중 기간테스가 헤라의 목을 조르더니 땅바닥에 쓰러트립니다. 원전에 의하면 기간테스 중 하나가 헤라의 옷을 찢고 겁탈하려 했다고 해요. 헤라가 "안 돼!"라며 비명을 지르는데, 갑자기 뭔가 날아오더니 눈앞에 있던 기간테스가 쓰러집니다. 헤라클레스가 쏜 화살에 맞은 거죠. 올림포스에 올라온 그의 화살에 백발백중 기간테스가 터져나갑니다. 그런 다음 헤라클레스는 달려가 자신의 사자 망토를 벗어 옷이 찢긴 헤라에게 둘러줘요.

단꿈 멋지다, 진짜.

> 그가 그녀의 옷을 찢고 범하려 하자,
> 그녀는 도움을 외쳤고,
> 제우스는 벼락으로 내리쳤으며
> 헤라클레스는 활을 쏘아 그를 죽여버렸다.
>
> ✒ 아폴로도로스, 『신화집』

설민석 화살이 떨어지자 맨몸으로 상대하는데, 힘이 살짝 밀리네요. 그때 갑자기 눈앞의 기간테스 대가리가 펑 깨지지 뭡니까. 못생기고 왜소한데 한쪽 팔만 엄청나게 큰 누군가가 장갑차같이 생긴 걸 타고 나타나서 기간테스의 머리를 망치로 깨버린 거예요. 그는 헤라클레스에게 다가와 화살을 건네더니 떠납니다.

단꿈 그분 누구세요?

설민석 헤라의 아들 헤파이스토스Hephaistos, 다음 이야기 주인공입니다. 헤라클레스는 그 화살들로 기간테스를 모조리 죽이고 전쟁을 승리로 이끕니다.

헤라클레스는 죽어가는
모든 거신을 활로 쏘았다.

아폴로도로스, 『신화집』

헤라클레스의 활약으로 기간테스와의 전쟁은 올림포스의 승리로 막을 내립니다. 신탁에서 뭐라고 했습니까? 필멸의 인간, 즉 죽을 수밖에 없는 인간이 나타나서 신들의 세상을 구할 것이라고 했었죠. 역시 신탁이 또 이루어진 겁니다. 그 이후에도 헤라클레

기간토마키아, 기간테스와의 전쟁 줄리오 로마노, 이탈리아 팔라초테궁전

스의 대모험은 굉장히 내용이 많습니다. 책 한 권에 다 담아도 모자랄 정도예요. 그런 우여곡절을 겪고 난 뒤 헤라클레스가 돌아와서 헤라를 만나는 장면이 있어요. 제가 참 좋아하는 장면인데요. 헤라가 헤라클레스를 만났을 때 어떤 심정이었을까요?

단꿈 좀 복잡할 것 같아요. 미안하기도 할 것 같고요. 가족들도 다 죽게 했죠. 12과업도 방해해서 너무 힘들게 했죠. 그래도 어쨌든 신들의 세상을 구해줬잖아요.

설민석 세상만 구했나요? 헤라도 구했죠. 헤라클레스도 이제는 자신이 왜 광기에 휩싸였고, 왜 그런 불행한 일이 있었는지 다 알게 돼요. 이 모든 걸 알게 된 헤라클레스는 그녀를 용서할 수 있을까요?

단꿈 저라면 복수하고 싶을 것 같아요.

설민석 하지만 그리스 로마 신화의 헤라클레스는 모든 걸 받아들입니다.

단꿈 대인배!

설민석 헤라클레스가 이렇게 이야기해요. 개연성을 높이기 위해 조금 각색했는데요. 이런 내용이에요.

"제가 이만큼 강해질 수 있었던 건 당신 덕인걸요. 지난 12과업을 하는 동안 전 너무나 괴로웠어요. 한 과업을 달성하고 나면 더 높은 산이 기다리고 있고, 그걸 달성하면 더 높은 산이 기다리고 있어서 두려웠어요. 그런데 그 과정을 이겨내면서 점점 강해지는 저를 느낄 수가 있었어요. 덕분에 제가 올림포스를 구할 수 있었던 거 같아요. 사람들은 말하죠. 나의 수호신이 제우스라고. 하지만 나를 이만큼 강하게 만든 나의 수호신은 바로 당신입니다."

단꿈 와우! 멋져요. 그렇게 받아들인다는 게 너무 멋지네요.

설민석 헤라클레스는 생물학적으로도 영웅이지만 이제 행위적 영웅도 된 겁니다. 그럼 이걸 길이길이 새겨야죠? 인간이라면 비석 정도 세울 텐데, 신들은 클래스가 달라서 하늘에 별자리로 그 업적을 새깁니다. 그게 바로 헤라클레스 자리입니다.

우리는 세상을 살면서 크고 작은 위기를 맞이하게 되죠. 그럴 때 굴하지 않고 '이 위기가 어쩌면 기회일 수 있다.' 생각하고 극복하면 더욱더 강해진다는 교훈을 헤라클레스가 전해주고 있습니다.

그림과 신화

헤라클레스의 12과업 작자 미상, 알템프스궁전

단꿈   헤라클레스의 신화는 너무 재밌는 요소가 많아서 작품으로도 많이 남아 있을 것 같은데요?

이창용   그림도 많고, 조각도 많습니다. 모든 예술가가 사랑한 소재라고 볼 수 있어요. 로마 나보나 광장 Piazza Navona 근처에 있는 알템프스궁전 Palazzo Altemps 벽면에 헤라클레스의 12과업이 조각으로 새겨져 있어요.

가로로 길게 마치 파노라마처럼 시간 순서대로 이야기를 쭉 펼쳐놓았습니다. 이런 작품을 '프리즈 고부조' 형태라고 말해요. '프리즈 frieze'는 건축물의 외면이나 내면에 붙인 연속적인 띠 모양 부분을 말하는데, 신전이나 개선문 상단을 장식하는 용도로 많이 쓰죠.

헤라클레스의 12과업을 바탕으로 만들어진 프리즈 고부조 형태는 재미난 곳에도 많이 장식돼 있어요. 그중 하나가 석관이에요. 석관 측면에 헤라클레스 이야기를 담았는데 그 이유가 뭘까요? 먼저 생각할 지점이 있어요. 석관 장식은 본인이 할 수 없어요. 자신이 죽은 뒤 후손이 해주는 거죠. 그러면 망자를 어떻게 생각해야 하죠?

단꿈 존경하고 받들 것 같아요.

이창용 그렇죠. 추앙. 망자가 잠들어 있는 석관의 측면을 헤라클레스로 도배를 했다, 이 말은 즉 이곳에 잠들어 있는 사람이 헤라클레스처럼 용맹하고 영웅과도 같은 삶을 살았던 사람이라는 식으로 이야기를 해주는 거죠.

로마 석관 작자 미상, 튀르키예 코니아고고학박물관

✣ 12과업 성공의 의미

단꿈 헤라클레스의 12과업 달성엔 단순히 미션을 수행했다는 것보다 좀 더 큰 의미가 있을 것 같은데, 어떻게 해석될 수 있을까요?

김헌 그 12과업 가운데 6개는 펠로폰네소스반도 안에서 이루어지는 일이에요. 그다음에는 좀 멀리 보내죠. 그래서 크레타섬으로 갔다가 트라키아, 그리고 스페인 이베리아반도까지 이르렀던 것으로 추정돼요. 지리적으로 헤라클레스의 행동반경이 넓어지는 거죠. 그래서 헤라클레스의 12과업은 단순한 옛날이야기가 아니라, 당시 그리스가 확장해 나가는 모습을 신화적으로 표현한 것이라고 볼 수 있어요. 그리스인이 식민지를 개척했던 지역들을 따라가 보면 대체로 헤라클레스 행로와 비슷해요. 그런 점에서 그의 이야기는 교육적인 메시지와 동시에 그리스인의 역사를 담아낸 것이라고 해석할 수 있습니다.

저는 신화를 공부하면서 마치 움직이는 생명체와 같다는 생각을 항상 하거든요. 새로운 작가들이 나와서 이야기를 붙이고 상상력을 발휘해요. 그러면서 자기 시대와 자신의 문제에 비추어 보면서 새로운 이야기를 덧붙이거든요. 오늘도 설민석 선생님이 이야기를 풀어주면서 여러 요소를 더한 것이 참 재밌었어요. 헤라클레스의 새로운 면모를 상상력 속에서 다시 보게 된 것이 매우 반갑고 즐거웠습니다.

두 번째 이야기

엄마 찾아 삼만 리, 헤파이스토스

내 자식인 헤파이스토스.
발이 쪼그라들어 있는 그 아이를 내가 낳았지.
- 작자 미상, 『호메로스식 찬가』 중 <아폴론 델리온 찬가>

두 번째 이야기
엄마 찾아 삼만 리, 헤파이스토스

✧ 버림받은 아이

설민석 헤라Hera는 인자하고 자애롭고 품격 있는 가정의 여신입니다. 그런 가정의 여신이 어쩌다 질투와 분노의 화신이 됐는지는 신들의 사생활 1권에 잘 나타나죠. 남편을 만났는데 그게 제우스Zeus였고, 처음에는 사랑인 줄 알았는데 사랑이 아니라 거의 전쟁입니다. 아무래도 결혼 잘못한 것 같아요.

제우스는 바람을 피우면서도 명분이 있어요. "세상을 지키기 위해 나의 DNA를 널리 퍼뜨려 위대한 신과 영웅을 만들어야 해. 나, 지금 일하는 중이라고!" 이런 명분 아래 여신, 님프, 여인 할 것 없이 무수한 애정 행각을 저지르고 다니니 더 얄밉습니다. 거기에 헤라를 더 원통하고 분하게 한 건 내연녀의 자식들이 잘 컸다는 거예요. 예를 들어볼까요? 혹시 태양의 신이 누군지 들어보셨나요? 달 착륙 로켓 이름에도 붙었던 그 이름.

제우스와 헤라 프란츠 크리스토프 야네크

단꿈   아폴론Apollon!

설민석   그렇죠. 이렇게 유명해요. 달의 여신 아르테미스Artemis 얘기도 한 번쯤은 들어봤죠? 헤라가 볼 때는 후궁, 첩의 자식들인데 다 잘 됐잖아요.

정작 가정의 여신인 헤라 자신은 아직 아이가 없습니다. 분한 마음 때문일까요? 헤라는 오심, 구역, 헛배 부른 증상까지 각종 질환을 달고 살아요. 그러다 어느 날 문득 깨달은 거예요. 이런 증상이 임신이었다는 사실을. 기쁜 일 아닌가요?

(왼쪽) **사냥을 위해 떠나는 아르테미스와 그녀의 님프** 페테르 파울 루벤스, 미국 클리블랜드미술관 (오른쪽) **아폴론** 로살바 카리에라, 러시아 에르미타주박물관

단꿈   기쁜 일이죠. 드디어 자기도 아이를 가졌는데요.

설민석   그렇지만 헤라는 남편과 세상에 알리지 못합니다. 왜냐면 지난 몇 달간 자신의 행적을 돌아보니까 태교가 엉망이었던 거죠. 저주하고 분노하고 폭행에 상해까지 저질렀거든요. 혹시 아이한테 나쁜 영향이라도 줬으면 어떡해요. 태양의 신이며 달의 여신이며 너무 뛰어난 내연녀의 자식들과 비교될 텐데요. 그래서 아무 말 못 하고 결국 혼자 외롭게 아이를 낳습니다. 그런데 태어난 이 아이 너무너무 못 생기고, 너무 왜소하고, 심지어 안쪽으로 발이 오그라들어 있습니다. 아들이었어요. 이 아이가 이번 이야기의 주인공 헤파이스토스Hephaestos입니다.

내 자식인 헤파이스토스.
발이 쪼그라들어 있는 그 아이를 내가 낳았지.

✏ 작자 미상, 『호메로스식 찬가』 중 <아폴론 델리온 찬가>

헤라는 너무 큰 충격을 받았어요. 걱정한 것보다 더 심각한 상태로 아이가 나왔으니까요. 헤라는 아이를 붙잡고 하염없이 울면서 얘기합니다. "애야, 너는 올림포스에서 같이 지낼 수 없을 것 같구나." 엄마로서는 못할 짓이지만, 여왕으로서 자신의 권위를 지키고 싶었던 거예요. "너무 미안하다. 이 엄마를 절대 용서하지 마." 그러고는 아이를 하늘에서 지상으로 던져버립니다. 자신이 낳은 아이를 버린 거예요.
그런데 교수님, 옛날 그리스에서는 장애인에 대한 시각이 지금과 달랐다고 하죠?

김헌 네. 특히 아이들의 경우에 그랬어요. 굉장히 야만적이었습니다. 자식을 부모의 소유물이라고 생각했어요. 또 당시는 농경사회였기 때문에 생산력과 노동력의 가치로 판단했죠. 만약 아이가 태어났는데 저런 모습이었다면, '얘는 노동력의 가치가 없다.'라고 생각했을 거예요. 그러면 내버리는 게 일상화되어 있었다고 합니다. 처벌의 대상도 되지 않았고요. 이와 같은 당시 사회상을 이해하고 이야기를 받아들여야 할 것 같습니다.

설민석 헤라에게 버려진 아이는 9일 동안 하늘에서 떨어졌어요. 이 아이는 신이었기 때문에 엄마의 이야기를 다 들었고, 엄마의 눈물도 다 봤어요. 모든 상황을 이해한 채로 떨어졌고, 떨어지면서도 계속 자랍니다. 그런데 다 자랐어도 몸집은 너무 작아요. 헤파이스토스가 떨어진 곳은 화산섬인 '렘노스Lemnos'라는 섬입니다. 설상가상으로 떨어질 때 한쪽 다리가 완전히 부러져 버립니다. 그래서 거의 피범벅이 되어 뒹굴고 있었죠. 섬이니까 바다로 둘러싸였겠죠? 테티스Thetis라는 바다의 여신이 있는데, 그녀의 관할 구역이었어요.

테티스는 어디서 '쾅!' 하는 소리가 들려 달려갑니다. 가서 봤더니 아이가 피범벅이 되어 뒹굴고 있는 거예요. 다리가 부러진 상태였죠. 하늘에서 떨어졌는데 살아 있는 걸 보니까 신이라는 건 짐작할 수 있었습니다. 또 얼굴을 봤더니 어디에 심하게 부딪힌 듯 일그러져 있어요. 테티스는 나중에야 알게 됐죠. 그게 그 아이의 원래 얼굴이었다는 걸요.

"애, 너 어떻게 된 거야, 엄마가 누구야? 괜찮아?" 물어봤는데 아이가 말을 안 하고 가만히 있어요. 테티스는 이 불쌍한 아이를 데려가 가슴으로 낳은 아이로 생각하고 잘 키웁니다. 그리스 로마 신화의 많은 여신 중에 마음씨가 가장 착한 여신 중 하나가 아닌가 싶어요.

렘노스섬으로 추락하여
다리 불구가 된 헤파이스토스를
테티스가 구해주었다.

▶ 아폴로도로스, 『신화집』

✧ 헤라에게 바쳐진 황금 의자

설민석 헤파이스토스는 자라면서 아이들에게 줄곧 괴롭힘을 당합니다. 몸집이 작으니까 심부름도 시키고 때리고 놀려요. 안타까웠던 테티스는 아이에게 묻습니다. "내가 어떻게 해주면 좋을까?" 그랬더니 아이는 아무도 없는 곳에서 살고 싶다고 해요. 바다의 여신 테티스는 헤파이스토스를 바다 깊숙이 데리고 갑니다. 헤파이스토스도 신이기 때문에 바닷속에서도 숨 쉴 수 있거든요.
하늘에서 떨어진 아이가 이제는 바다까지 내려간 겁니다. 테티스는 물고기와 조개들만 오가는 바닷속 동굴에 헤파이스토스를 데려다줘요. 아무도 아이를 괴롭히지 못하도록 물보라를 일으켜서 잘 감싸줍니다. 이제 바다 동굴에서 지내게 된 헤파이스토스의 삶은 어땠을까요?

단꿈 괴롭히는 사람은 없어서 편했겠지만, 외로웠을 것 같아요.

설민석 그렇게 9년을 살았거든요. 처음엔 편했을 거예요. 조금 외롭기도 했고요. 하지만 외로움보다 더 견딜 수 없던 건 그리움이었을지도 몰라요. 눈물을 흘리면서 나를 바라보던 그 눈빛을 하루도 잊지 못한 채 살았을 것 같아요.

단꿈 친엄마요?

설민석 네, 맞아요. 엄마를 잊지 못합니다. 그러면서 우두커니 나날을 보내는데, 어느 날 눈앞에 생선 뼈가 떨어지길래 재미 삼아 수초로 엮고, 조개가 토해낸 진주도 꿰어봤어요. 그러니까 목걸이가 나오네요. 너무 예뻐요. '재밌다!' 이번에는 생선 가시를 구부린 다음에 진주를 박아봤어요. 반지가 됐어요. 이렇게 시간을 보냅니다.

> 그들 곁에서 나는 9년 동안 수많은 정교한 일들,
> 굽은 장신구며 둥근 귀걸이며 목걸이까지
> 속이 빈 동굴 속에서 대장간 일을 해왔지.
>
> ✎ 호메로스, 『일리아스』

그렇게 작업을 하며 놀고 있는데 "어머!" 소리가 들려요. 생명체가 올 수 없는 깊은 곳인데 뭔가 싶어서 돌아봤더니, 바다의 님프가 와서 보고 있는 거예요.

님프(Nymph)
그리스 신화에 나오는 젊고 아름다운 여자 모습의 요정

님프는 헤파이스토스가 만든 장신구들에 감탄합니다. "너무 예뻐요. 직접 만드신 거예요? 정말 대단하시네요!" 헤파이스토스는 그 말에 더 놀랐어요. 항상 따돌림받고 놀림만 당했는데, 처음 칭찬을 들었으니까요. 그날 이후 헤파이스토스의 솜씨는 님프들 사이에 소문이 납니다. 실력을 인정받은 헤파이스토스는 이런 생각을 해요. '바다에 있는 님프들이 다 좋아해 주는데 혹시 땅 위에서도 그렇지 않을까?' 그래서 테티스에게 조심스럽게 얘기합니다. 육지에 올라가 보고 싶다고요. 테티스는 헤파이스토스에게 기술을 가르쳐주었고, 헤파이스토스는 배운 기술을 이용해 운영할 수 있는 대장간을 차립니다.

육지에 왔더니 금, 은, 동 그리고 청동까지 다양한 재료가 있네요. 여기는 고객의 요구 사항도 다양합니다. 님프들이 좋아하던 장신구만이 아니라, 낫이나 호미 같은 농기구, 창이나 방패 같은 무기도 만들게 됐죠. 대장간 앞에 육지의 님프들과 마을 사람들까지 와서 줄을 서고 헤파이스토스의 명성은 널리 퍼집니다.

어느 날 헤파이스토스는 님프로부터 올림포스 12신을 모집한다는 소식을 들어요. 올림포스의 왕인 제우스와 왕비 헤라를 제외한 10석 정도가 공석인데, 헤파이스토스도 자격이 충분하다는 거예요. "제우스의 번개보다 선생님의 망치가 더 대단하다고 봐요. 이런 멋진 것들을 만들면서 지금까지 돈 받고 팔아본 적도 없죠? 재능으로 보나 마음씨로 보나 이 자리는 선생님 거예요." 그 말에 헤파이스토스의 마음이 움직입니다. 사실 자리에 관심 있는 게 아니었어요. 올림포스에 올라가고 싶은 마음은 단 하나였죠.

단꿈 혹시 엄마를 만나러요?

설민석 헤라는 여왕이기 때문에 어쩔 수 없이 아이를 버렸지만, 후회했을 수도 있잖아요. '내가 옛날처럼 보잘것없는 아이도 아니고 이제 유명인이 됐는데, 엄마가 나를 받아줄 수 있지 않을까?' 하는 실낱같은 희망이 생긴 거예요. 그래서 키워준 엄마 테티스에게 넌지시 말을 꺼내봅니다. 물론 낳아준 엄마가 자신을 버렸다는 얘기는 안 했어요. 헤라를 지켜주기 위해서죠.
"엄마, 혹시 헤라 아세요?" "가정의 여신, 헤라? 모르는 사람이 어딨어. 그 아들 바보."
무슨 말일까요? 아들 바보라니, 자신을 지금도 찾고 있다는 말일까요? "아레스Ares라고 잘생긴 아들 있잖아. 전쟁의 신인데 전쟁 나가서 이겨본 적은 별로 없는 걸로 알고 있어. 그런데 창을 딱 들고 있는 모습이 한 폭의 그림이더라. 키도 크고 어찌나 잘생겼는지. 헤라가 아주 끔찍이 아낀다고 소문이 자자하잖아. 그런데 헤라에 대해선 왜 물어?" "아, 아니에요."

헤파이스토스는 돌아서서 불편한 몸을 이끌고 화산에 오릅니다. 그리고 하늘을 향해 울부짖어요. "저는 하루도 엄마를 잊은 적이 없었는데 엄마는 저를 잊으셨군요. 엄마가 저를 찾지 않으시니 제가 기억나게 해드릴게요." 순진하고 착한 헤파이스토스의 심장에 복수의 불이 붙은 겁니다. 화산에서 내려온 그는 대장간에 들어가 나오질 않아요. 안에서는 분노의 망치질 소리만 들려오죠. 원한을 담아서 빵! 복수를 담아서 빵! 분노를 담아서 빵! 망치질 소리가 날 때마다 마치 화답이라도 하듯 렘노스섬에 용암이 흘렀다고 해요. 헤파이스토스는 대장간에서 자기 어머니를 완전히 제압할 수 있는 복수의 무기를 만듭니다.

단꿈   그 무기가 뭐죠?

설민석   의자를 만들어요. 헤파이스토스는 테티스에게 "제가 황금 의자를 하나 만들었는데요, 이걸 올림포스에 조공으로 바치면 어떨까요?" 하고 말해요. 테티스는 좋은 생각인 것 같아 조공으로 올렸죠. 의자에는 '헤라'라고 이름도 새겼어요. 이를 받은 헤라는 아주 마음에 들어 하며 앉아봅니다. "정말 이쁘구나." 그런데 갑자기 의자에서 철컥철컥 사슬이 나와서 헤라를 묶어버리는 겁니다. 움직일 수가 없는 거예요.

> 그가 그녀에게 앙심을 품고
> 보이지 않는 족쇄를 지닌 황금 옥좌를 선물로 보냈고.
>
> ✒ 파우사니아스, 『그리스 여행기』

제우스가 번개로 풀어보려 했지만 꿈쩍도 안 해요. 그냥 순금이 아닌 것 같아요. 아무도 풀지 못하자, 이 의자가 어디서 온 건지 물어요. 결국 렘노스섬의 헤파이스토스라는 못생기고 왜소한 대장장이가 만들었다는 걸 알게 되죠.

"당장 잡아 와. 내 이놈을 극형에 처해야겠다." 그러나 헤라가 말립니다. 헤라는 주변에 있던 신들을 다 물리고 제우스에게 고백합니다. 9년 전에 있었던 모든 일을요.

그래도 의자는 풀어야 하니까 제우스는 헤파이스토스를 데려오려고 합니다. 제우스가 사고를 치면 항상 해결해 주는 아들이자 전령인 헤르메스Hermes가 이번에도 출동해요. 헤르메스는 말도 잘해서 설득당하지 않은 사람이 없거든요. 하지만 이번에는 실패하고 돌아옵니다. 대꾸도 안 한다는 거예요. "말로 안 되면 힘으로라도 데려와야지." 이번에는 전쟁의 신이자 헤라의 두 번째 아들 아레스가 나섭니다. 역시 실패하고 와요. 망치질로 단련된 팔로 물리쳤던 겁니다.

그때 술 냄새를 풍기며 누가 나타납니다. 술의 신이에요.

단꿈   디오니소스Dionysos?

설민석 다른 대안도 없으니 디오니소스를 보내요. 말 잘하는 헤르메스로도 설득이 안 되고, 전쟁의 신 아레스도 어쩌지 못한, 바위보다 단단한 헤파이스토스. 과연 만취 상태의 디오니소스가 데려올 수 있을까요? 그 이야기는 잠시 뒤에 계속됩니다.

단꿈 헤파이스토스도 성격이 굉장히 화끈한데요? 복수심에 엄마를 의자에 묶어버리니까요. 사랑한 만큼 엄마한테 느꼈을 배신감이 엄청 컸을 것 같아요.

그림과 신화

헤파이스토스의 추락 피에로 디코시모, 미국 워즈워스아테네움미술관

이창용 헤파이스토스의 안타까운 사연을 담은 그림들이 있습니다. 먼저 위 피에로 디코시모 Piero di Cosimo의 작품을 보시죠. 유명한 작가는 아니에요. 그리고 500년 가까이 된 그림이라 세월의 흔적 때문에 노랗게 바랬으니, 감안하고 봐주셨으면 해요. 정중앙에 어리둥절한 모습의 한 아이가 보입니다. '뭐야? 여기 어디야?' 하는 표정을 짓고 있어요. 뒤편을 보면 여인이 여럿 등장하는데, 가슴을 드러내고 있는 여인도 있네요. 예외도 있지만, 기본적으로 고전주의 회화에서 가슴을 드러내고 있는 여성은 여신이라고 짐작하면 됩니다.

한 여성이 아이를 일으켜 세우려는데 아이는 오른쪽 다리가 불편해 보여요. 이러한 정황들로 보았을 때 이것은 헤파이스토스가 렘노스섬에 떨어져서 테티스에게 도움을 받는 모습임을 추정해 볼 수 있습니다.

그림 속에 등장하는 사람이 누구인지 쉽게 확인할 수 있도록 이름표와 같은 상징을 하나씩 붙여준다는 말씀을 드렸었죠? 그런데 이 그림처럼 가끔 상징이 생략된 것도 있어요. 이런 작품은 신화를 명확하게 알고 있어야 배경지식을 통해서 제목이나 그림 속 이야기를 확인할 수 있습니다.

아래쪽에 있는 그림은 한눈에 봐도 대장간이에요. 헤파이스토스의 상징물들이 지천에 널려 있어요. 누가 보더라도 '아, 헤파이스토스의 이야기를 하고 있구나.'라고 짐작할 수 있습니다. 왼쪽 구석에 망치질하는 헤파이스토스가 보입니다. 화가들이 헤파이스토스를 표현할 때 이렇게 노인의 모

헤파이스토스의 대장간 프란체스코 바사노, 프랑스 루브르박물관

습으로 표현하곤 해요. 그런데 방금 들은 이야기를 돌이켜 보면, 9년 만에 바닷속에서 올라왔으니 아홉 살이 조금 지났을 뿐이잖아요. 고작 10대일 텐데 저런 모습으로 그린 거예요. 신화 속에서 상처받고 고통받던 헤파이스토스가 예술 작품 속에서도 상처받고 있는 것 같아요.

단꿈 마음 아프네요.

이창용 이 그림에는 재미난 이야깃거리가 하나 더 숨겨져 있습니다. 대장간과는 전혀 어울리지 않는 인물이 등장하는데, 한번 찾아보시겠어요?

단꿈 헤파이스토스 등 뒤에서 엿보는 저 환하게 빛나는 인물이요?

이창용 맞아요. 이곳과는 전혀 어울리지 않는, 아름다운 여인의 모습이죠?

단꿈 가슴이 드러나 보이는데요. 그럼, 여신인가요?

이창용 맞아요. 과연 어떤 여신일까요? 그 내용은 잠시 뒤에 공개될 겁니다.

김헌 잠시 뒤에 공개될 내용은 일단 비밀로 하고, 대신 다른 숨은 이야기들을 말씀드릴게요. 첫 번째로 봤던 그림에서 헤파이스토스를 일으키는 테티스와 더불어 여러 여신의 모습이 보였어요. 그중에 에우리노메^{Eurynome}라는 여신도 있는데, 제우스의 세 번째 아내입니다. 제우스의 일곱 번째 부인이었던 헤라가 버린 아이를 세 번째 아내가 보듬어 안아준 거예요. 아이를 버리는 당시 관습에서 벗어나 은혜를 베풀었다고 할까요? 잘 알려져 있지 않지만, 이런 테티스와 에우리노메를 좀 더 조명해 볼 필요가 있다는 생각이 듭니다.

그리고 또 하나. 헤파이스토스의 마음을 헤아려보면 복수하고 싶은 심정이 이해도 돼요. 버려졌다는 배신감, 피해의식, 상실감이 울분으로 터졌겠죠. 이런 감정이 남아 있는 상황을 두고 그리스 로마 신화를 좋아하는 심리학자들은 '헤파이스토스 콤플렉스'라는 이름을 붙였어요. 자식들은 어렸을 때 부모가 잘해준 것보다는 못 해준 것을 더 많이 기억한다는 거예요. 푸대접받고 학대받은 기억이 더 크게 남는다는 거죠. 혹시 열 번 잘해줬다가 한 번 잘못했는데, 아이가 그것만 기억하는 경험을 해본 적 있으세요?

이창용 요즘에 많이 느껴요. 아이랑 하루 종일 재밌게 놀았는데, 잠잘 시간에 아무리 재워도 안 자고 고집을 피워서 딱 한 번 혼냈어요, 자기 십분 전에. 그랬는데 악몽을 꾸면서 비명을 지르더라고요. 아우 얄미워요.

김현 그리스 로마 신화는 굉장히 극적인 이야기를 하는 것 같지만, 사실 우리가 일상에서 느끼는 작은 경험들의 극대치라고 보면 됩니다. 그리스 로마 신화 속 극단적인 이야기를 줄여서 보면, 결국 우리의 모습 하나하나가 다 들어 있죠.

✧ 다시 만난 엄마와 아들

설민석 우리의 현실보다 더 현실 같은 그리스 로마 신화 속으로 다시 들어가 보면, 헤파이스토스가 열심히 망치질을 하고 있어요. 디오니소스가 설득하러 갔잖아요? "헤파이스토스 선생님이시죠? 선생님 팬입니다. 저는 디오니소스라고 해요." 헤파이스토스도 그 이름을 알고 있었어요. "슬픈 사람은 위로받고 기쁜 사람은 더 기뻐진다는 묘약을 만드신 분 아닌가요?" "네, 접니다!"
자신을 알아보는 헤파이스토스에게 디오니소스는 술을 권합니다. 헤파이스토스는 태어나서 처음 술을 먹어보는데, 예민해 있던 마음이 진정되면서 막 웃음도 나오네요. 디오니소스는 포도주를 어떻게 만들게 됐는지, 그 비법은 뭔지 술술 이야기를 풀어갑니다. 헤파이스토스도 경계심을 풀고 웃으며 이야기를 들어요. 거나하게 분위기가 무르익었을 때, 디오니소스가 쓱 얘기를 꺼냅니다. "헤파이스토스 님, 이제 그만 풀어주시죠." 헤파이스토스는 술이 확 깨버려요. "아, 그 말 하려고 오셨구나. 그냥 가시죠." 디오니소스는 헤파이스토스의 원한을 이해한다고 말합니다. 그 말에 헤파이스토스가 격분하죠. "당신이 뭘 이해해? 그 원한의 세월을 어떻게 알아?" 디오니소스는 그를 진정시키며 자신의 이야기를 합니다. "진정하세요. 저한테도 어머니가 있었어요. 인간이었습니다. 저는 어머니를 본 적이 없어요. 어머니는 제우스와 사랑을 나눠 저를 낳았죠. 그런데 왜 제가 엄마를 못 봤을까요?

세멜레의 죽음
페테르 파울 루벤스,
벨기에 왕립미술관

당신 엄마가 죽였기 때문이에요."
디오니소스는 엄마를 잃고 나서도 헤라의 저주를 피하려고 숨어 살던 어린 시절과 누구보다 더 헤라를 죽이고 싶던 복수심을 이야기합니다. 그래도 마음 아픈 이들에게 위안을 주고 기뻐하는 사람들에게 더 큰 기쁨을 주는 술을 전하고자, 참고 산다고 하죠. 그 소명을 위해. "제 눈에는 황금 의자에 묶인 게 당신으로 보여요. 복수와 분노와 원한으로 스스로를 꽁꽁 묶고 괴로워하기에는 당신의 재능이 너무 아깝지 않나요? 이제 그만 풀어주고 그 재능으로 세상 사람들한테 기쁨을 주는 게 어때요?"
말을 잇지 못하고 술만 마시던 헤파이스토스가 취해 쓰러지자, 디오니소스는 그를 자신의 나귀에 태워서 올림포스로 올라갑니다. 데려오는 데 성공한 거죠. 이 일 덕분에 디오니소스는 한자리를 얻어요. 올림포스 12신 중 하나가 된 겁니다.

신들의 회의 라파엘로 산치오, 이탈리아 빌라파르네시나

헤파이스토스가 드디어 엄마와 재회하게 됩니다. 원전에는 몇 문장 없는 짧은 장면이어서 제가 조금 각색을 해봤어요.

"내가 기억나니?" "네, 엄마. 하루도 잊은 적이 없었어요." "정말 미안하다. 나는 저 프로메테우스Prometheus처럼 수천 년 동안 여기 묶여 있어야 해. 네가 만약 나를 용서하고 풀어준다고 해도 가정의 여신 자리에서 물러날 거야. 날 용서하지 마라." 눈물을 흘리는 헤라를 보며 헤파이스토스가 말합니다. "누구나 실수할 수 있어요. 엄마는 지금 참회의 눈물을 흘리고 계시잖아요. 그거면 됐어요. 그리고 제 소원이 뭔지 아세요? 가정을 이루는 거예요. 더 이상 혼자 외롭게 살고 싶지 않아요. 정말 저를 위하고 저에게 용서를 구하신다면 가정의 여신으로 계속 남아 그 자리를 충실하게 지켜주세요."

그러면서 의자의 사슬을 풀어줍니다. 헤라도 제우스도, 동생 아레스도 모두 한 자리에서 화해하고, 우리 헤파이스토스는 행복한 가정을 이루고 오래오래 살았답니다.

단꿈 해피엔딩이네요?

설민석 ……라는 이야기면 〈신들의 사생활〉이 아니죠. 진짜 이야기는 지금부터예요.

✧ 헤파이스토스의 결혼

설민석 제우스는 가정을 이루고 싶다는 아들 헤파이스토스의 소원을 들어주려고 해요. 어울리는 짝을 곰곰이 생각하다, 적임자를 떠올립니다. 누굴까요? 이분은 올림포스 최고의 핫이슈고, 트러블 메이커입니다. 지나치게 아름다워서 남신들 사이에 싸움도 일어나죠. 조개껍데기 위에 서 있는 여신이에요.

단꿈 아프로디테Aphrodite?

설민석 정답! 제우스가 아프로디테와 헤파이스토스의 만남을 주선해요. 아프로디테는 헤파이스토스를 처음 보고 조금 놀랐어요. 그런데 하늘에서 땅으로 떨어졌다가 바다까지 내려갔던 헤파이스토스가 자신의 능력으로 올림포스까지 올라왔잖아요. 기부왕으로 소문도 났고요. 결국 아프로디테는 헤파이스토스에게 마음을 엽니다. 그래서 아름다움의 여신과 대장장이의 신이 결혼을 합니다. 예술과 기술의 결합이 이루어진 거예요.

그런데 그거 아세요? 사람이 가장 행복할 때 불안해지기도 한다는 거. 헤파이스토스는 가정을 지키기 위해서 열심히 일했어요. 주말 없이, 밤잠도 안 자고 일만 한 거예요.

그러던 어느 날, 태양을 마차 뒤에 싣고 달리는 헬리오스Helios가 이상한 말을 합니다. "아내 분한테 남자가 있는 것 같아요. 제가 마차를 몰고 달리는 대낮이었는데, 다른 남자하고 둘이……."

헤파이스토스 대장간의 아폴론 디에고 벨라스케스, 스페인 프라도미술관

**아프로디테와
아레스의 밀애
현장을 급습하는
헤파이스토스** 요한
하이스, 개인 소장

단꿈　설마, 또 버림받는 건가요?

설민석　가슴이 철렁했지만, 말로만 듣고는 알 수 없잖아요. 헤파이스토스는 보이지 않는 청동 그물을 만듭니다. 그리고 아내 몰래 침대에 설치해 놓고 평상시처럼 일하러 나가요. 아니, 나가는 척하다 몰래 집안에 숨어 있었죠. 그런데 잠시 후 남자 목소리가 들리지 뭡니까. 너무 충격적인 건 자기가 아는 목소리예요. 목소리의 주인은 전쟁의 신 아레스였습니다. 친농생이죠.

헤파이스토스가 뛰쳐나왔더니, 벌거벗은 두 남녀가 청동 그물에 포박당해 부둥켜안고 있어요. 헤파이스토스는 이 사실을 견딜 수 없어서 신들을 불러 모았어요. 신들도 달려온 그 충격의 현장은 이창용 선생님이 공개합니다.

그림과 신화

단꿈   그 충격의 현장이 그림으로 남아 있나요?

이창용   네, 그림으로 남아 있을 수밖에 없는 게 세상에서 제일 재밌는 구경이 스캔들 현장일 테니까요.
오른쪽 그림을 보시면 위쪽에서 신들이 내려다보고 있어요. 우측 하단에 비둘기 한 쌍이 등장합니다. 비둘기는 아프로디테의 상징이니

헤파이스토스에게 발각된 아레스와 아프로디테 알렉상드르 샤를 기예모트, 미국 인디애나폴리스미술관

까 작품 속 여신이 아프로디테라는 것을 확인할 수 있어요. 그녀를 끌어안고 있는 남성은 투구와 갑옷을 입고 있네요? 투구를 쓴 남자는 아레스라고 생각하면 되죠. 그 옆에서 그물을 살짝 들춰 현장을 바라보고 있는 사람은 노인으로 표현된 헤파이스토스입니다. 현장을 급습한 거예요.
그런데 아레스의 표정을 좀 보세요. 너무나도 당당한 느낌이죠? 실제 아레스가 굉장히 뻔뻔해서 감정의 동요조차 없다는 이야기를 하는 게 아니라, 이 시기의 미술 스타일이라고 볼 수 있습니다. 신고전주의라는 미술

사조의 특징 중 하나가 '엄숙미'거든요. 직설적으로 이야기하면 겉치레를 중시하던 시대였다고 생각할 수 있어요. 그리고 솔직히 투구를 쓰고 갑옷을 입은 채 사랑을 나누지는 않았을 거 아니에요. 그런데 저렇게 표현하고 있죠.

김현 신고전주의의 특징으로 표현된 것과 별개로, 신화적으로는 아레스의 당당함도 정당화될 것 같아요. "이 여자는 원래 내 거였어."라는 마음이 있었을 테니까요. 이미 아레스와 아프로디테는 올림포스에서 수년 동안 같이 지냈거든요. 아레스가 만약 배우자를 찾는다면 아프로디테였을 거예요. 그래서 '언제 고백할까.' 생각하고 있는데 덜컥 뺏긴 거죠. 게다가 헤파이스토스가 자기 형이라고 하니 양보할 수밖에 없었고, 그래서 억울했을 수도 있어요. 한편으로는 포기한 마음이었는데, 아프로디테가 맨날 울고 있잖아요. 형은 나가서 일만 하고 있고. 그래서 "형수, 어디 불편한 데 있어요?" 하고 갔다가 불꽃이 튀었을 수도 있고요.

단꿈 아침 드라마가 펼쳐지는데요. 남편이 자기를 돌봐주지 않았던 게 바람의 이유였다는 거네요.

이창용 참고로 아까 말씀드렸던 대장간에 찾아왔던 여신이 누군지 이제 아시겠죠? 아프로디테가 미래의 자기 남편이 누군지 궁금해 찾아와서 구경했던 거예요. 그래서 헤파이스토스 바로 앞에는 에로스 Eros가 있었어요. 강아지와 함께 놀고 있는 날개 달린 신이 보일 겁니다.

✥ 자신을 두 번이나 버린 올림포스를 구하다

설민석　이렇게 부부 사이는 파탄이 납니다. 법적으로만 부부일 뿐이죠. 헤파이스토스는 대장간에 들어가 계속 망치질만 합니다. 어느 날 밖에서 큰 소리가 들려 나가봤더니 어머니와 아버지 사이에 또 부부싸움이 벌어졌어요. 분위기가 심상치 않은 거예요. 헤파이스토스가 가운데 들어가서 막아섭니다. "아빠, 엄마 때리지 마세요. 아빠, 때리지 마시라고요." 그러자 흥분한 제우스가 헤파이스토스를 밀쳐요. "내가 네 아빠인지 어떻게 알아? 네 어미가 너 낳는 걸 내가 봤어? 저리 안 비켜?" 하며 헤파이스토스를 발로 걷어차 버립니다. 아빠한테 걷어차여 중심을 잃은 헤파이스토스는 빙글빙글 돌아 다시 땅으로 추락합니다. 태어나자마자 엄마가 던지더니, 이제는 아버지가 걷어차 또 떨어져요.

이때 정말 헤파이스토스는 많은 생각을 했을 거예요. 차라리 가족의 사랑을 맛보지 못했더라면 덜 했을 텐데, 이번에는 더 아팠겠죠. 떨어지는 순간 모든 것이 주마등처럼 스쳐갔을 거예요. 땅바닥으로 떨어지며 이번에는 반대쪽 다리까지 완전히 부러집니다. 헤파이스토스는 엉금엉금 기어 대장간으로 들어가 다시는 나오지 않아요.

단꿈　너무 불쌍해요.

설민석 슬픈 망치질 소리만 계속되고, 거기에 화답이라도 하듯 렘노스 화산의 불꽃만이 그를 달래줍니다. 세월도 화살처럼 지나갔어요. 사람도 만나기 싫어서 농기구나 무기를 만들어 밖에 쌓아놓으면 필요한 사람들이 와서 가져갔죠. 그런데 며칠째 농기구며 무기를 가져가는 사람이 없고, 인적도 끊긴 거예요. 그때 키워준 엄마 테티스가 황급히 들어오며 헤파이스토스에게 짐을 싸라고 합니다. 밖에 나와 하늘을 봤더니 달이 반쯤 부서져 있고, 태양도 빛을 잃고 기울었어요. 하늘엔 온통 먹구름인데 그 구름 안에서 붉은빛과 푸른빛이 번쩍번쩍거리고 우레와 같은 소리가 나고 불비도 내립니다. 기가스라는 괴물들이 올림포스를 침공했다네요. 신탁까지 내려왔는데, 신들이 괴물들을 막을 수가 없다고 해요. "여기 있다가는 우리도 화를 입을 수 있으니 빨리 바다로 피하자." 헤파이스토스는 자신의 손을 끌어당기는 테티스를 먼저 바다로 피신시킵니다. "먼저 가세요. 저는 여기 좀 정리하고 갈게요." 테티스는 바다로 가고 헤파이스토스가 대장간 문을 딱 걸어 잠갔어요. 이때부터 헤파이스토스는 어떤 행동을 할까요?

단꿈 무기들을 다 싸 들고 싸우러 갔나요?

설민석 헤파이스토스가 보행이 어렵잖아요. 그러니까 평상시에 장갑차 같은 걸 하나 만들었어요. 거기에 무기를 다 모아 실었어요. 이 장면을 보면서 참 짠했던 게, 이순신 장군이 생각나잖아요. 나라는 이순신을 버렸지만, 그는 나라를 구했어요. 헤파이스토스도 하늘에서 몇 번 버려졌나요?

단꿈 두 번!

설민석 그것도 어머니가 버리고 아버지가 버렸잖아요. 그런데 헤파이스토스는 자기를 버린 나라를 살리겠다고 하늘로 올라갑니다. 활이며 창이며 무기를 모아 싣고서요.

올림포스는 이미 잿더미예요. 저쪽 하늘은 불바다고, 무기들은 부러져 널브러져 있고 신들은 쓰러져 있어요. "여기 창입니다. 칼 받으세요." 헤파이스토스는 무기를 보급하는 역할을 합니다. 그리고 자신도 힘을 보태기 위해 집채만 한 기간테스를 망치로 내리쳐요. 헤파이스토스의 망치가 세잖아요.

그때 너무 멋있는 남자가 동에 번쩍 서에 번쩍 하면서 활로 기간테스를 쏘고 있는데 백발백중인 거예요. 이 남자가 화살이 떨어지고 기간테스에게 목을 잡혀서 뒤로 밀리고 있을 때, 헤파이스토스가 그 기간테스의 머리통을 망치로 깨버리며 도와줬죠. 그리고 화살도 건네고요. 그 남자가 첫 번째 이야기에서 만난 헤라클레스Heracles였어요. 헤라클레스가 물어보죠. "혹시 성함을 여쭤봐도 될까요?" "나? 나는 헤라의 아들, 헤파이스토스다." 이 한마디에 왜 헤파이스토스가 자기를 두 번이나 버린 나라를 구하러 왔는지, 그 의미가 담겨 있습니다.

단꿈 '나는 헤라의 아들'이라는 말이 너무 눈물나네요.

설민석 기간테스와의 전쟁, '기간토마키아Giganthomachia'는 올림포스 신들의 승리로 끝납니다. 과거에도 헤파이스토스는 신들에게 인기가 있었지만, 그건 그의 솜씨 때문이었죠. 신들은 돌아서면 그의 외모나 출생을 두고 조롱했어요. 하지만 기간토마키아에서 헤파이스토스의 도움으로 승리를 하고 난 다음에는 올림포스의 모든 신들이 그를 존경하고 경배했습니다. 남들보다 키도 작고 일반적이지 않은 외모를 가졌지만, 자신이 지닌 충실함으로 올림포스의 거성이 된 헤파이스토스의 감동적인 이야기였습니다.

김헌 설민석 선생님의 이야기가 너무 재밌었다는 말을 안 할 수가 없습니다. 헤파이스토스에 대한 기록은 그렇게 많지 않거든요. 그래서 헤파이스토스를 전면에 띄워 주인공으로 삼으며 어떻게 풀어주실까 굉장히 궁금했는데, 몇 줄 안 되고 화석화되어 있는 이야기들을 이렇게 생생하게 살려내 주셔서 아주 즐겁게 들었습니다.

그림과 신화

헤라와 제우스에게 쫓겨나는 헤파이스토스 가에타노 간돌피, 영국 내셔널트러스트

단꿈　헤파이스토스가 두 번이나 버림받은 이야기도 작품으로 남았을까요?

이창용　헤파이스토스와 관련된 그림 가운데 이 그림이 가장 가슴 아픈 작품인 것 같아요. 가에타노 간돌피라는 화가가 그린 〈헤라와 제우스에게 쫓겨나는 헤파이스토스〉라는 작품이에요. 제우스가 발로 차고 있죠. 남한테도 저렇게까지 함부로는 못할 것 같아요. 그런데 그 광경을 바라보고 있는 엄마는 아빠를 말리기는커녕 동조하고 있어요. 심지어 어린 님프, 천사들도 빨리 꺼지라는 듯 헤파이스토스의 발을 막 밀쳐내고 있어요.

이 그림을 보면 세상에 헤파이스토스의 편은 단 한 명도 없는 것 같아요. 모두가 그를 외면하고 모두가 그를 버리고 있다는 당시의 상황이 그림을 통해서 전해지는 것 같습니다.

김현 저 그림이나 설민석 선생님이 새롭게 구성한 이야기를 원전에 입각해서 다시 재구성해 보면 이렇게 말할 수 있을 것 같아요. 제우스는 자신의 권력을 확장하기 위해서 굉장히 많은 노력을 합니다. 그 과정에서 너무 독재를 하니까 헤라가 일종의 반역 음모를 꾸밉니다. 그런데 반역이 성공하지 못하죠. 그래서 제우스가 헤라를 꽁꽁 묶어 올림포스 정상에 매달아 놓은 겁니다. 그렇게 매달려 있는 헤라를 구한 존재가 바로 헤파이스토스예요.

제우스 입장에서는 단순히 부부싸움 하는데 말리는 아들 정도로만 받아들일 순 없죠. 자기의 권력을 건드리는 건 제우스가 절대 못 참거든요. 그걸 헤라가 건드렸기 때문에 벌주고 있는데 끼어든 헤파이스토스가 괘씸했던 거죠. 그래서 가혹하게 내던진 거예요.

그 배경을 알면 저 그림에서 제우스의 분노가 얼마나 큰지 이해할 수 있어요. 더불어 나중에 올림포스 12신이 기간테스에게 위협받고 있을 때 헤파이스토스가 기꺼이 도우러 갈 수 있었던 이유도 어느 정도는 해명이 돼요. '아버지는 권력을 지키기 위해서 모든 것을 했던 신이기 때문에 나를 그토록 무자비하게 버린 것이다.' 그렇게 아버지의 마음을 이해한 아들의 입장을 생각해 볼 수 있겠죠.

올림포스: 기간테스의 몰락 프란시스코 바이외 이 수비아스, 스페인 프라도미술관

단꿈   교수님은 언제나 제우스의 편에서 마치 대변인처럼 저희를 잘 이해시켜 주시는 것 같아요. 이야기를 들으며 '중요한 건 꺾이지 않는 마음이다.'라는 말이 떠올랐어요. 어떠한 역경도 딛고 일어나서, 결국에는 그 어느 신보다도 존경받는 신이 된 헤파이스토스. 그의 꺾이지 않는 마음을 배우는 소중한 시간이었던 것 같아요.

세 번째 이야기

술의 탄생, 디오니소스

금발 곱슬머리에서는 향기가 나고,
두 눈에는 아프로디테의 검은 포도줏빛 우아함을 지녔다지.
그자가 젊은 여인들을 기쁨에 찬 비의로 꾀어내
밤낮으로 함께 어울리고 있다더군.
- 에우리피데스, 『바쿠스의 여신도들』

세 번째 이야기
술의 탄생, 디오니소스

✣ 제우스의 허벅지에서 태어난 아이

설민석 술이 맨 처음 어떻게 만들어졌는지 혹시 아세요? 늘 마시던 술이라도 사연을 알고 마시면 열 배는 더 달콤하고 백배는 더 환상적이지 않을까요? 오늘의 주인공은 술의 신, 디오니소스Dionysos입니다. 이야기 속에는 원전에 상상력을 덧붙여 중간중간 각색된 부분이 포함되어 있으니 참고해 주시면 좋을 것 같아요.

김헌 피곤할 때 마시는 자양강장제 '박카스(바쿠스Bacchus)' 있죠? 디오니소스의 다른 이름입니다. 그리고 BTS가 발표한 〈디오니소스〉라는 노래가 전 세계적으로 유행했잖아요. 바로 그 노래의 분위기가 이번 이야기 전체에 흐르지 않을까 싶습니다.

설민석 제우스Zeus를 모시는 신전에서 기도하는 여사제가 있습니다. 하루는 그녀가 제우스께 바칠 제물로 소를 잡다가 피를 잔뜩 뒤집어써서, 강물에서 피를 씻으며 목욕하고 있었어요. 제물을 받으러 하늘에서 내려오던 제우스가 하필 그 모습을 본 거죠. 마치 CF의 한 장면처럼 물에 젖은 긴 머리를 휘날리는 고혹적인 모습을요. 그리고 한눈에 반해 고백합니다. "내 마음을 받아주시오." 이때 여인의 반응이 어땠을까요? 평소 존경하던 분에게 고백받았다는 사실에 너무 기뻐해요. 둘은 사랑에 빠집니다.

제우스는 이 사실을 아무에게도 얘기하지 말라고 했어요. 헤라가 알면 큰일이니까요. 그런데 이 여성은 솔직히 입이 근질거립니다. 그럴 만도 한 게 새로 남자 친구가 생겼는데 세계적인 슈퍼스타예요. 그런데 아무한테도 얘기 안 할 수 있을까요?

단꿈 아우, 말하고 싶어서 입이 간질간질할 것 같은데요?

설민석 결국 자기 언니들한테 말해요. "언니, 이거 어디 가서 얘기하면 절대 안 돼, 알았지? 나, 남자 친구가 생겼는데, 제우스야." 이렇게 털어놓았더니 큰언니가 뭐라는 줄 아세요? "네가 제우스를 사귀면 나는 헤라클레스를 사귀겠다." 작은 언니도 한마디 해요. "내 남친은 아킬레우스다!" 전혀 안 믿는 거죠. 답답하고 속상한 마음에 온 동네방네 슬금슬금 얘기하고 다녔어요. 자, 이제 누가 알게 됐을까요?

이창용 헤라!

설민석 헤라의 귀에 들어가고 맙니다. 당장 죽여버리고 싶었지만, 헤라는 좀 더 잔인한 방법을 생각해요. 이 여성의 유모로 변신하죠. 그리고 다가가 얘기합니다. "아가씨, 무슨 고민이 있어요?" "유모, 아무한테도 얘기하면 안 돼! 나 제우스와 사귀잖아." 그러자 유모로 변신한 헤라가 걱정스럽다는 듯 얘기해요. "진짜 제우스 맞나요? 요새 제우스를 사칭하는 사기꾼들이 판을 친다던데요." 그러고는 제우스에게 뭐 받은 거라도 있냐고 물어봐요. 사실 아무 것도 없거든요. "아니." 하고 고개를 젓는 여성을 헤라는 이렇게 부추깁니다. "다음에 그 사람 오면 제우스의 상징인 번개를 한 번 보여달라고 하세요. 제우스 하면 번개니까요."

유모로 변신한 헤라와 세멜레
헨드릭 홀치우스, 네덜란드 암스테르담 국립미술관

그가 유피테르(제우스)이길 바라고 있어요.
하지만 나는 이 모든 일이 두려워요.
……사랑의 징표를 달라고 하세요.

오비디우스, 『변신』

다음번 제우스가 찾아왔을 때, 이 여성은 부탁이 있다고 말합니다. 사랑에 푹 빠진 제우스는 달도 별도 다 따줄 수 있다고 해요. 그녀가 묻습니다. "맹세하는 거지?" 그러자 제우스가 아주 위험한 발언을 하고 맙니다. "내가 스틱스Styx강에 맹세할게." 아……, 스틱스강이 나와버렸습니다. 이 강은 저승으로 가는 일

스틱스강을 건너 영혼을 운반하는 카론 알렉산더 리토브첸코, 러시아 국립러시아박물관

세 번째 이야기 · 술의 탄생, 디오니소스

종의 경계선이죠. 스틱스강에 맹세하고 나서 말을 바꾸면 신이라 할지라도 1년간 거의 혼수상태에 빠져요. 그리고 9년 동안 구금형이에요. 합해서 10년간 사실상 신의 자격이 박탈되는 겁니다. 그러니 무조건 지켜야 돼요.

1년 내내 거대한 병을 치르더라도
또다시 다른 훨씬 힘난한 고역이 뒤따른다.
9년 동안 영원한 신들과 떨어진 채 지내며
회의에도 식사 자리에도 결코 함께 있지 않는다.

헤시오도스, 『신들의 계보』

여성은 제우스의 본모습을 보여달라고 말해요. 제우스는 인간이 번개를 보면 눈이 멀 수도 있고 화상을 입을 수도 있다며 말려보지만, 그녀는 완강합니다. "스틱스강에 맹세했잖아." 제우스는 어쩔 수 없이 올림포스로 올라가서 수많은 종류의 번개 중 가장 작은 걸 찾아서 불도 따로 붙이지 않고 가져와요. 혹시라도 다칠 수 있으니 구름과 안개와 바람에 꽁꽁 잘 감싸서요.

높은 하늘로 올라가서 명령으로 구름에게 끌어모았고,
폭풍과 번개와 바람, 거기에 천둥과 피할 수 없는 벼락까지 더하였다.

오비디우스, 『변신』

제우스가 바늘만큼 작은 번개를 구름에 감쌌으니 괜찮을 거라 생각한 채 그녀 앞에 살짝 나타난 순간, 갑자기 여성의 몸에 불이 붙고 맙니다. 번개의 위력이 그만큼 강력했던 거죠. 그녀는 제우스 눈앞에서 가슴부터 머리까지 타들어 가요. 그런데 타들어 가는 여자의 배 속에서 놀랍게도 아이의 모습이 보이는 겁니다. 임신을 했던 거예요. 6개월째였어요. 제우스는 재빨리 아이를 꺼내요. 6개월 된 아이가 엄마 몸 밖으로 나오면 어떻게 되죠?

단꿈 인큐베이터에 넣지 않으면 못 살아요.

설민석 인큐베이터가 없잖아요. 그래서 제우스가 급한 대로 자기 몸속에 넣어버립니다. 어디에 넣었을까요? 바로 허벅지였어요. 번개로 자기 허벅지를 갈라서 아이를 넣은 뒤 구름에서 실을 뽑아서 봉해 버렸어요. 왜 하필 허벅지 속에 아이를 넣었을까요? 그 비밀은 교수님께서 설명해 주시죠.

김헌 에우리피데스 Euripides 라는 비극작가가 쓴 『바쿠스의 여신도들』이라는 작품에 이 장면이 묘사되어 있어요. "이 불쌍한 아이야, 내 남자의 자궁 속으로 들어오거라." 그러면서 제우스가 허벅지에 아이를 넣거든요. 허벅지를 '남자의 자궁'이라고 표현하고 있어요. 그런 걸 보면, 여성의 자궁처럼 남성에게는 허벅지가 생명의 상징으로 여겨진 게 아닐까 생각됩니다.

설민석   그렇게 아이는 제우스의 허벅지 속에서 자랍니다. 마치 엄마 배 속에서 태아가 자라듯 말이죠. 그리고 출산의 날이 옵니다. 제우스는 출산이 임박하자 자기 아들이자 전령인 헤르메스를 또 불러요. 아이를 낳아야 하니까 아무도 못 들어오게 지키라고 하죠. 헤르메스가 밖에서 지키고 있었는데, 하필이면 제우스의 형인 바다의 신 포세이돈Poseidon이 오는 겁니다. 제우스를 만나겠다고 해서 지금 없다고 했죠. 그때 안에서 "으아악!" 하는 소리가 들리는 거예요. 지금 뭐 하는 거냐고 무섭게 묻는 포세이돈에게 헤르메스는 사실을 얘기해요. "실은 지금 출산 중이에요." 그러자 포세이돈이 한마디 하죠. "출산? 아니, 전에는 수많은 여인이 출산하게 만들더니 이젠 자웅동체가 된 거냐? 가지가지 한다."

헤르메스 : 방금 출산했어요, 포세이돈.
포세이돈 : ……우리 몰래 자웅동체가 된 건 아니지?
헤르메스 : ……태아를 자기 허벅지에다가 품고 있었어요.

◢ 루키아노스, 『신들의 대화』

✦ 기쁨과 위안을 주는, 술의 탄생

설민석　제우스는 그렇게 자신의 허벅지에서 아이를 탄생시킵니다. 아들이에요. 이 아이가 이번 이야기의 주인공입니다. 신과 신이 결합해서 낳은 아이의 신분은 뭐죠?

단꿈　신이요.

설민석　그렇죠. 신과 인간이 결합해서 낳은 아이는 영웅이에요. 헤라클레스처럼요. 그게 그리스 로마 신화의 세계관입니다. 이 아이는 신과 인간이 결합해서 탄생했으니, 영웅이겠죠? 그런데 낳은 건 누군가요?

단꿈　제우스요. 신이 낳았네요.

설민석　인간이 6개월을 품고, 신이 3개월을 품은 변종이에요. 영웅도 아니고 신도 아닌, 정체 모를 아이가 세상 밖에 나온 거예요. 제우스는 헤라의 등쌀이 무서워서 이 아이를 죽은 여사제의 언니에게 보내기로 합니다. 헤르메스가 아이를 여사제의 언니에게 데리고 가 사정을 얘기하며 맡아달라고 하죠. 언니는 깜짝 놀라요. "그때 동생이 제우스랑 사귄다고 했는데, 그게 진짜였네요? 우리 조카, 제가 목숨처럼 아끼면서 키울게요." 그래서 아이는 이모의 손에 자라게 됩니다. 이모는 헤라에게 들키지 않기 위해 아이의 신분을 감춰주기로 해요. 어떻게 감췄을까요?

단꿈 내 아이라고, 내가 낳았다고 했을 것 같아요.

설민석 그 주장만으로 헤라를 납득시킬 수 있을까요? 헤라의 딸이 출산의 여신인데, 찾아보면 다 나올 텐데요. 이모는 아이의 성을 바꾸기로 합니다. 패밀리 네임 family name 이 아니라 젠더 gender, 성씨가 아니라 성별을 바꾼 거죠.

단꿈 오, 그것도 괜찮은 방법인데요.

설민석 남자아이를 여장시켜 딸아이처럼 키워요. 그런데 우쭐하기도 하고 자랑하고 싶기도 해서 입이 간질간질해요. "어디 가서 얘기하면 안 돼, 진짜. 내가 지금 키우는 애 있잖아. 사실 내 애가 아니라 조카야. 그런데 아빠가 누군지 알아? 제우스!" 여기저기에 얘기하고 다니니, 당연히 누구 귀에 들어가겠어요? 헤라죠.
헤라는 이를 잊지 않고 나중에 잔인한 방식으로 응징합니다. 시간이 어느 정도 흐른 다음 이모에게 광기를 불어넣어요. 원전에 보면 이모한테 아이가 있었는데, 광기 때문에 그 아이를 펄펄 끓는 가마솥에 삶아버린다고 나와요. 그리고 잠시 후 정신이 돌아왔지만, 제정신으로 살 수 있겠어요?

단꿈 못 살죠.

설민석 괴로움을 못 이긴 이모는 자신의 죽은 자식과 함께 바닷물에 몸을 던집니다. 디오니소스는 이모 손에 크다가 첩첩산중에서 살게 돼요. 헤르메스가 헤라 눈에 띄지 않을 곳으로 데려간 거예요. 그 산 이름이 니사Nysa예요. 그 외딴 산골에 아이를 데려다 놓고, 산의 님프들에게 키워달라고 합니다. 아이는 산에 도착하면서 이름을 얻게 돼요. '제우스'라는 뜻의 그리스어가 '디오Dio'래요. 제우스의 아이라는 의미죠. 이 아이가 자라는 곳이 니사산이잖아요. '니사산에서 자란 자'가 그리스말로 '니소스Nysos'예요. 그래서 '디오니소스'라는 이름을 얻게 됩니다.

제우스(Dio)+니사산에서 자란 자(Nysos)
⟶ 디오니소스(Dionysos)

기구한 운명의 이 아이는 어떻게 자랄까요? 성격은 어떨까요?

단꿈 불안할 거 같아요. 약간 폐쇄적인 성격이 될 것 같고요.

설민석 그런데 의외로 아이는 정말 밝고 쾌활하게 자라요. 그게 어떻게 가능했냐면 산 할아버지를 만났거든요. 스승님이죠. 상체는 사람이고 하반신은 염소 다리인 반인반수예요. 하지만 모습은 중요하지 않아요. 그는 디오니소스에게 '인생은 기쁨이고 행복이고 축제'라고 가르칩니다.

풀어 말하자면 이런 거죠. "디오니소스야, 너는 가장 중요한 순간이 언제인 거 같니? 바로 오늘이야. 이 순간을 즐기면, 그렇게 매일매일을 즐기면, 우리 인

술 취한 실레노스 안토니 반 다이크, 독일 알테마이스터회화관

생 자체가 즐거운 거 아니겠어?" 디오니소스는 스승의 가르침을 받으면서 날마다 춤추며 밝게 자랍니다. 어느 날 한 남자아이도 만나요. 외딴 산골에서 친구가 생기니 더 행복했죠. 그런데 어느 날부터 그 친구가 좀 부담스러워지기 시작합니다. 그 아이 앞에 가면 자꾸 얼굴이 붉어지고 심장도 뛰어요. 이 마음 뭔가요?

단꿈   첫사랑이네!

설민석   그런데 친구는 내가 여자인 줄 아는데…….

단꿈   어머 어떡해요.

설민석 사랑을 고백하려면 자신이 남자라는 비밀을 말해야 하잖아요. 고민하던 디오니소스는 용기 내 고백하기로 합니다. 그런데 고백도 하기 전, 그 아이가 사고를 당해 세상을 떠납니다. 사냥 나갔다가 황소에게 밟혀 죽었어요. 디오니소스는 태어나서 가장 많이 울었어요. 사랑하는 아이가 묻힌 자리에서 나무가 하나 자라고, 디오니소스는 그 곁을 몇 날 며칠 동안 떠나지 않습니다. 이 모습을 지켜보던 제우스가 아들의 슬픔을 달래주고자, 나무에 넝쿨을 한 줄기 감아줬어요. 시간이 얼마나 지났을까요? 디오니소스가 나무에 기대어 있는데, 넝쿨에 열매가 송이송이 달린 거예요. 생전 처음 보는 건데 뭐지?

단꿈 송이송이면 포도인가요?

설민석 포도였어요. 잘 보니 내가 사랑했던 그 아이의 검붉은 눈빛과 너무 닮았어요. 머리카락 색깔과 비슷한 것 같고요. 포도알을 하나 따서 살짝 입에 대봤는데 눈물이 왈칵 나는 겁니다. 살아생전에 그 친구는 세상에 나가서 사람들한테 큰 기쁨을 주고 슬픈 사람들에게는 위안이 되고 싶다는 말을 입버릇처럼 했거든요. 그 얘기가 너무 달콤하게 들렸는데, 그 달콤한 음성이 혀끝에서 느껴지는 것 같았어요. "너구나, 네가 이렇게 나한테 돌아왔구나." 디오니소스는 친구를 닮은 그 열매를 모두 따서 집에 가져왔어요. 밤낮없이 울면서 친구가 생각날 때마다 한 송이씩 먹었죠. 며칠이 지났는지 모르겠어요. 포도를 먹으려고 집었더니 다 물러져 있는 거예요. 상한 것 같기도 한데, 향은 좋네요.

단꿈 술이 됐나요?

설민석 맞아요. 술이 이렇게 만들어진 겁니다. 그걸 마신 디오니소스는 완전히 취해버렸죠. 그런데 마치 환각처럼 친구가 나타나더니 달콤한 위로를 해주는 것 같아요. 디오니소스는 친구의 꿈을 자신이 이뤄줘야겠다고 결심합니다. "네가 항상 꿈꿨던, 사람들에게 기쁨을 주고 슬플 땐 위안을 주겠다던 너의 소명을 내가 세상을 돌아다니며 다 이룰게."
디오니소스의 상징이 지팡이거든요. 지팡이를 짚고 포도나무의 종자를 넣은 봇짐을 메고 세상으로 나갑니다. 친구의 소명을 알리기 위해서요. 그런데 디오니소스가 좀 달라졌어요. 양 갈래로 묶었던 머리를 풀어헤치니, 남자임에도 아프로디테만큼이나 아름다웠다고 해요.

금발 곱슬머리에서는 향기가 나고,
두 눈에는 아프로디테의 검은 포도줏빛 우아함을 지녔다지.
그자가 젊은 여인들을 기쁨에 찬 비의로 꾀어내
밤낮으로 함께 어울리고 있다더군.

에우리피데스, 『바쿠스의 여신도들』

그리고 본인이 남자인 것도 더 이상 숨기지 않아요. 디오니소스는 세상을 다니면서 포도나무 종자를 나눠주고 나무 재배법, 양조 방법을 알려줍니다. 술을 처음 맛본 사람들은 너무 좋아하는 거예요. "선생님! 그게 와인이라고 하셨나요? 마셨더니 제 마음에 있던 우울함이 씻은 듯이 나왔어요." 이런 감탄과 찬사가 이어지고, 소문이 나면서 추종자들까지 생겼어요. 오늘날 개념으로 하면 팬클럽이 생긴 거예요. 디오니소스의 팬클럽은 어떤 성별이 더 많았을까요?
거의 99%가 여성이었어요. 그 이유가 디오니소스가 잘생겼다는 이유도 있지만 실은 다른 이유도 있었어요. 당시 그리스의 여성들의 삶이 어땠을 것 같나요?

단꿈 팍팍했었나 봐요.

설민석 무시당하고 서러움만 많아서 기쁠 일이 없었는데, 술을 마시면 알딸딸해지면서 행복하고 자신이 해방되고 자유를 얻은 느낌까지 받잖아요. 그래서 수많은 여성 추종자가 모이기 시작한 거예요. 이렇게 여성 팬들에게 둘러싸인 디오니소스는 과연 결혼할 수 있을까요?

단꿈 자유로운 영혼인데, 저 같으면 안 할 거 같아요.

설민석 아니, 못 하죠. 팬들이 난리 날 테니까요. 그런데 디오니소스는 결혼을 했어요. 그리고 달콤한 시간을 보내죠. 이때가 디오니소스에게는 가장 행복한 시간이 아니었나 싶습니다. 하지만 디오니소스에게 상상도 하지 못한 끔찍한 슬픔이 찾아오게 됩니다. 그 슬픔이 무엇일까요? 잠시 뒤에 이어집니다.

✧ 디오니소스와 뱀

단꿈 한 명품 브랜드에 '디오니소스'라는 이름의 인기 있는 핸드백이 있어요. 그 가방의 특징이 뱀 장식이거든요. 혹시 뱀과 디오니소스가 연관이 있나요?

김헌 그리스 로마 신화에서는 뱀을 굉장히 신비로운 존재로 생각했어요. 뱀은 겨울이 되면 땅속에 들어가 동면하다가 봄이 되면 다시 나타나 활동하고, 그때 자신이 갖고 있던 허물을 벗어버린 뒤 새로운 모습으로 나오잖아요. 그걸 보면서 죽었던 게 새로 살아나는 '부활'의 이미지를 뱀에게 부여했어요. 디오니소스도 죽었다가 살아난 셈이잖아요. 그런 점에서 뱀과 연관성을 지니죠.

설민석 디오니소스도 태어나기 전에 엄마 몸에 불이 붙어서 목숨을 잃을 뻔 했으니까요.

김헌 디오니소스는 엄마 배 속에서 불타 죽을 뻔하다 다시 살아났어요. 이름의 '디오'가 '제우스'라는 뜻도 있지만 '두 번'이라는 뜻도 있어요. 그래서 '두 번 태어난 신'이라는 의미도 있어요. 에우리피데스의 『바쿠스의 여신도들』에서 제우스가 허벅지에 아이를 집어넣었다가 낳았다고 했잖아요. 그때 태어난 아이의 머리에 뱀 관을 씌워줬다고 나와요. 그 뱀의 상징 역시 부활이겠죠. "너는 다시 태어난 것이다."라는 의미로 말이죠. 또 여신도들이 디오니소스를 많이 따라다녔다고 했잖아요? 그들을 '마이나데스Maenades'라고 부르는데, 이들의 특징 중 하나도 뱀을 직접 잡아서 자기 몸을 장식하는 거였대요.
디오니소스라는 가방의 뱀 장식은 신화에서 모티브를 얻은 거라고 볼 수 있겠죠.

단꿈 이제 가방 하나를 들면서도 의미를 부여할 수 있겠네요. "이건 그냥 가방이 아니야, 부활이야."

그림과 신화

단꿈 디오니소스가 아프로디테만큼이나 아름다운 미모를 가진 남자였다고 하니까 그 아름다움을 담은 그림이나 조각도 남아 있겠죠?

이창용 그렇긴 한데, 우선 오른쪽 그림부터 보시죠. 루벤스의 〈바쿠스〉라는 작품이에요.

바쿠스 페테르 파울 루벤스, 러시아 에르미타주박물관

단꿈 아니, 어떻게 저런 모습이 됐죠?

이창용 미모는커녕 배불뚝이 중년 남성의 모습이에요. 왜 이런 식으로 표현했을까요? 우리에게 그리스 로마 신화는 학문의 대상이거나, 관심이 있어서 찾아보는 분야잖아요? 그런데 유럽인들에게는 공부의 영역이 아니라 문화의 영역이나 다름없어요. 유럽인은 디오니소스가 풍요의 신이자 술의 신이라는 건 너무 잘 알고 있지만, 모두가 원전을 읽어보는 건 아니니까 구체적인 내용은 모를 수도 있어요. 그래서 '아마도 디오니소스는 이런 느낌일 거야.'라고 생각하며 이런 식으로 그린 경우도 많아요. 반대로는 의도적으로 그린 걸 수도 있어요. 화가가 내용을 잘 알고 있었음에도 불구하고 관람객이 편하게 받아들이게 할 목적으로 이런 분위기로 그린 경우도 많다고 볼 수 있어요. 물론 디오니소스가 이렇게만 표현된 건 아니고요.

단꿈 잘생긴 디오니소스도 보여주세요.

이창용 같이 비교해 보시면 좋을 것 같은 작품을 소개해 드릴게요.
아래 그림은 바로크의 위대한 거장 카라바조의 〈바쿠스〉(1596년)라는 작품입니다. 잘 살펴보면 디오니소스의 이름표가 나타나 있어요. 머리에 포도와 넝쿨로 만들어진 관이 씌워져 있고, 아래쪽에는 '풍요의 신'을 상징하는 과일 바구니가 한가득 채워져 있어요. 한 손에 와인 잔을 들고 마치 우리에게 "같이 한잔 할래?" 하고 권하는 듯한 느낌이죠.

정말 재미있는 건 카라바조가 바쿠스를 주제로 그린 또 하나의 작품이 있는데, 이 작품을 그리기 3년 전에 탄생한 〈병든 바쿠스〉(1593년)라는 작품이에요. 바쿠스가 병들어 얼굴에 황달이 가득 올라와 있어요. 테이블은 휑하게 비어 있고 시들어가는 포도송이를 하나 들고

바쿠스 카라바조, 이탈리아 우피치미술관

있는 모습이에요. 앞의 그림과 상반된 모습이죠. 왜 이렇게 다르게 표현됐을까요?
이 모습은 로마에 막 상경을 한 무명 시절, 굉장히 힘들었던 화가 자신을 그린 것이라고 해요.

설민석 자화상이네요?

이창용 자기 모습을 그린 거죠. 그래도 포도송이를 들고 있는 이유는 디오니소스가 포도를 재료로 와인을 만들어 나중에 풍요와 쾌락을 느끼잖아요. '내가 지금은 비록 이렇게 가난하고 힘들지만, 이 포도가 영글어 와인이 되듯 언젠가는 성공해서 디오니소스처럼 쾌락과 풍요를 누리겠노라.' 그렇게 선언한 거죠. 실제로 이 작품을 그리고 2년 만에 성공합니다. 먼저 본 그림이 성공 후에 그린 그림이죠.

병든 바쿠스 카라바조, 이탈리아 보르게세미술관

✦ 디오니소스와 함께 축제를!

단꿈   디오니소스가 사랑하는 여자를 만나 결혼했잖아요. 그런데 도대체 무슨 일이 일어난 건지 궁금하네요.

설민석   가슴 아프지만, 이야기해 드릴게요. 왜 이렇게 행복한 시간은 빨리 가는지 모르겠어요. 디오니소스에게 찾아온 예기치 못한 불행은 팬들이 늙어간다는 겁니다. 갓 성인이 돼 찾아왔던 이들이 어느덧 결혼하고 아이 엄마가 되더니, 점점 주름이 생기고 할머니가 되어가는 거예요. 그런데 자신은 안 늙어요. 그때 깨닫는 거죠. "나는 신이구나. 나의 시간은 다르게 흐르는구나." 이제는 팬이었던 아이들의 장례식에 다니는 게 일입니다. 사랑하는 사람들을 떠나보내는 거죠.

팬만 늙나요? 아내도 늙어가요. 검은 머리가 파뿌리가 되더니 거동도 불편해지고, 남편을 잘 알아보지도 못해요. 아내가 저세상으로 떠날 때, 디오니소스는 첫사랑을 떠나보낼 때보다 더 많은 눈물을 흘렸어요. 아내는 유언을 남겼죠. "여보, 나 죽거든 내 생각하지 말고 좋은 사람 만나서 행복하게 살아요. 당신이 있어서 행복했어요." 아내를 보낸 뒤 디오니소스는 깨닫게 되지요. '영생은 저주구나.'라고요. 아내가 떠난 뒤 디오니소스는 아내 말대로 했을까요?

김헌 새 출발이 쉽지 않을 거 같아요.

설민석 그렇죠. 디오니소스는 인간 세상에서 새로운 여자를 만나지 않아요. 그저 온 세상을 다니면서 술을 전합니다. 처음에는 함께 술 마시고 잔치를 여는 정도였는데, 점점 체계화된 모임이 돼요. 일종의 시스템과 매뉴얼이 만들어집니다. 높은 단상 같은 걸 만들어 놓은 뒤, 술을 마시고 흥이 오른 몇몇이 앞으로 올라와 나름의 상황극 같은 걸 즐기죠.
디오니소스가 오면 사람들이 모여들어 3일 밤낮을 쉬지 않고 축제를 열었대요. 그러니 점점 디오니소스의 세력은 커져만 갔어요. 하지만 다 좋아할까요?

단꿈 안티가 생기나요?

설민석 꼭 시기하고 질투하는 사람이 있죠. 안티팬이 등장합니다.
디오니소스가 지나는 곳에 한 나라가 있었는데, 그곳의 책사가 왕에게 디오니소스 축제를 열자고 건의했어요. 하지만 왕은 질색합니다. 헤라가 싫어하는 놈일 뿐 아니라, 그자가 전파하는 술이라는 게 마시면 일도 제대로 못 하고 좋을 게 없다고요. 그 말에 책사가 펄쩍 뜁니다. "아이고, 전하. 그런 말씀 하시면 안 됩니다. 디오니소스는 신입니다. 테베Thebae 왕이 전하처럼 디오니소스를 모욕했다 큰 화를 당했습니다." 하면서 사연을 자세히 얘기해 줘요.

술의 신인 디오니소스에게는 헛것을 보이게 하는 특별한 능력이 있다는 거예요. 환영, 환각, 정신 조작에 변신까지 가능해서, 자신을 모욕한 테베 왕의 가족들을 환각에 빠트렸답니다. 그래서 가족들이 왕을 멧돼지로 착각하고 산 채로 찢어 죽였다는 거예요. 이야기를 들은 왕은 경악하며 "우에엑" 하고 구토해요. "난 아무 말도 하지 않았어. 내가 저주의 말을 퍼부었을지는 모르지만 지금 다 토했다고." 그러고는 빨리 디오니소스를 모시고 축제를 열라고 하죠.

왕의 명에 따라 온 마을이 무대를 만들고 축제 준비를 합니다. 지금으로 따지면 올림픽 개막식 준비를 하는 거죠. 모두가 신이 났어요. 아니, 모두는 아니었어요. 왕에게는 딸이 셋 있는데, 이 공주들은 불만입니다. 시녀들이 축제에 갈 생각에 신이 나서 들떠 있거든요. 하지만 공주들은 단호하게 말합니다. "우리는 안 갈 거야. 그냥 일할 거야."

단꿈   너무해요.

설민석   못 나가게 문까지 걸어 잠그고 일을 시켰어요. 시녀들은 성에 갇혀 울면서 베를 짜야 했어요. 드디어 축제의 날이 왔습니다. 수많은 군중이 말로만 듣던 디오니소스를 영접한 거예요. 어찌나 잘생겼는지! 취하고 노래하고 공연하고, 새벽까지 축제는 이어집니다. 모두가 축제를 즐기고 있으니, 축제 무대 외에는 온 마을이 캄캄해요. 그런데 딱 한 군데만 환하네요. 바로 공주의 성이었어요. 그것을 발견한 디오니소스가 물어봤죠. "저 성은 뭔가요?" "말도 마세요. 공주들이 있는데, 일하려면 자기들이나 하지, 시녀들까지 축제에 못 가게 감금해 놓고 베를 짜게 한대요."

같은 시각, 성에서는 공주들이 베를 짜며 투덜거립니다. 디오니소스 축제인가 뭔가 시끄러워 죽겠다고요. 그때 잘생긴 남자가 지팡이를 짚고 나타난 거예요. "공주님들, 밖에서 축제가 한창인데 우리 나가서 같이 즐기면 어때요?" 공주들은 어떻게 들어왔느냐며 내쫓으려 합니다. 그러자 그가 또 묻죠. "공주님들은 왜 일을 하세요?"

단꿈 행복하려고?

설민석 "그게 목적이에요? 결국 일하고 돈 버는 건 행복이라는 목적을 위한 수단인데, 왜 수단에 매몰돼서 목적을 버리세요? 지금 그 행복이 우리 문밖에 있어요. 같이 나가요. 같이 즐겨요." 공주들은 자기들에게는 일하는 게 행복이라며 딱 잘라 거절하며 쫓아냅니다. 어쩔 수 없이 그는 돌아서 나가려 했죠. 그 순간, 공주가 해서는 안 될 말을 합니다.

"딱 보니까 디오니소스 따라다니는 무리 같은데, 가서 디오니소스한테 좀 전해요. 이상한 물을 팔고 다닌다면서요? 묘약? 내가 볼 때 그건 마약이야. 사람들 병들게 하는 마약이라고. 혼자 산속에 들어가 주정뱅이나 되라고 꼭 전해요." 이 말에 그가 다시 돌아서서 얘기합니다. "내가 바로 그 디오니소스다. 나를 욕하거나 폄훼하는 건 상관없지만 술을 모독하는 건 용서 못 해. 마약이라고? 그렇게 일하고 싶어? 그럼, 평생 일하게 해주겠다." 그러면서 지팡이를 꽉 잡아요. 이를 지켜보던 시녀들은 깜짝 놀랍니다. 갑자기 세 공주가 펄펄 뛰더니 헛소리들을 하는 거예요. "으아악! 포도 넝쿨이 내 몸을 감고 있어. 불이야, 불이야!" 디오니소스가 환각과 환영을 불어넣었던 거죠. 한동안 환영을 보던 공주들은 밤에 잠도 자지 않고 일이나 하는 생명체로 변해버립니다. 뭘까요? 박쥐! 디오니소스가 공주들을 박쥐로 변신시켜서 날려 보냅니다.

자매들이 어두운 곳을 찾는 동안
얇은 피부막은 조그마한 사지로 퍼져나갔으며
가느다란 날개로 팔을 감쌌다.
……
그들은 숲이 아닌 집을 드나들었고
빛을 싫어하여 밤 동안에 날아다녔으며
'늦은 밤'에서 자신들의 이름을 가져왔다.

오비디우스, 『변신』

그런데 이것이 또 하나의 일화가 돼요. 사람들의 입에서 입을 거치며 부풀려져서 신화가 만들어집니다. 그래서 디오니소스는 안티팬들에게는 공포의 대상이 되고, 팬들에게는 기쁨과 행복과 축제를 알려주는 구원의 대상이 됩니다. 이렇게 디오니소스는 인간들에게 신으로 인정받게 됩니다. 지금까지 우리가 이야기 속에서 만난 신들은 '신들이 인정한 신'이었는데, '인간이 인정한 신'이 탄생하게 된 거죠.

이 모습을 하늘에서 아버지인 제우스가 보고 있습니다. "장하다, 내 아들! 한 번 죽었다가 다시 한 번 태어난 이후에도 헤라 때문에 말 못 할 고난의 세월을 보냈는데, 네가 지상에서 이제 신으로 인정받았구나! 이 아비가 너무 기쁘다. 내가 너를 올림포스로 데려올 수 있는 명분이 생긴 것 같다. 올라오너라!"

그래서 디오니소스가 올림포스에 올라오게 됩니다. 그리고 헤라를 헤파이스토스의 황금 의자에서 풀어준 공로로 올림포스 12신이 된 것이지요. 인간이 인정한 신, 디오니소스가 이제는 신들에게도 인정받은 진정한 신으로서 올림포스 최고의 자리에 서게 되었습니다.

디오니소스가 올림포스의 신이 된 뒤에 가장 먼저 뭘 했을까요? 지금껏 너무 남만 챙겼으니, 이제 보고 싶은 사람들도 챙겨야겠죠?

단꿈 죽은 아내와 어머니?

설민석 맞아요. 첫사랑은 나무가 되었으니 방법이 없고요. 아내와 어머니는 죽어서 저승에 가 있잖아요. 저승의 신 하데스Hades가 데리고 있는 거예요. 그래서 디오니소스는 두 사람의 영혼을 데려오기 위해서 저세상으로 갑니다.

단꿈 와, 스펙터클하다. 정말요?

설민석 신들의 사생활 1권에서 죽은 아내를 찾으러 저승에 간 오르페우스Orpheus 이야기가 나왔었죠? 디오니소스도 하데스를 잘 설득해 두 사람을 데려왔어요. 그래서 아내는 별자리로 만들어 평생 곁에 둬요. "항상 보고 싶어." 하면서 아내가 쓰고 있던 왕관을 하늘에 띄운 거예요. 이게 왕관자리예요. 어머니는 여신으로 만들어 신의 반열에 오르게 해드렸어요.

디오니소스 이야기를 마무리하며 이런 말씀을 드리고 싶어요. 오늘 하루 여러분의 삶이 많이 팍팍하고 힘들었을 수도 있지만, 여러분의 재능을 살려 한 걸음 한 걸음 나가면 디오니소스처럼 반드시 꿈을 이룰 수 있을 겁니다. 오늘의 그리스 로마 신화가 주는 메시지입니다.

✣ 공연예술의 주관자, 디오니소스

단꿈 유럽 여행을 해보면 와인이라는 존재가 생각보다 더 큰 의미가 있는 것 같았어요. 그런 관점에서 디오니소스도 각별한 존재였을 것 같아요.

김헌 디오니소스는 신화도 재미있고 의미도 있지만, 역사적으로도 특별한 의미가 있습니다.

기원전 534년 정도로 추정돼요. 아테네의 참주僭主 중에 페이시스트라토스Peisistratos라는 사람이 있어요. 이 사람이 권력을 잡고 나서, 어떻게 하면 민중에게 지지받을 수 있을까 생각했어요. 그래서 생각한 정책 중에 이런 게 있어요. 서민 대부분이 농사일을 했고 그중에서도 포도 농사를 했는데, 이들이 봄이 오면 마을마다 디오니소스 축제를 벌이는 거예요. '저거다! 사람들의 마음을 잡는 방법 중 하나는 디오니소스 제전을 국가 최고 규

페이시스트라토스 장 오귀스트 도미니크 앵그르, 프랑스 앵그르부르델박물관

모의 축제로 만드는 것이다.' 이렇게 생각하고 '대 디오니소스 제전'이라는 걸 만들었어요. 그랬더니 서민들이 열광했고, 그 힘으로 페이시스트라토스가 권력을 더 강화할 수 있었죠. 그리고 디오니소스 제전에서 모든 이가 다 열광할 수 있는 축제를 하나 만들었는데, 그게 비극 경연 대회였어요.

아래 그림을 보면, 가운데 동그랗게 사람들이 서 있죠? 그 반원 모양의 공간을 '오르케스트라Orquestra'라고 해요.

단꿈 아! 오케스트라!

김헌 '오케스트라'의 원래 뜻은 무도장이에요. 그런데 거기에 악단이 들어가면서 '이거 옛날 그리스의 오르케스트라랑 비슷하네?' 해

디오니소스 극장

서, 관현악단이라는 의미가 되었어요. 뒤에 보면 건물처럼 보이는 벽이 있잖아요. 원래는 천막만 있었어요. 그 천막을 그리스어로 '스케네Skene'라고 해요. '스케네'를 영어식으로 쓰면 'Scene'이거든요. 영화에서 '장면'을 뜻하는 '신'이라는 단어가 여기에서 나왔어요. '신 스틸러'라는 표현도 하잖아요. 그리고 객석을 '테아트론Theatron'이라고 불렀어요.

이창용 아, 시어터! 극장이네요.

김헌 '시어터Theatre'의 어원이 바로 테아트론이죠. 테아트론의 원래 뜻은 '바라보는 자리'였거든요.

이창용 그리스 로마의 신화와 문화를 빼면 유럽 문화를 이야기할 수 없을 것 같아요.

김헌 그렇죠. 우리가 즐겨 썼던 저 친숙한 단어들이 디오니소스 신으로부터 나왔던 겁니다. 그런 점에서 디오니소스 신은 '공연예술의 주관자' 또는 '공연예술의 주창자'라고 얘기할 수도 있어요.

단꿈 디오니소스를 술의 신으로만 알고 있었는데, 새로운 사실들을 알게 돼서 정말 흥미로운 시간이었어요.

네 번째 이야기

아테네에서 생긴 일,
포세이돈 vs 아테나

사람들이 말하기를 그(케크롭스)가 다스리던 시기에
신들은 각자 고유한 숭배를 받아야 하는 도시들을 지배하기로 했다.
- 아폴로도로스, 『신화집』

네 번째 이야기
아테네에서 생긴 일, 포세이돈 vs 아테나

✤ 인류 최고의 브랜드, 그리스 로마 신화

단꿈   우리 주변에 그리스 로마 신화와 관련된 상징들이 생각보다 많더라고요. 패션브랜드 로고 중에도 자주 보이고요. 한 이탈리아 명품 브랜드의 로고는 페가소스Pegasus를 형상화했다는 이야기를 들었어요. 또 다른 이탈리아 대표 브랜드는 메두사Medusa를 모티브로 한 것으로 유명하고요.

페르세우스와 안드로메다 조르주 앙투안 로슈그로스

이창용 유명 커피 브랜드 로고도 그렇죠?

김헌 그리스 로마 신화 속 괴물 세이렌Seiren을 모티브로 했죠.

단꿈 진짜 많네요.

메두사 머리 지안 로렌조 베르니니, 이탈리아 카피톨리니박물관

김헌 그리스 문화가 로마 문화로 이어지고, 그리스 로마 문화가 서구로 이어졌어요. 그리고 서양이 세계화를 주도해 나갔죠. 그 과정에서 많은 이에게 쉽게 접근할 수 있는 브랜드나 로고를 택할 때, 아무래도 공통의 뿌리를 지닌 그리스 로마 신화가 이점이 있었던 겁니다. 이렇게 말할 수 있을 것 같아요. '현재까지 인류 최고의 브랜드는 그리스 로마 신화다.'

단꿈 최고의 브랜드 그리스 로마 신화, 오늘은 어떤 이야기가 준비되어 있을까요?

김헌 키워드라고 하죠? '#(해시태그)'를 넣는 방식으로 표현해 보자면, 이번 편의 키워드는 '#차도녀 #뇌섹녀 #걸크러시'입니다. 로마 신화에서는 미네르바Minerva라고 부르는데요, 동상의 상상도를 보

면 거대한 키에 거대한 방패를 들고 아테네라는 도시를 수호하는 모습으로 표현되는 여신입니다. 바로 아테나Athena 여신입니다. 간혹 이런 질문을 받아요. 서양 문명의 뿌리가 그리스라고 하고, 그리스 문명의 중심지가 아테네라고 하는데, 왜 그 도시의 이름은 '아테네'이며 아테나 여신과는 무슨 관계냐고요. 이번 화에서 그 궁금증을 풀어보시죠.

설민석 그동안은 인물 중심이었는데, 오늘은 공간 중심입니다. 아테네라는 공간을 중심으로 펼쳐지는 이야기예요. 원전에는 두세 줄씩밖에 안 되는 이야기들이라, 교수님의 감수 하에 재해석해 봤습니다. 새로운 스토리와 세계관이 구축된 또 하나의 그리스 로마 신화를 만난다고 생각해 주시면 좋겠습니다.

✧ 제1라운드, 케크로피아의 수호신은 누구?

설민석 아주 오래전 그리스 남부, 바닷가에서 조금 떨어져 있던 마을 이야기입니다. 중심지에는 언덕이 하나 있는데, 사람들은 이 언덕을 아크로폴리스Acropolis라고 불렀어요. 평범했던 이 마을은 능력 있는 지도자를 만나면서 도시국가로 모습을 바꾸게 되지요. 그 지도자가 케크롭스Cecrops 왕입니다.
케크롭스 왕은 많은 업적을 남깁니다. 도로를 깔고, 상하수도를 놓았을 뿐 아니라 관혼상제의 질서를 잡았죠. 관冠, 성인이 되면 소유권을 인정해 줬어요. 혼婚, 일부다처제였던 혼인풍습을 일부일처제로 바꿨어요. 상喪, 사람이 사망하면 그냥 유기했었는데, 매장하는 문화를 만들었죠. 끝으로 제祭, 제사를 지낼 때 인신공양하던 풍습, 즉 사람을 바치던 관습을 다른 제물을 바치는 것으로 바꿨어요. 말 그대로 문명국가의 기틀을 만든 인물입니다. 그래서 이 지역을 왕의 이름을 따서 불렀어요. '케크롭스가 다스리는 나라'라고 해서 '케크로피아Cecropia'라고 했습니다.

이렇게 도시국가의 모습을 갖추게 되었음에도 케크롭스 왕은 아쉬워해요. 수호신이 있었으면 했던 거죠. 당시 그리스 신들에게는 지역구가 있었습니다. 미의 여신 아프로디테Aphrodite는 바다에서 태어나 섬으로 밀려오는데, 그 섬이 키프로스Kypros 섬이에요. 거기가 아프로디테의 지역구죠.

전쟁의 신 작자 미상, 이탈리아 빌라아드리아나

대장장이의 신 헤파이스토스Hephaestos는 헤라Hera가 하늘에서 던져 다리가 부러졌잖아요? 그때 떨어진 곳이 렘노스Lemnos 섬입니다. 헤파이스토스는 그 섬의 수호신이죠. 전쟁의 신 아레스Ares는 어디일까요? 그리스에서 전쟁하면 떠오르는 나라가 어디죠?

단꿈 스파르타Sparta!

설민석 네. 스파르타의 수호신입니다. 그리고 아폴론Apollon은 자신이 피톤을 죽이고 신전을 차지했던 델포이를 수호 도시로 점찍었죠. 당시 신들의 세계에서는 이렇게 수호하는 지역을 정하는 게 유행이었어요. 신의 입장에서는 자신의 세력을 넓히는 것이고, 인간의 입장에서는 수호신이 있으면 든든하잖아요.

케크롭스 왕이 "우리도 수호신이 있으면 좋을 텐데." 하고 있을 때, 홀연히 아테나 여신이 나타납니다. 투구를 쓰고 창과 방패를 들고 있는 모습이 어찌나 아름답고 기품이 넘치는지요. 전쟁의 여신이자, 지혜의 여신이 이 땅을 선택한 겁니다. "농사도 잘 안 되는 척박한 땅이지만, 이곳 사람들과 지역의 발전 가능성을 내다보며 이 땅을 택했다. 내가 이곳의 수호신을 하겠노라." 아테나가 선언하죠.

단꿈 왕이 좋아했겠다.

아테나 여신상 작자 미상, 그리스 아테네 아카데미

설민석 너무 좋죠, 아테나인데요. 아테나는 자신을 반기는 주민들과 반갑게 인사를 하며 수호신 계약을 체결하려 했어요. 바로 그때, 또 다른 신이 나타납니다. 삼지창을 들고 있어요.

단꿈 포세이돈Poseidon?

설민석 바다의 신 포세이돈이 갑자기 나타난 겁니다. 그러더니 여기가 바다에서도 멀지 않으니 자신의 지역구라는 거예요. 사실 포세이돈은 2인자 콤플렉스가 있어요. 제우스Zeus의 형이잖아요? 그런데 하늘을 누가 다스리죠? 동생인 제우스예요. 형인 자신은 바다를 다스리고요.

그래서 제우스가 하는 건 다 따라 해요. 제우스가 이 여자 저 여자와 바람피워 아이를 낳아 세계관을 넓힌다니까 자신도 섬마을 처녀들을 탐하죠. 제우스 지역구도 한번 탐내다 쫓겨났고, 제우스의 부인 헤라의 지역구도 눈녹 슬었나 밀려났어요. 그러고는 이곳에 또 나타나서 자기 구역이라는 겁니다.

포세이돈은 기세등등하게 삼

제우스의 즉위 하인리히 퓌거, 헝가리 부다페스트미술관

지창을 거꾸로 들더니 땅을 팍 찌릅니다. 그랬더니 건조한 땅에서 물이 솟으며 샘이 만들어졌어요. "내가 이 땅의 수호신이 되면 물길을 뚫어 풍요롭게 농사지을 수 있게 하겠다." 이 모습을 주민들이 선망의 눈으로 바라봐요. 하지만 아테나는 뭐 가만히 있나요?

포세이돈 에티엔 조라, 프랑스 루브르박물관

단꿈 안 되죠. 뭐가 있겠죠?

설민석 "여러분, 제가 수호신이 되면 나무를 심어드릴게요." 그러더니 나무를 한 그루 심어 보이는데, 그게 올리브나무입니다. 건강에도 좋고, 기름을 짜 널리 팔 수도 있는 올리브나무를 풍성하게 심어 부자를 만들어 주겠다고 해요.

> 사람들이 말하기를 그(케크롭스)가 다스리던 시기에
> 신들은 각자 고유한 숭배를 받아야 하는 도시들을
> 지배하기로 했다.

／ 아폴로도로스, 『신화집』

누구를 선택해야 할까요? 현명한 케크롭스 왕은 이렇게 말합니다. "이 나라의 작은 일은 제가 주로 결정하지만, 큰일은 국민의 선택에 맡깁니다. 이번에도 민심에 묻겠습니다." 그렇게 해서 선거가 실시됩니다.

일단 아테나가 기호 1번이에요. 포세이돈이 기호 2번. 두 후보가 본격적으로 토론에 들어갑니다.

단꿈 공약을 들어봐야죠. 공약이 중요하잖아요.

설민석 맞습니다. 제가 현대의 상황에 맞춰 각색해 봤습니다.

아크로폴리스 언덕의 북쪽에 아고라Agora라는 광장이 있어요. 그 광장에 사람들이 모이고 토론회가 열립니다. 진행은 케크롭스 왕이 맡았어요. "각 후보의 공약을 들어보도록 하겠습니다. 이번 주제는 국방입니다. 먼저 기호 1번 아테나 후보입니다."

먼저 아테나가 발언합니다. "존경하는 케크로피아 국민 여러분 안녕하십니까? 기호 1번 아테나입니다. 지금까지 이웃 나라의 침략을 받느라 얼마나 고생하셨습니까? 그 걱정 제가 덜어드릴게요. 저의 전쟁 파트너가 승리의 여신 니케Nike입니다. 여러분, 더 이상 외부의 침략 걱정하지 마세요. 1번 아테나입니다."

이번에는 포세이돈 후보 차례입니다. "기호 2번 포세이돈인데요. 여러분, 보병의 시대는 끝났어요. 제가 바다에서 여기까지 뭘 타고 다닙니까? 말이 끄는 전차 타잖아요? 저를 뽑아주시면 우리

케크로피아에 말을 보급하고, 전차를 만들어 드리겠습니다. 전차를 타고 저 언덕과 산 너머까지 접수해 여러분에게 드릴게요. 기호 2번이에요."

단꿈 강력한데요? 어느 쪽을 뽑을지 고민돼요.

설민석 이제 두 번째 주제, 민생에 대한 토론이 시작됩니다.
아테나가 먼저 발언합니다. "여러분, 이 지역이 농사도 힘든 척박한 땅이라고 하지만, 제 눈에는 귀중한 자원이 보입니다. 바로 인적 자원입니다. 저, 지혜의 여신입니다. 저를 뽑아주시면 전국에 학교를 세워서, 아이들의 머리에는 지식을 넣어주고 가슴에는 의식을 담아주겠습니다. 우리 아이들이 훌륭하게 자라나서 이끌어 갈 케크로피아는 그야말로 유토피아가 되지 않을까요? 1번입니다, 여러분!" 이 공약에는 엄마들이 환호해요.
이제 포세이돈이 나옵니다. "1번 후보께서 학교 이야기를 하셨는데요, 갑자기 아이들 머리에 지식을 집어넣으면 두뇌에 부하가 걸려요. 쥐가 다리에만 나는 게 아니에요. 뇌에 나면 머리가 깨집니다. 아테나가 아버지 머리를 쪼개고 나온 여신인 건 아시죠? 그거 위험합니다. 여러분, 저 포세이돈을 뽑아주시면, 생선, 게, 조개 할 것 없이 지중해의 수산 자원을 앞바다로 몰아드릴게요. 물 반, 고기 반! 낚시할 필요도 없이 풍성한 바다, 기대되지 않습니까? 누가 할 수 있다고요? 기호 2번 포세이돈입니다."

이렇게 토론이 끝났습니다. 사전 여론 조사 결과가 나왔어요. 누가 더 우세할까요?

이창용 정황상 포세이돈이 압도적일 것 같은데요?

설민석 9대1로 포세이돈이 우세해요. 민심이 확 기울었습니다. 분위기를 감지한 아테나는 발품을 파는 수밖에 없었어요. 일일이 사람들을 만나 인사하고 다녔죠. 선거 전날이 되었는데, 분위기가 영 바뀌지 않자 아테나는 속이 탑니다. 더운 날 한 사람이라도 더 만나려고 다니다 보니 목도 말라요. 이 지역은 물도 부족한데, 마

아테나의 탄생 르네 앙투안 우아스, 프랑스 베르사유궁전

침 포세이돈이 주민들에게 잘 보이려고 뚫어놓은 샘이 보이네요. 자존심 상해서 마시지 말까 싶었지만, 물이 여기밖에 없으니 어떡해요. 마셔야죠. 그런데 그 앞에 가니 무슨 소리가 들려요. "뭐지?" 하면서 일단 한 모금 마셨어요. 그리고 바로 뱉어버리죠. 이윽고 아테나는 시원하게 웃음을 터뜨립니다. "하하하하!"

단꿈 왜 웃죠? 무슨 문제가 있나요?

설민석 다음 날이 되었습니다. 케크로피아의 수호신을 뽑는 '민심의 선택' 개표가 진행됩니다. 전쟁의 여신이자 지혜의 여신 아테나가 당선되느냐, 아니면 바다의 신 포세이돈이 당선이 되느냐. 과연 민심의 선택은 어느 쪽일까요?

단꿈 궁금해요!

설민석 자, 케크로피아를 이끌어 갈 최초의 수호신이 결정됐습니다. 민심의 선택은 바로, 아테나!

단꿈 어떻게요? 지고 있었잖아요.

설민석 그럼, 하루 전으로 시곗바늘을 되돌려 볼까요? 아테나가 목이 말라서 포세이돈이 뚫어놓은 샘물이라도 마시려고 다가갔잖아요.

그런데 무슨 소리가 들리는 거예요. 샘에다 귀를 갖다 댔더니 '철썩, 철썩' 하는 소리가 들리지 뭡니까.

> 그러나 이 샘은 남풍이 불어올 때 보내는
> 파도의 소음 때문에 주목할 만하다.
> 그리고 삼지창의 윤곽이 바위에 있다.
> 사람들은 이것을 두고 포세이돈이 이 장소에 대해
> 권리를 주장한 증거라고 말한다.
>
> ✎ 파우사니아스, 『그리스 여행기』

그리고 마셨더니 "퉤! 아이, 짜! 이거 바닷물 아니야? 잠깐만. 하하하하." 그 물은 바닷물이었던 거예요. 바닷물로 농사를 지을 수 있나요? 아테나는 이 사실을 퍼트렸고, 포세이돈에 대한 사람들의 신뢰가 무너진 거죠. 그래서 선거의 결과가 뒤집어졌고, 아테나가 당선된 겁니다.

왕의 이름을 따서 케크로피아라 불리던 곳이 이제 수호신의 이름을 따서 아테네가 되었습니다. 사람들은 자신에게 진정한 도움을 줄 아테나를 선택한 거죠. 이것이 그리스의 아테네가 탄생한 배경입니다.

단꿈   아테나가 수호하는 도시라서 아테네라는 이름이 나온 거네요.

설민석   그렇죠. 자, 낙선한 포세이돈은 뭘 할까요? 일반적으로 낙선한 후보들은 민심을 겸허히 수용하고 낙선 사례도 붙이는데, 포세이돈은 달라요. 뒤끝이 엄청납니다.

강물은 바다로 흘러가기 때문에 바다의 신이 강물의 신들까지 관할해요. 포세이돈은 강물의 신들에게 이 지역의 강물을 상류에서 막으라고 한 다음, 물이 불어났을 때 수문을 열 듯 한꺼번에 흘려보내게 합니다. 그렇게 해서 아테네를 물바다로 만들어 보복하죠.

포세이돈은 분노하고 광분하여
트리아시온 평야를 범람시키고
아티카 지방을 바다에 잠기게 했다.

아폴로도로스, 『신화집』

여기서 끝이 아니에요. 당선된 아테나가 아크로폴리스 언덕에 신전들을 만들었거든요. 포세이돈은 그 언덕까지 와서 신전 하나에 삼지창을 꽂아버리고는 올림포스로 올라갑니다. 그때 포세이돈이 찍은 삼지창 자국이 지금도 남아 있다고 해요.

수호신을 정하는 선거 때문에 전쟁의 여신 아테나와 바다의 신 포세이돈은 거의 원수가 되었어요. 그러나 이 둘의 전쟁은 이제 시작입니다. 피를 뿜는 아테나와 포세이돈의 전쟁, 잠시 뒤에 계속됩니다.

그림과 신화

도시 이름을 짓기 위한 아테나와 포세이돈의 경쟁
노엘 알레, 프랑스 루브르박물관

이창용   아테나와 관련된 작품 중 소개하고 싶은 그림이 있어요. 아테나와 포세이돈의 대결을 나타낸 작품입니다. 그림을 살펴보면 역시나 이름표가 보여요. 투구를 쓰고 갑옷을 입은 건 아테나, 삼지창을 든 건 포세이돈이겠죠. 우리는 승패를 모르고 그림을 봐도 이 대결에서 누가 이겼는지 짐작할 수 있어요.

일단 아테나가 위쪽에서 여유롭게 내려다보고 있죠? 아래쪽에 있는 포세이돈은 굉장히 당황스러운 표정으로 올려다보고 있잖아요. 예외도 있지만, 그림에 인물이 위아래로 구분되어 있을 때는 보통 위쪽에 있는 인물이 승자일 가능성이 큽니다. 또 이 그림에서 재미있는 건 말의 표현이

네 번째 이야기 • 아테네에서 생긴 일, 포세이돈 VS 아테나   121

에요. 먼저, 그림 속 아테나가 창끝으로 가리키고 있는 곳을 보세요. 올리브나무가 자라고 있죠? "나를 뽑아주면 이 나무를 선물하겠다."라고 했던 아테나의 선거 공약 기억하시죠? 그것을 표현했어요. 포세이돈 쪽으로 넘어가 보면 말이 등장하네요. "보병의 시대는 갔다. 나를 뽑아주면 말을 선물로 주겠다."라던 공약을 표현했죠. 한번 상상해 볼까요? 말이 솟구쳐 오르는 모습은 굉장히 역동적이고 멋진 장면이겠지만 그렇게 표현하면 포세이돈이 훨씬 멋있어 보이잖아요. 제 생각에는 화가가 이를 조금 약화하고자, 말이 살짝 구덩이에 빠진 것처럼 표현한 것 같아요. 아무래도 주인공이 아테나니까, 말이 주는 임팩트를 줄이려고 의도적으로 이렇게 그린 것 같은 거죠.

설민석 교수님, 포세이돈이 선거 패배 후 남긴 삼지창 자국은 어디에 있나요?

김헌 '에레크테이온 Erechtheion'이라는 신전이 있어요. 이 신전이 포세이돈 신전이라는 주장이 있죠. '아테나 여신이 승리자가 되었지만, 우리 아테네라는 도시는 포세이돈을 소홀히 하지 않는다.'는 뜻으로 세웠다고 합니다. 이 신전의 천장에 자국이 남아 있는데, 그게 삼지창 자국이라는 거예요. 그런데 이 신전이 만들어진 때가 기원전 5세기 후반이거든요. 어떻게 포세이돈의 창 자국일 수 있느냐는 의문이 제기될 수밖에요. 하지만 끝까지 포세이돈 삼지창 자국이라고 주장하는 사람들은 "그때 삼지창으로 찍은 돌을 캐내서 신전에 붙인 거다."라고 합니다. 재밌는 게 또 있어요. 신전 앞에 나무가 하나 있는데, 아테나가 심어준 우주 최초의 올리브나무라는

복원된 파르테논 신전의 박공 그리스 파르테논 신전, 아크로폴리스박물관

거예요. 그런데 현실적으로 그 나무가 어떻게 지금까지 남아 있겠어요. 아무튼 그리스 사람들이 말 붙이기를 좋아하는 것 같아요.

아테나와 포세이돈의 대결 신화를 다룬 흔적도 남아 있는데, 아테네를 찾는 관광객이 빼놓지 않고 들르는 곳이 아크로폴리스의 파르테논Parthenon 신전입니다. 그 신전에 박공博栱이 있어요. 박공은 신전의 전면에서 보이는 삼각 모양의 벽을 생각하면 됩니다. 지금은 허물어져 있지만, 그것을 복원하면 우리가 방금 들었던 장면이 드러납니다.

박공의 중심부를 보면 아테나 여신이 서 있고, 뒤에는 올리브나무가 있어요. 그 옆에는 포세이돈이 서 있는데, 뭔가 엉거주춤하고 뒤로 밀리는 모습입니다. 반면 아테나는 진격하는 모습이고요. 양옆에 말이 있는 것은 포세이돈이 제공하는 선물로 볼 수 있지 않을까 싶습니다.

✥ 제2라운드, 세기의 재판에서 승자는 누구?

설민석 아테나와 포세이돈의 대결, 제2라운드가 펼쳐집니다.

수호신 선거에서 포세이돈이 처절하게 패배했죠. 이런 경우 보통은 이 동네에는 얼씬도 안 하잖아요. 하지만 포세이돈은 계속 얼쩡대서 아테나의 신경을 거스릅니다. 강가에 일이 있어 보러 온 거라고 하니, 뭐라고 할 수도 없어요. 포세이돈이 출몰하니까 그 지역은 인적도 끊기고 기피 지역이 됩니다. 포세이돈은 거기에서 강의 님프와 사랑에 빠져 아이도 낳아요. 이 아이가 이번 이야기에서 중요한 역할을 할 포세이돈 주니어입니다. 아빠를 닮아서 그런지 심술도 좀 붙었고, 손에는 항상 도끼를 들고 다녀요. 도끼를 왜 들고 다니는지 봤더니 나무만 보면 막 잘라요.

단꿈 혹시 올리브나무를 자르는 거 아니에요?

설민석 맞아요. 아테나는 이 부자 때문에 골치가 아픕니다.

한편 전쟁의 신 아레스가 아테네 지역을 지나다 공주와 사랑에 빠졌고, 그 사랑의 결실로 아이가 태어났거든요. 딸을 낳았는데, 굉장히 예뻐요. 아빠가 우월하잖아요. 예쁜데 용감하기도 한 이 소녀는 사람들이 다니지 않는 포세이돈 출몰 강가에도 놀러 와요. 시녀들과 같이 왔는데, 어쩌다 보니 혼자 있게 됐어요.

그때 하필 포세이돈 주니어의 눈에 띕니다. 포세이돈의 아들은

헤파이스토스에게 발각된 아레스와 아프로디테
알렉상드르 샤를 기예모트, 미국 인디애나폴리스미술관

예쁜 소녀를 보더니 다짜고짜 사랑을 받아달라고 덤빕니다. 손에는 도끼를 들고 말이죠. 소녀가 "아, 뭐래?" 하며 무시하고 가려는데 손목을 확 잡아요. 그리고 주변에 아무도 없다는 것을 알고는 겁탈을 시도합니다.

이창용 말도 안 돼요. 다 잡아 가야 돼!

설민석 아무리 용감해도 남자아이의 힘을 당할 수 없잖아요. 위급한 순간 아레스의 딸이 누구를 찾겠어요? "아빠!"하고 절규합니다. 전쟁터에 있던 아레스는 딸의 목소리를 듣습니다. "아니, 딸?" 그리곤 단박에 날아오죠. 영화 〈테이큰〉 보셨나요? 극 중에서 아빠 리암 니슨이 "널 찾아서 죽일 거야." 하면서 딸을 납치한 놈들을 지구 끝까지 쫓아가잖아요. 아레스가 그렇게 무섭게 날아온 겁니다. 그랬더니 어떤 놈이 딸을 덮치고 있는 게 아닌가요? 바로 갈겨버립니다.

포세이돈 주니어가 "뭐야, 이거?" 하면서 자신을 때린 상대를 보니 전쟁의 신 아레스잖아요. 겁을 먹고 뒷걸음치며 포세이돈의 아들도 외칩니다. 뭐라고 외쳤을까요? 네, 역시 아빠죠. "아빠!" 그 소리를 인근 강에 있던 포세이돈이 듣고 "아들? 왜 그래?" 하면서 날아오죠.

현장에 도착한 포세이돈이 상황을 봤더니 믿을 수 없는 광경이 펼쳐져 있어요. 전쟁의 신 아레스가 두 주먹을 불끈 쥐고 서 있고, 그 앞에는 어떤 여자애가 옷이 찢긴 채 울고 있어요. 그런데 자기 아들 포세이돈 주니어는 아니, 피를 흘리며 죽어 있는 게 아닙니까?

단꿈 죽었어요?

설민석 죽었어요. 살인 사건입니다.

포세이돈과 님프 에우리테의 아들인 할리로티오스는
그녀를 강간하려다가
아레스에게 발각되었고 죽임을 당했다.

아폴로도로스, 『신화집』

포세이돈의 입장이 돼서 생각해 볼까요? 아들이 불러서 날아왔더니 내 아이는 죽어 있고 아레스가 씩씩대고 있어요. 어떻게 하시겠습니까?

이창용 가만 안 두죠.

설민석 그렇죠. 포세이돈은 아레스에게 삼지창을 겨누며 죽여버리겠다고 외쳐요. 그때 "잠깐!" 하는 소리와 함께 아테나가 하늘에서 내려옵니다. 이것은 아테네에서 일어난 사건이기 때문에 수호신인 아테나가 개입할 수 있는 명분이 있죠. "포세이돈, 삼지창 내리세요. 여기서 폭력 행위는 안 돼요. 당신이 아레스를 벌하고 싶으면 정식으로 고소하세요."
아테나의 설득에 포세이돈은 아레스를 고소합니다. 벌할 방법이 그것밖에 없으니까요. 우리는 조금 전에 선거를 경험했잖아요? 지금부터는 신화에 최초로 기록된 살인 사건 재판을 경험하게 됩니다. 이 모든 것이 다 아테네에서 시작된 거예요. 이해를 돕기 위해 현대 상황에 맞춰 각색을 해봤습니다.

재판은 아크로폴리스의 북서쪽에 있는 언덕에서 열렸어요. 신이 신을 고소한 사건이기 때문에 재판장과 배심원 모두 신이어야겠죠? 그래서 올림포스 12신이 모두 이 언덕에 내려와 재판에 참석합니다. 판사는 누가 맡아야 할까요?

단꿈   신들의 왕, 제우스.

설민석   당연히 제우스죠. 수호신인 아테나는 옆에서 재판을 지켜봅니다. 포세이돈이 씩씩대며 원고석에 앉아 있고, 아레스는 피고석에 앉아 있어요. 참고로, 우리나라의 형사 재판에서는 원고의 역할을 검사가 맡고 피고를 피고인이라 부릅니다. 그런데 여기 신들의 재판에서는 편의상 '원고'와 '피고'로 명칭을 정리하도록 하겠습니다.

올림포스 신들이 배심원석에 앉아 있고, 방청석에서는 수많은 아테네 시민이 지켜보고 있습니다. 일종의 국민 참여 재판 형식이에요. 피고 아레스의 딸이 방청석에서 자기 아버지를 걱정하면서 우는 모습도 보입니다.

"지금부터 이번 살인 사건의 재판을 시작하도록 하겠습니다. 원고 변론하세요." 재판장 제우스의 말에 포세이돈이 일어섭니다.

"내 아들이 아레스의 딸을 겁탈하려 했다는 증거가 있습니까? 없어요. 전쟁터에 있어야 할 전쟁의 신이 사적인 일로 근무지 이탈했으니 직무 유기입니다. 그리고 내 아들을 죽였습니다. 그 자리에 내가 있었어요. 내가 증인이고, 죽은 내 아들의 시신이 증거입니다. 아레스는 살인을 저질렀습니다. 재판장님, 아레스에게 직무 유기 및 살인의 혐의를 물어서 신들에겐 사형에 해당하는 올림포스 추방령을 선고해 주십시오."

제우스가 이번에는 아레스에게 변론하라고 합니다. 아레스는 울기만 해요. "저는 아버지로서 딸을 구하려고 그랬습니다. 시간을 되돌린다고 하더라도 똑같이 할 겁니다."

아니, 이렇게 살인을 자백하고 인정한다고요? 지켜보던 아테나는 기가 막힙니다. 이래서는 100% 질 것 같잖아요. 그동안 포세이돈 때문에 골치 아팠는데, 재판에서 포세이돈이 이기면 더 기세등등해서 다닐 거란 말이죠.

사실 아테나가 이 재판에서 포세이돈의 패배를 보고 싶은 또 다른 이유도 있어요. 아테네의 수호신으로 지내면서, 이런 피해를 입고도 제대로 신고 못 하는 수많은 여성들의 사례를 봤거든요. 그들을 위해서라도 이번 재판은 절대 지면 안 되겠다고 생각했어요.

보다 못한 아테나가 제우스에게 청합니다. "재판장님, 아레스는 스스로를 변호할 수 있는 상태가 아닌 것 같습니다. 허락해 주신다면 제가 변호를 맡고 싶습니다." 제우스는 피고인 아레스한테 물어요. "피고는 아테나에게 변호할 권리를 위임하겠습니까?" 아레스는 고개를 끄덕이죠. 같은 전쟁의 신이니 믿기로 해요. 그래서 아테나가 아레스의 변론을 맡게 됩니다.

단꿈 이렇게 아테나와 포세이돈이 또 대결을 하게 되는군요.

설민석 아까 선거의 제목은 '민심의 선택'이었잖아요? 이번 재판의 제목은 '대단한 변호사 아테나'입니다. 과연 지혜의 여신 아테나는 궁지에 몰린 아레스를 살려낼 수 있을까요?

아테나의 변론을 들어보겠습니다. "원고 포세이돈은 자기 아들이 아레스의 딸을 겁탈했다는 증거가 있냐고 물었는데요. 증거가 없기 때문에 수많은 여성이 피해를 입고도 신고를 못 하고 있습니다. 현장을 발각하지 않는 이상, '네가 행실을 어떻게 했기에 그런 일을 당하느냐.'라는 손가락질까지 하며 피해자를 탓하는 것이 현실입니다."

아테나의 말이 끝나기 무섭게 헤라가 외칩니다. "나 가정의 여신으로서 한마디 하는데, 이건 가정을 파괴하는 일이에요. 증거가 없다고 덮겠다고? 말이 되는 소리를 해!" 옆에 있던 순결의 여신 아르테미스Artemis도 울분을 터뜨립니다. "순결의 여신으로서 한마디 하겠는데요, 여성의 인권을 이렇게 짓밟아도 되는 겁니까?" 아프로디테도 나서요. "저요, 아름다움과 사랑의 여신이에요. 하지만 겁탈하고 사랑은 다르지."

이번에는 곡식의 여신 데메테르Demeter가 한 맺힌 목소리로 말합니다. "내 딸 페르세포네Persephone가 하데스Hades에게 납치됐거든? 나 그때 정말 그 납치범을 죽여버리고 싶었어. 증거가 없으면 증거를 찾아내서 다시는 이런 일이 벌어지지 않도록 할 생각을 해야지, 이런 식으로 묻어버린다고? 어림없어."

분노한 여신들의 발언으로 재판정이 아수라장이 되자, 제우스는 잠시 휴정합니다. 이때 변호사 아테나가 피고 아레스에게 다가가서 주의를 주죠. "아레스, 재판 시작하면 내가 당신한테 몇 가지 물을 거예요. 그러면 무조건 딸을 살릴 생각밖에 없었다고 대답해요. 포세이돈 아들을 해치려고 했다는 말은 입도 뻥긋하면 안 돼요. 알겠어요?"

잠시 뒤 다시 재판이 이어지고 아테나가 아레스에게 질문합니다. "피고 아레스에게 묻겠습니다. 사건 당일 포세이돈의 아들

페르세포네의 납치 니콜라 미냐르, 개인 소장

을 한 차례 폭행한 사실, 인정합니까?" "인정합니다." "폭행할 당시에 상대가 죽을 수도 있다는 생각을 혹시 했나요?" "저는 무조건 딸을 구할 생각만 했습니다." "아, 그러면 내 폭행으로 상대가 죽을 수도 있다, 상대를 죽여야겠다는 마음은 갖지 않았던 거군요." 이렇게 아테나가 확인하자, 아레스는 "예, 그렇습니다."라고 답해요. 이어서 아테나가 변론을 이어가려는데, 아레스가 갑자기 일어나요. "그렇지만 내 마음은 그렇지 않았어요. 저놈을 내가 산 채로 찢어 죽이고 싶었다고요."

이창용 아니 왜 그래, 또. 다들 입이 방정이네요.

설민석 아레스의 돌발적인 발언에 잠시 당황했지만, 아테나는 재빨리 정리합니다. "재판장님, 지금 피고는 자신의 마음을 이야기한 것뿐입니다. 여기 있는 분 중에 자기 딸이 똑같은 일을 당하고 있을 때 그 범죄자를 죽여버리고 싶다는 마음을 갖지 않을 사람이 있을까요? 없습니다. 누구나 그런 마음을 가질 수 있어요. 그건 윤리적으로 비난받을 수 있으나 법적으로 죄를 물을 수는 없습니다."

포세이돈이 바로 반박하죠. "이의 있습니다! 생각만 했든 마음만 먹었든 죽여버려야겠다고 했다잖아요. 이거 명백한 살인입니다. 미필적 고의에 의한 살인!" 이때 아테나가 품에서 뭔가를 꺼내 재판장에게 건넵니다. "재판장님. 증거 제출하겠습니다." 아테나가 건넨 건 빨갛게 물든 돌멩이였어요.

단꿈 돌멩이요? 증거물인가요?

설민석 도대체 이 돌은 무엇일까요? 며칠 전 사건 현장으로 되돌아가 볼게요.
아테나가 현장에 내려와 삼지창을 휘두르려던 포세이돈을 말렸잖아요. 포세이돈의 고소 사건을 접수하고 모두 돌려보낸 뒤 혼자 현장을 살폈습니다. 그때 시신의 발밑에 골이 패어 있고 시신의 머리 부근 바닥에 돌부리가 있는 걸 발견했죠. 그 돌에 검붉은 피가 묻어 있는 거예요. 그 돌을 뽑아서 가지고 있다 증거로 제출한 거죠.
아테나가 말합니다. "재판장님, 당시 사건을 재구성해 보겠습니다. 피고 아레스는 전쟁터에서 군인들을 독려하다 살려달라는 딸의 목소리를 듣게 됩니다. 놀란 아레스는 한순간에 사건 현장으로 날아왔고, 한 남성이 자기 딸을 겁탈하려는 모습을 보게 되지요. 분노한 아레스는 그 남성을 뜯어말렸고 한 차례 주먹으로 가격했는데, 그 남자가 바로 원고의 아들이었습니다. 가격당한 원고의 아들은 자신의 아버지인 포세이돈에게 살려달라고 외쳤고, 아레스가 두려워 뒷걸음질하다가 그만 발을 헛디뎌 뒤로 넘어지면서 돌부리에 머리를 부딪쳤습니다. 이것이 주된 사망 원인입니다."
포세이돈이 반발합니다. "이의 있습니다! 지금 우리 아들의 죽음

아테네에 대한 아테나와 포세이돈의 논쟁 메리 조제프 블롱델, 프랑스 루브르박물관

의 원인을 돌부리로 몰아가려는 것 같은데, 증거 있습니까?" 아테나는 돌부리에 묻은 혈흔과 사망자의 혈액이 일치하는 점, 사망 원인이 안면 타박상이 아닌 후두부 골절 및 과다 출혈인 점 등을 밝힌 전문가의 소견서를 이미 증거물과 함께 제출했습니다.

단꿈   국립과학수사연구원에 의뢰했던 거예요? 하하.

설민석   변호인 아테나가 최후 변론을 합니다. "재판장님, 피고 아레스는 사람을 죽이지 않았습니다. 만약 사망의 원인을 묻고자 한다면 그것은 아레스의 주먹이 아닌 돌부리에 물어야 할 것입니다. 아레스가 포세이돈의 아들을 한 차례 가격한 것은 사실이지만 그것은 위급한 상황에서 딸을 구하려는 정당방위입니다. 피고에게 무죄를 선고해 주십시오. 그리고 존경하는 배심원 여러분. 이것은 억울한 일을 당하고도 호소할 곳 없는 약자와 자신의 힘을 남용하는 강자의 문제입니다. 이 판결은 귀중한 판례가 되어서 후대에 길이길이 회자될 것입니다. 아무쪼록 현명하고 올바른 판결을 내려주시기 바랍니다."

이제 판결만 남았습니다. 제우스가 판결문을 읽어 내려갑니다.

"피고 아레스는 포세이돈의 아들을 살해했다는 혐의로 본 재판에 회부되었다. 먼저 사망한 포세이돈의 아들이 아레스의 딸을 겁탈하려 한 사실이 있었는지 여부를 살펴보건대 아레스 딸의 진술에 일관성이 있을 뿐만 아니라 딸이 위기 상황이 아니라면 구태여 아레스가 아무런 연고도 없는 원고의 아들을 때릴 리가 만무한 점, 또한 아테네 시민들이 진술한 평상시 포세이돈 아들의 행실 등을 고려할 때 사건 발생 당시 원고의 아들이 피고의 딸을 겁탈하려 했다는 사실이 인정된다. 딸이 겁탈당하려는 상황에 아버지로서 딸을 구하려 한 것은 정당한 행위이니, 이 과정에서 한 차례 폭행이 있었던 것을 두고 살해 의도가 있었다고 판단하기는 어렵다. 그러므로 당시 피고의 딸이 겁탈당하려던 상황과 피고가 실제 행한 폭행의 방법과 강도 등을 종합해 고려할 때 피고가 행한 행위는 사회 통념상 허용될 수 있는 정당방위에 해당하기에

본 법정은 피고의 살인죄에 대해 무죄를 선고한다."

포세이돈이 아레오파고스로 고소하자
아레스는 심판하는 열두 신들에 의해 재판을 받게 되고 풀려났다.

✒ 아폴로도로스, 『신화집』

역시 지혜의 여신입니다. 아테나는 고마워하는 아레스한테 얘기해요. "저는 당신을 변호한 적 없어요. 지금까지 있었고 현재도 그러하고, 또 앞으로도 있을 수 있는 수많은 약자를 변호한 것뿐입니다."

이렇게 신화 속 최초로 기록된 살인 사건 재판이 끝납니다. 후대 사람들은 재판이 열렸던 그 언덕에 범인을 데리고 올라와 구형하거나 집행했다고 합니다. 이 언덕은 피고인 아레스의 이름을 따서 '아레스의 언덕'으로 불리게 됐고, 지금도 유명한 관광지로 남아 있습니다.

선거와 재판으로 한판씩 붙었던 아테나와 포세이돈. 둘 사이에는 깊은 골이 파이게 되는데요. 두 신의 전쟁이 어떻게 불붙을지 앞으로도 지켜봐 주세요.

단꿈 정말 재밌어요. 원전에는 두세 줄뿐인 이야기의 재해석, 교수님은 어떻게 들으셨어요?

김헌   아슬아슬하기도 했지만, 재미있게 들었습니다. 선거 장면도 그렇고 재판 상황도 신화를 우리의 시대로 소환했다고 생각되는데요. 그런 점에서 지금 우리의 법과 윤리, 젠더 의식 등에 비추어 봤을 때 굉장히 흥미로웠고, 개연성도 충분한 것 같아요.

신화를 받아들일 때, 옛날 사람들이 이 이야기를 통해 무엇을 생각하고 어떤 통찰을 했는지 밝히는 방식도 좋지요. 하지만 더 나아가 이 이야기를 끊임없이 재해석하고 재구성해서 우리의 삶을 비춰보는 거울로 삼는 것이야말로 지혜로운 방식이라고 저는 믿습니다. 그래서 오늘 이야기가 굉장히 의미있게 느껴졌고 재밌었습니다.

아테나와 포세이돈의 이야기는 계속 펼쳐질 텐데요, 앞으로 우리가 눈여겨봐야 할 것은 이렇게 앙숙이던 아테나와 포세이돈이 공공의 적이 나타났을 때 어떻게 화합하는가 하는 부분입니다. 흥미로울 겁니다.

단꿈   그리스에는 신화와 관련된 유적지가 굉장히 많이 남아 있을 텐데 아레스의 언덕도 남아 있나요?

김헌   네. 언덕 위에 법정으로 사용된 건물이 있었을 거라 추정되는데요, 지금은 없어지고 언덕만 남아 있습니다.

지금도 그리스에서는 최고 법정 이름을 '아레오파고스Areopagos'라고 합니다. '아레스의 언덕'이라는 뜻이죠. 언덕을 그리스 말로 하면 '파고스'거든요. 반역이나 살인 같은 무거운 죄를 다루는 재판이 아레오파고스에서 벌어졌기 때문에, 거기에서 집행된 재판은 역사적으로도 중요하다고 볼 수 있고요. 그리고 돈을 내지 않고 올라갈 수 있는 몇 안 되는 장소라는 점도 의미가 있죠.

단꿈 '신들의 도시'라 불리는 아테네에는 정말 무궁무진한 이야기가 숨어 있네요.

다섯 번째 이야기
다재다능한 신, 아폴론

제우스는 인간들이 그에게서 치유의 기술을 받아서
서로를 돕지는 않을까 두려워하여 그에게 번개를 내리쳤다.
- 아폴로도로스, 『신화집』

다섯 번째 이야기
다재다능한 신, 아폴론

✧ 다재다능한 신, 아폴론

설민석 이번 화의 주인공은 아폴론Apollon입니다. 아폴론은 태양의 신이라 불리지만, 그 밖에도 타이틀이 많아요. 다재다능합니다. 의술의 신이기도 하고, 활을 잘 쏘는 궁술의 신이기도 하죠. 앞을 내다보는 예언의 신이기도 하고 음악의 신이기도 해요.

김헌 그리스 로마 신화 전체를 통해서 가장 빛나고 가장 찬란하고 가장 잘생긴 신을 꼽으라고 하면, 아폴론을 들 수 있을 것 같아요. 신들의 사생활 1권에서 탄생의 사연이 소개됐는데, 오늘 이야기와도 연결됩니다. 아폴론의 엄마는 레토Leto이고 아버지가 제우스Zeus죠.

둘의 사랑으로 잉태되었지만, 질투의 화신 헤라가 아이를 낳지 못하게 하려고 '피톤Python'이라는 괴물을 보냈어요. 그래도 레토는

아폴론과 아르테미스를 낳은 레토 마르칸토니오 프란체스키니, 오스트리아 리히텐슈타인박물관

무사히 아폴론과 그의 누이 아르테미스Artemis를 낳았습니다. 아폴론은 태어난 지 4일 만에 활을 메고 피톤을 쫓아갔다고 해요. 피톤을 물리치고 마침내 당당하게 올림포스로 입성했던 아폴론이 이번 화에서는 어떤 모습으로 나타날지 지켜보겠습니다.

설민석 아폴론의 이야기 곳곳에는 상상력을 더해 각색된 부분도 있어요. 참고해 재미있게 들어주세요.

다재다능한 아폴론은 의술, 궁술, 예언, 음악, 이 모든 걸 관장해야 하니 무척 바쁩니다. 하지만 사랑도 합니다. 아름다운 인간 여성과 사랑에 빠져요. 따뜻한 5월의 햇살을 맞으며 꽃을 따러 왔던 코로니스Coronis 공주와 인연을 맺습니다. 만약 내 애인이 이렇게 잘생기고 다재다능해요. 게다가 태양의 신이에요. 그럼, 기분이 어떨까요?

단꿈   너무 좋죠!

설민석   꼭 그렇지만도 않더라고요. 공주는 외로워요. 아폴론이 너무 바쁘거든요. 한 번 만나면 다음 만남은 빠르면 한 달 후예요.

단꿈   워커홀릭이구나.

설민석   그러다 임신을 한 거예요. 하지만 애 아빠를 만나지 못하니 알릴 길이 없어 끙끙 앓고만 있었죠. 그때 이웃 나라 왕자가 찾아오니

아폴론과 아르테미스의 탄생 줄리오 로마노, 영국 로열컬렉션

다. 어린 시절부터 코로니스에게 끊임없이 구애하던 오랜 친구죠. 왕자는 또 사랑을 고백했고, 공주는 만나는 남자가 있다며 거절하다 그 상대를 밝혀버려요. "나 아폴론 만나." 그러자 왕자는 정색하며 말립니다. "네가 어떤 남자를 만나도 상관없는데 아폴론은 안 돼." 반대하는 이유

아폴론과 뮤즈 우라니아 샤를 메이니에, 미국 클리블랜드미술관

는 인간이 신의 세계에 적응하기도 힘들 테고, 만약 아이라도 생기면 헤라를 비롯해 적들의 목표물이 될 수 있어 끔찍할 거라는 거죠. 그 말에 겁이 난 공주는 솔직히 털어놓습니다. "실은 아폴론의 아이를 가졌어." 왕자는 뭐라고 할까요?

단꿈 말문이 막힐 것 같아요.

설민석 이렇게 말합니다. "네 배 속의 아이, 내가 감당한다. 내가 널 사랑하니까. 네가 낳은 아이는 내 아이야."

단꿈 어머, 멋있다. 마음이 확 끌려요.

설민석 기대고 싶겠죠? 왕자는 그렇게 공주를 보듬어줬어요. 그런데 이 장면을 누군가 보고 있었습니다. 사실 아폴론이 바쁘긴 해도 무심한 사람은 아니었어요. 하얀 새 한 마리를 그녀 곁에 붙여놓고, 만약 무슨 일이 생기면 빨리 자신에게 알려달라고 했죠. 그러면 만사 제치고 달려가서 도와주겠다고요. 촉새처럼 말이 많은 이 새는 곧장 아폴론에게 날아갑니다. "주인님, 큰일 났어요. 지금 공주가 바람이 났는데, 숲속에서 왕자랑 부둥켜안고 흐느끼고 있어요." 그 얘기를 들은 아폴론은 어땠을까요?

단꿈 기분 나쁘죠. 당장 달려가지 않았을까요?

설민석 아니에요. 아폴론의 성격을 좀 알 필요가 있는데, 굉장히 합리적이고 이성적이며 논리적입니다. 충격적인 소식을 듣고도 동요하기보다는 먼저 문제를 파악하려 해요. '왜지? 외로웠나? 내가 뭘 잘못했나? 오해한 게 있나?'
그런데 그 자리에 하필 쌍둥이 누이인 달의 여신 아르테미스가 같이 있었어요. 아르테미스는 성격이 반대죠. 툭하면 '욱!' 하고 화를 냅니다. 촉새가 와서 아폴론에게 전하는 말을 들으며 이미 욱했어요. "인간이 감히 신을 능멸해? 내가 순결의 여신이기도 한데, 사랑의 맹세를 어기는 것도 순결을 짓밟는 거야. 죽어 마땅해!" 그러면서 활을 들더니, 말릴 겨를도 없이 화살을 날립니다. 아르테미스가 쏜 화살에 공주와 왕자, 두 남녀는 숨을 거둬요.

죽는 순간, 공주는 아폴론이 화살을 쐈다고 오해합니다. "아폴론, 당신이 나를 저주하는 건 이해하는데 내 배 속의 아이만큼은 제발……." 그러면서 숨을 거둬요. 그 마지막 말을 아폴론이 듣죠.

> 포이부스(아폴론)여, 하지만 먼저 아이를 낳아야 했어요.
> 허나 이제는 우리 둘 모두 함께 죽게 될 거예요.
>
> ✒ 오비디우스, 『변신』

갑자기 벌어진 사태에 너무 놀란 아폴론은 함부로 입을 놀려 누이를 분노하게 한 하얀 새에게 화를 냅니다. 태양의 신이 열을 내니 그 열기로 하얀 새의 깃털이 새까맣게 그을어버리죠. 심지어 성대까지 불에 타, 유창한 말 대신 "까악, 까악" 소리만 내게 됩니다. 까마귀가 이렇게 탄생한 거예요.

> 그 혀가 화근이었다.
> 혀를 재잘대도록 내버려 둔 탓에
> 한때 하얗던 색이 지금은 그와 정반대로 되었다.
>
> ✒ 오비디우스, 『변신』

왕국에서는 급사한 공주를 화장하기 위해 서둘러 장작을 쌓고 있어요. 그런데 배 속의 아이가 아직 살아 있었죠. 아폴론은 재빨리 달려가서 불타는 공주의 시신에서 아이를 꺼내 데려옵니다. 이렇게 살아난 아이의 이름은 아스클레피오스Asklepios예요. 혹시 들어보셨어요?

단꿈 아니요, 못 들어봤어요.

설민석 못 들어보셨죠? 그런데 이야기를 따라가다 보면 우리와 매우 친숙한 인물이라는 걸 알게 됩니다.

✧ 죽은 자를 살려낸 아스클레피오스

설민석 이 아이를 어떻게 할까 고민하던 아폴론은 기숙학교에 맡기기로 하고, 좋은 선생님을 수소문하죠. 그러다 소문난 일타강사를 찾게 되는데, 케이론Chiron이라는 반인반수예요. 상체는 인간이고 하체가 말이에요.
아폴론이 아이를 데리고 가서 정중히 청하죠. "선생님, 엄마 없이 자란 불쌍한 아이입니다. 제가 바빠서 자주 찾아뵙지 못할 것 같은데 맡겨도 될까요?" 선생님은 자신감이 넘칩니다. "아버님, 전적으로 저를 믿으셔야 합니다." 교육은 자신에게 맡기고 아빠는 아스클레피오스의 건강과 안전만 책임지라고 합니다. 아폴론은 그렇게 하겠노라 약속하고 아이를 맡기죠.

교육이 시작되는데, 선생님의 교육관이 아주 특별해요. 아무것도 가르치지 않고 계속 지켜보기만 해요. 어떤 재능이 있는지 파악하려는 겁니다. 노래도 한번 시켜보고, 활쏘기도 시켜보고, 예언의 능력이 있는지도 시켜보죠. 그런데 아폴론의 아들이라는 이 아이에게 이런 능력이 하나도 없는 거예요. 끝으로 의술을 가르쳐 봤더니 하나를 가르치면 열을 알고 A를 가르치면 Z까지 꿰는 게 아닙니까? "이거야!" 이 아이는 아폴론으로부터 의술의 DNA를 받은 게 틀림없어요.

그런데 교수님, 태양의 신 아폴론은 어떻게 의술의 신이 되었나요?

김헌 아폴론은 태양의 신이잖아요? 태양의 속성이 강렬한 빛을 내고 어둠은 몰아내죠. 그 이미지에서 아폴론의 모든 능력이 나온다고 얘기해요. 우리가 질병의 어둠에 휩싸여 있을 때 아폴론이 빛을 비춰주면 치유의 빛이 되는 거예요. 그래서 의술의 신이 됐어요. 또 태양은 굉장히 강렬한 햇살을 보내잖아요? '햇살'과 '화살'의 이미지가 같아서 '궁술의 신'이라는 이미지도 얻게 됐고요. 음악을 들으면 마음이 밝아지고 기분이 좋잖아요? 음악이 주는 기쁨도 아폴론의 환한 빛이 연관된다고 해서 '음악의 신'이라는 이미지도 나오게 됐죠. 태양의 신이라는 이미지에서 그 모든 능력이 연쇄되어서 나왔다고 할 수 있어요.

설민석 아스클레피오스에게서 의술의 자질을 발견한 케이론 선생님은 자신이 알고 있는 모든 의학 지식을 알려줍니다. 그렇게 세월이 지나고, 어른이 된 아스클레피오스는 훌륭한 의사가 됩니다.
예술 작품을 보면 아스클레피오스는 월계관을 쓰고 다니죠. '나는 아폴론의 아들이야.'라는 뜻일까요? 덥수룩한 수염에 지팡이도 항상 짚고 다녔다고 해요. 그런데 지팡이를 어떤 동물이 휘감고 있었는데, 그게 뭐였을까요?

단꿈 혹시 뱀인가요?

설민석 정답. 그런데 왜 뱀이었을까요? 사람이 죽으면 땅으로 들어가잖아요? 뱀은 겨울잠을 자려고 땅으로 들어가요. 그리스 사람들은 죽은 줄 알았던 뱀이 봄이 되면 다시 허물을 벗고 나오는 걸 보면서 부활했다고 생각했어요. 그래서 죽어갈 사람을 부활시킨다는 의미에서 의사인 아스클레피오스가 뱀으로 감은 지팡이를 짚고 다닌 거죠. 이것이 우리에게도 친숙한, 오늘날 '세계의사회', '세계보건기구' 마크로 사용되는 아스클레피오스의 지팡이입니다.
아스클레피오스는 병원을 열어 많은 이를 치료해 줍니다. 수많은 환자가 몰려오는데, 눈이 불편한 사람은 눈을 뜨고, 다리가 불편한 사람은 벌떡 일어나 걷게 돼요. 이 모습을 보고 사람들이 칭송하죠. "선생님은 의술의 신이십니다." 그 말에 아스클레피오스는 손사래를 칩니다. "그런 말씀 마세요. 그것은 신에 대한 모욕입니다. 나는 신이 아니에요. 나의 스승님 케이론에게 의술을 배웠고, 지금도 공부하는 학생일 뿐입니다. 진정한 의술의 신은 하늘에 계신 아폴론 님뿐입니다." 겸손하기까지 해요. 이분 병원에 '겸손 의원'이라고 이름을 붙여드리고 싶은 지경이에요.

이렇게 아스클레피오스가 존경받으며 점점 많은 환자를 살리고 있을 때, 생각지도 못한 일이 저승에서 벌어집니다. 그리스 로마 신화의 염라대왕인 하데스Hades가 굉장히 화가 났어요. 왜냐고요? 사람들이 죽지 않는 겁니다.

단꿈 아스클레피오스가 다 살려서요?

설민석 그래요. 죽어야 할 사람들이 죽지 않으니 저승에 인구 절벽이 온 거예요. 우주의 섭리를 거스르는 행위가 돼버린 거죠. 그러다 사건이 터집니다.

달의 여신이자 순결의 여신 아르테미스에게는 팬클럽이 있어요. 추종자가 아주 많죠. 그중 한 사람이 마차 사고로 중상을 입어요. 아르테미스는 눈앞에서 열렬한 추종자가 사고를 당해 피 흘리는 모습을 보게 됩니다. 어떻게 해야 할까요?

단꿈 당연히 병원으로 빨리 데려가야죠.

설민석 기왕이면 어떤 병원?

단꿈 당연히 아스클레피오스의 병원이죠.

설민석 그럼요. 거기가 일등인걸요. 그런데 갈 수가 없어요. 자신이 활로 쏴 죽인 여자의 아들이 원장이잖아요.
여기에서 그리스 로마 신화는 우리에게 또 하나의 교훈을 줍니다. 평상시 인간관계를 잘해야 한다는 걸요.
그래도 아르테미스는 안면몰수하고 달려가 살려달라고 합니다. "선생님, 제 팬이 죽어가요. 꼭 좀 살려주세요."
만약 아스클레피오스 입장이라면 원수가 찾아와서 부탁하는데, 들어줄까요?

단꿈 저였다면, 좀 망설이긴 했을 것 같아요.

설민석 그런데 아스클레피오스는 망설임 없이 환자부터 봅니다. 동공을 보고 맥박과 호흡을 확인해요. 그러곤 "운명하셨습니다."라고 합니다. 아르테미스는 절박하게 매달려요. "선생님, 제발 살려주세요. 이 아이 정말 불쌍한 애예요. 제발요!"
그러자 아스클레피오스는 어렵게 결심합니다. "이론적으로는 가능하지만, 지금까지 한 번도 해본 적 없는 의술이에요. 하지만 제가 해보겠습니다." 그러더니 심폐소생술을 하고 약초를 코에 갖다 대며 이런저런 의술을 펼칩니다. 잠시 후 멈췄던 환자의 심장이 다시 뛰기 시작하는 거예요. 죽은 사람이 살아난 겁니다.

같은 시각, 저승에서는 분명히 명단에 있던 영혼이 사라지는 사건이 발생해요. 추적조사를 했더니 아스클레피오스가 살려낸 거예요. 그렇지 않아도 벼르고 있었는데, 감히 저승에서 망자를 꺼내 간 거죠.

단꿈 하데스가 화낼 만한데요. 법칙에 어긋난 행위잖아요.

설민석 그렇죠. 분노한 하데스는 동생 제우스를 찾아갑니다. "죽은 자를 살리는 건 우주의 법칙을 흔드는 행위다. 그러니 번개로써 처벌해야 마땅해." 만약 처벌하지 않으면 왕으로서 배임을 하는 것이니 제우스를 탄핵할 거라며 경고하죠.

이쯤에서 우리는 이 상황을 다시 한번 바라볼 필요가 있어요. 이야기 속에 나온 여러 캐릭터 중에 잘못한 이는 아무도 없어요. 다들 자신의 입장에서 최선을 다하고 있거든요. 그런데 비극이 벌어지는 거예요.

번개를 쥔 제우스의 손이 부들부들 떨립니다. 자기 손자를, 아니 손자를 떠나서 의인을 죽여야 하는 거잖아요.

바로 그 시각, 아스클레피오스는 자신과 함께 환자를 돌보며 간호사로 일하던 딸들을 모두 불러 모은 뒤 이야기합니다. "내가 죽은 사람을 살렸다. 이건 우주의 법칙을 뒤흔든 거야. 아마도 신들이 나를 가만두지 않을⋯⋯" 말을 다 마치지도 못한 채 아스클레피오스는 숨을 거둡니다. 제우스가 번개로 내리친 거예요.

> 제우스는 인간들이 그에게서 치유의 기술을 받아서
> 서로를 돕지는 않을까 두려워하여 그에게 번개를 내리쳤다.
>
> ✒ 아폴로도로스, 『신화집』

이번에는 아폴론이 아버지인 제우스를 찾아가 분한 마음을 터뜨립니다. "아버지, 지금 무슨 짓을 하신 거예요?" "나도 마음이 아프다. 하지만 아스클레피오스는 우주의 질서를 흩트렸어." "우주의 질서요? 모든 신과 인간이 자신의 자리에서 최선을 다하면 지켜지는 게 우주의 질서잖아요, 아버지." 제우스는 불경죄를 저지르지 말라며 흥분한 아폴론을 내쫓아 버리죠.

아폴론은 도저히 납득이 안 됩니다. 의술의 신이기에 더욱 견딜 수가 없고요. "아니 뭘 잘못했다고 벼락으로 쳐 죽여? 이건 잘못됐어. 잘못된 판단과 집행이야. 누군가는 책임을 져야 해." 그렇지만 신들의 왕을 칠 수가 없잖아요. 그래서 아폴론은 아스클레피오스를 죽인 번개에 죄를 묻기로 합니다.

신들의 사생활 1권에 보면 번개가 만들어진 과정이 나와요. 제우스한테 번개를 만들어주는 삼 형제가 있었죠. 천둥, 번개, 벼락 삼 형제. 그들이 대장간을 차리고 거기에서 번개를 만들어줬어요. 아폴론은 화살에 태양의 불을 붙여 비장하게 활을 쐈고, 날아간 화살은 제우스의 무기고를 폭파합니다. 번개 삼 형제도 다 타버리죠.

왕인 제우스의 무기고를 폭파했으니, 이건 테러이자 반역이에요.

이런 아폴론을 어떻게 해야 할까요?

단꿈 제우스라면 벌을 주겠죠. 그냥 두진 않을 것 같아요.

설민석 그 벌로 아폴론은 인간 세상에 있는 한 왕국에서 노예 생활을 하게 돼요. 1년 동안 귀양을 가게 된 거죠. 1년 후 죗값을 치르고 돌아온 아폴론이 다시 제우스를 찾아갑니다. "아버지, 아스클레피오스 문제를 매듭지으시죠." "또 그 얘기냐? 안 돼! 번복은 안 된다. 내가 내린 판결이고, 내 권위의 문제야." 제우스는 진저리 치지만, 아폴론이 꿋꿋이 말하죠. "아버지는 전쟁으로 권력을 얻으셨습니다. 그 권력을 12신들에게 공정히 나누셨고 신들에게 직분과 소명도 내리셨어요. 신들이 그 소명을 다하지 못하면 책임을 묻기도 하십니다. 책임을 다하지 못하면 신들에게도 책임을 물을진대, 한 의사가 자신의 직분과 소명에 최선을 다하다 벼락 맞아 죽었습니다. 앞으로 어떤 신이, 어떤 의사가 자신의 직분에 최선을 다하겠습니까? 이건 옳지 않습니다. 부활시켜 주세요." 죽은 영혼을 어떻게 부활시키느냐며 펄쩍 뛰는 제우스에게 아폴론은 증거를 대며 반박하죠. 제우스가 불타 죽은 여인의 배 속에서 디오니소스를 꺼내 자기 허벅지에 넣고 키운 일도 있잖아요.

단꿈 역시 '논리'의 아폴론이네요.

설민석 제우스는 결국 허락합니다. 아폴론은 아들 아스클레피오스의 영혼을 데리러 저승에 가요. 평생 아버지 노릇 못한 아폴론이 아들의 손을 잡고 아무 말 없이 올림포스로 데리고 올라가서 의술의 신을 만들어줍니다. 아폴론의 눈물겨운 노력으로 아스클레피오스는 결국 부활했고 진정한 의술의 신으로 거듭나게 되죠. 그뿐만이 아닙니다. 제우스와 아폴론은 아스클레피오스를 기리며, 하늘의 별자리로 만들어주는데요, 이것이 '뱀주인자리'입니다.

아스클레피오스가 다시 의술의 신으로 부활함으로써 병원은 신전으로 바뀌게 되죠. 그 후 수많은 추종자와 사제가 아스클레피오스의 정신과 의술을 계승합니다. 이렇게 몇 대를 거치다 한 분이 선서를 만들어요. 그 분의 이름이 히포크라테스Hippocrates입니다. 이 선서는 수천 년이 흐른 지금 수많은 의대생이 졸업할 때 맹세하는 '제네바 선언'의 뿌리가 됐죠.

그림과 신화

아폴론 조각상 루이 필립 무쉬, 프랑스 루브르박물관   **프리마 포르타의 아우구스투스** 작자 미상, 바티칸 시국 바티칸박물관

김현   아폴론은 작품 속에서 굉장히 아름답고 잘생긴 청년 신의 모습으로 표현됩니다. 상당히 미소년처럼 그려지기 때문에 어떤 경우에는 여성성이 느껴지기도 하죠.

아폴론의 모습을 자기 이미지에 차용한 사람도 있어요. 로마 시대에 아우구스투스 황제가 공화정을 무너뜨리고 로마 제국을 만드는데요, 그때 자신의 위상을 높이기 위해서 자기를 형상화할 때 항상 아폴론의 이미지를 쓰게 했어요. 쉰 살, 예순 살, 일흔 살이 됐음에도 자신의 얼굴을 조각상으로 남길 때는 30대 이상처럼 보이지 않게 했대요. 영원한 젊음을 지닌 아폴론처럼 표현하라고 암암리에 명령을 내렸다고 해요. 그래서 많은 작품에서 아우구스투스의 이미지는 아폴론의 이미지를 투영시킨 얼굴로 표현됩니다.

단꿈 아폴론이 의술의 신이었으니, 신전도 남아 있을 것 같은데요?

김헌 도처에 남아 있죠. 아폴론 신전은 의술보다는 주로 예언의 용도로 쓰였어요. 가장 유명한 곳이 파르나소스산에 있는 아폴론 신전입니다. 그리스 델포이 파르나소스산에 위치한 델포이 아폴론 신전은 유네스코 세계유산으로도 지정돼 있죠.
사람들은 자신의 미래를 알기 위해서 이곳을 찾아왔다고 해요. 그런데 여기에서 유황 가스가 나온다는 거예요. 그걸 맡고 정신이 혼미해진 여사제가 알 수 없는 말을 해댔죠.
그것을 아폴론 신의 신탁이라고 했어요. 유황 가스가 정기적으로 나오는 게 아니라 일주일 만에도 나오고, 한 달 만에도 나오는데, 어떤 때는 석 달이 지나도 안 나와요. 많은 이가 예언을 듣기 위해 모여 줄을 서 있었는데, 유황 가스가 나올 때까지 하염없이 기다려야 했던 거죠. 기다리는 동안 여러 경험을 할 수 있도록 부속 건물을 세우면서 델포이 신전 주변이 하나의 문화단지처럼 조성되었어요.
델포이 아폴론 신전이 언급될 때 자주 나오는 장소가 있는데요, 그것은 사실 아테나 신전입니다.

아테나 프로나이아Athena Pronaia라고 하죠. 일종의 대기 장소라고 할 수 있어요. 대기자들은 이곳을 먼저 거쳐요. 상담으로 끝낼 수 있는 건 여기에서 상담해 돌려보내고, 더 위중한 사안이면 위쪽으로 보냈다는 거예요. 사람들이 지루해하지 않고 오래 기다릴 수 있도록 극장에서 공연도 해줬어요. 극장에서 좀 더 올라가면 스타디움도 있습니다.

스타디움에서는 스포츠 경기도 즐기게 했죠. 그러니까 당시 아폴론 신전은 신탁의 장소라는 의미도 있지만, 많은 사람이 모여서 문화와 예술을 즐기던 곳이라고 할 수 있어요. 단순히 종교적인 시설이라기보다는 인간의 삶이 녹아들어 있는 종합적인 터전이었다고 볼 수 있습니다.

설민석 일종의 멀티플렉스였네요.

아테나 프로나이아

사진 ⓒJoyofmuseums

✦ 피리 부는 악사 마르시아스의 도발

단꿈 아폴론은 의술 외에도 많은 분야를 관장했는데, 관련된 사연들도 궁금해요.

설민석 엄청난 사건이 터집니다. 시작은 다소 황당했어요. 전쟁의 여신 아테나 아시죠? 아테나가 지혜의 여신이기도 한데, 지혜에도 범주가 많아요. 직물도 있고, 공예도 있고 다양하죠. 어느 날은 피리도 만들었어요. 좀 욕심을 낸 것 같아요. 신들의 연회에서 단독 독주회 같은 것을 열고 싶었나 봐요. 헤라, 아프로디테, 아테나를 올림포스 미녀 3대장이라 부르는데, 아테나가 두 여신 앞에서 피리를 부는 건 어떤 의미일까요? '너희는 얼굴만 예쁘지만, 나는 이런 매력도 있어.'가 아닐까 싶어요.

단꿈 서로 약간의 기싸움이 있네요.

설민석 맞아요. 아테나가 자신만만하게 피리 연주를 시작했는데 소리가 너무 괴이하고 시끄러운 거예요. 예쁜 얼굴인데 피리를 부니까 볼이 빵빵해지는 것도 너무 웃기고요. 결국 아프로디테가 웃음을 터뜨립니다. 그러니 꾹 참고 있던 헤라도 폭소를 터뜨리고, 관람하던 모든 이들의 웃음이 터져요. 독주회를 망친 아테나는 자신이 정말 그렇게 이상해 보였나 싶어서 지상으로 내려와 샘물에 얼굴을 비추며 피리를 불어봤어요. 그런데 정말 우스꽝스러운 거예요. "어우, 창피해!" 하면서 피리를 샘 근처에 던져버립니다. 여기서 이야기가 시작됩니다. 버려진 피리를 지나가던 한 사람이 우연히 줍게 돼요. 마르시아스Marsyas라고, 정확하게 말하면 사람이 아닌 반인반수입니다. 전체적으로 사람과 비슷한데 염소 발처럼 발굽이 있어요. 술의 신 디오니소스Dionysos를 따라다니면서 연주하는 악사였던 마르시아스는 피리를 불 줄 알았고, 줍자마자 불어봤어요. "삐~" 한 번도 들어본 적 없는 요망한 소리가 나는 거예요. "이건 지상의 소리가 아닌데. 천상에서 내린 소리 아니야?" 하지만 결코 다른 악기들과 어울릴 수가 없는 소리였어요. 그런데 마르시아스는 악사답게 악기의 용도를 딱 떠올립니다. 그래서 운동회를 찾아갔어요. 혹시 부부젤라Vuvuzela 아세요?

단꿈 월드컵 경기 때 특이한 소리로 화제가 됐던 악기 아닌가요?

설민석 그런 느낌으로 운동회에서 불었더니 다들 환호하는 거예요. "어떻게 그런 소리를 낼 수 있어요? 한 번 더 해주세요." 다음에 떠오른 아이디어는 군대에요. 힘들게 행군하는 군인들 앞에서 이 피리로 군가를 연주했더니 전투력이 급상승해요. 버려진 악기를 적재적소에 잘 활용하면서 연주하던 마르시아스는 이곳저곳에서 서로 모셔가려는 슈퍼스타가 됩니다. 팬들도 어마어마하게 몰려요. 팬들이 와서 이렇게 말하죠. "대단하세요. 선생님은 정말 음악의 신인 것 같아요." 어디서 많이 들어본 대사죠? 아스클레피오스가 의술을 칭찬받으며 들었던 말이잖아요. 마르시아스는 그때 아스클레피오스가 했던 대답과 똑같이 말합니다. "그런 말씀 하지 마세요. 그건 모욕이에요." 팬들이 되묻습니다. "아, 아폴론에 대한 모욕이라는 건가요? 그럼요, 음악의 신은 아폴론이죠!" 그러자 마르시아스가 정색하고 말하죠. "무슨 소리! 나에 대한 모욕이라고!"

단꿈 뭐라고요? 어쩌려고 저런 위험한 발언을?

설민석 마르시아스는 자기를 아폴론과 비교하니 불쾌해합니다. 아폴론은 의술의 신, 궁술의 신 등 여러 가지 타이틀이 있고, 음악은 그가 관장하는 것 중 하나지만 자신은 일평생 음악을 해온 예술가라는 겁니다. "내가 음악의 신이지, 아폴론과 나를 비교하는 건 모욕이야!" 이 말에 팬 하나가 걱정스럽게 말합니다. "마르시아스 님, 제가 팬으로서 말씀드리는데, 그 말씀 거두세요. 만약 아폴론이 와서 싸우자고 하면 어떡하시려고요?" 이 말에 마르시아스는 또 머리에 번쩍 아이디어가 떠오릅니다. '잠깐! 나하고 아폴론이 경연해? 이거 빅매치인데!' 생각해 보니 자신은 잃을 게 없는 거예요. 만약에 지더라도 신한테 진다면 당연한 거죠. 체급이 다른걸요. 하지만 만약 이긴다면?

단꿈   진짜 음악의 신이 되는 거죠.

설민석   우주 대스타 음악의 신이 되는 거죠. 비즈니스 관점에서 접근하니까 너무나 구미가 당기는 겁니다. 그래서 마르시아스가 하늘의 태양을 보면서 도발하기 시작해요. "아폴론 씨! 나와 연주로 대결 한 번 하시죠?" 싸움 구경이 제일 재밌잖아요. 군중도 몰려듭니다. 다음 날도 사람들은 모여들었고 마르시아스는 계속 도발합니다. "아폴론 씨, 내가 두려운가?" 이 소리를 아폴론이 듣습니다. 참나, 어디 개미 같은 녀석이 신에게 한판 붙자고 하다니요. 이걸 어떻게 해야 할까요?

단꿈   그냥 무시했나요?

설민석   워낙 바쁘니까 그냥 무시하고 자기 일을 하고 있었죠. 그런데 아버지 제우스와 누이 아르테미스가 찾아오더니 묻는 거예요. "아폴론, 괜찮아?" "너 절대 경연하지 마라. 쟤하고 싸우면 안 돼. 너는 얻을 게 없어. 네가 이겨 봐야 본전이고, 네가 만약 지기라도 하면 무슨 망신이니?"

그 말에 아폴론이 자극을 받아 경연하겠다고 나서요. 제우스는 이건 합리적인 판단이 아니라고 말리지만 아폴론은 이미 논리가 섰습니다. "제2, 제3의 마르시아스가 나오기 전에 이런 시정잡배는 손을 봐줘야 할 것 같아요. 신을 능욕하다니요. 제가 책임지겠습니다. 실력으로 겨루겠어요."

드디어 결전이 이뤄집니다. 무대가 만들어졌고 사람과 님프와 신이 모여들어 관중석을 메웁니다. 신 대 반인반수의 빅매치예요. 심사위원으로는 9명의 예술의 여신 뮤즈가 왔어요. 먼저 마르시아스가 멋진 퍼포먼스로 분위기를 제압하며 등장해요. 환호가 터집니다. "우와~!" 그러다 갑자기 청중이 숨을 죽이네요. 하늘에서 그가 내려옵니다. 아폴론이에요. 밝은 빛을 뿜으며 내려오는 아폴론의 손에 뭔가가 있어요. '리라'라는 악기입니다.

반인반수를 대표하는 마르시아스와 신의 대표 아폴론의 불타는 경연이 시작됩니다. 누구의 승리를 점치십니까?

단꿈 아폴론은 음악의 신이긴 하지만, 너무 바빠서 연습할 시간이 있었을까 싶어요. 마르시아스는 이 경연을 위해서 거의 밤샘으로 준비하지 않았을까요? 박빙일 것 같은데요.

설민석 들썩이는 관중 앞에서 먼저 마르시아스가 연주합니다. 폐활량이 엄청나요. 신나는 곡을 멋지게 연주해서 모두를 춤추게 합니다. 이어서 아폴론이 나오더니 리라로 슬픈 선율을 연주하기 시작합니다. 흥겨운 연주냐, 슬픈 연주냐? 어느 쪽이 승리할까요? 심사 결과는 무승부입니다. 심사위원 전원이 판정을 내릴 수가 없다고 선언했어요. 이러면 누가 망신일까요?

아폴론이 망신이에요. 아폴론은 재대결을 신청했습니다. 그래서 다시 붙게 되는데 이번에는 마르시아스가 한층 더 강한 퍼포먼스와 최고의 기교를 보여줍니다. 관중의 환호가 폭발해요. 아무래도 아폴론이 밀릴 것 같습니다. 음악의 신 체면에 퍼포먼스로 맞설 순 없던 아폴론은 연주로 정면돌파를 시작했죠. 그리고 연주를 하며 노래까지 부릅니다. 그런데 이 노래가 사람들의 심장을 녹였다는 거예요. 결과는 아폴론의 승리! 판정이 나자마자 마르시아스는 무효를 주장합니다. "무효야, 무효! 연주로 겨루기로 했는데 왜 노래해? 반칙이잖아."

마르시아스는 분개하여 청중들에게
…… 두 개의 기술이 한꺼번에 하나의 기술과 비교되어
판정되어서는 안 된다고 주장했다.

▰ 디오도로스 시쿨루스, 『역사 도서관』

마르시아스의 주장에 관중석도 술렁술렁해요. 그때 아폴론은 이렇게 한마디로 반박했을 겁니다. 그가 얼마나 논리적인지 익히 보셨죠?
"당신은 날숨으로 피리를 연주했어. 나도 날숨을 이용해 내 목청으로 연주했어. 내 도구는 목청이었을 뿐이지. 결국 형상만 다를 뿐 본질은 같잖아."
청중은 고개를 끄덕이며 인정합니다. 뮤즈들도 만장일치로 아폴론의 승리를 선언합니다. 참, 경연 전 했던 약속은 승자가 어떤 요구를 하든 패자가 따라야 한다는 거였어요.

아폴론이 말합니다. "이제 내 마음대로 하면 되는 거지?" 그 말에 마르시아스가 답합니다. "뭐, 규칙은 그렇죠. 하지만 당신께서는 합리적이고 이성적인 신이시죠. 팬들을 생각해서도 저를 해치지는 않으시리라 믿습니다. 저를 용서하시면 오히려 대인으로 인정될 것이고, 저를 제자로 받아주신다면 제가 스승을 뛰어넘는 청출어람이 되어 당신을 빛내지 않을까요?"

이창용 아직도 정신 못 차렸네요.

설민석 그러니까요. 아폴론은 준엄하게 꾸짖습니다. "너처럼 교만하고 가식적인 놈이 어떻게 되는지 똑똑히 보여주겠다." 그러고는 마르시아스를 끌고 가 발가벗겨서 나무에 매달아요. 그런 다음 두 피에 활 끝으로 상처를 낸 다음에 머리부터 시작해 온몸의 살가죽을 다 벗겨냅니다.

울부짖는 자의 피부는 온 사지대로 찢겨져 있었고
어디 하나 상처 없는 곳이 없었다.
피는 사방으로 철철 흐르고, 힘줄은 훤히 드러나 보였다.

오비디우스, 『변신』

아폴론이 어떤 신인지 이제 우리는 정확하게 알게 됐습니다. 신께서 주신 재능을 겸손하고 감사하게 받아 남을 위해 쓰면, 죽은 사람도 살려서 별을 만들었죠. 아스클레피오스의 경우처럼요. 그런데 마르시아스를 보세요. 자기가 만든 것도 아니고 신이 만든 피리를 주운 후, 신에게 받은 재능을 가지고 오히려 신을 도발하고 모욕했어요. 이런 자는 용서하지 않는 게 아폴론입니다.

우리 인간은 누구나 신으로부터 재능을 부여받고 태어납니다. 이 책을 읽는 독자 여러분도 모두 자신만의 재능이 있을 거예요. 우리에게 주어진 재능을 어떤 마음가짐으로 어떻게 써야 하는지 고민해 보게 하는 이야기, 태양의 신, 아폴론 이야기였습니다.

✢ 인간 내면의 아폴론과 디오니소스

단꿈 오늘을 살아가는 저희는 아폴론에게 어떤 점을 배워야 할까요?

김헌 아폴론은 굉장히 이상적이지만, 범접할 수 없는 면도 있어요. 아폴론을 보면서 '아, 아폴론처럼 정의롭게 살아야겠다.'고 결심하게 되잖아요. 그렇긴 한데, 그게 쉽지 않아요. 정의롭게 사는 게 옳다고 생각하면서도, 정의로운 사람을 보면 왠지 답답하다고 느껴지고 같이 있기 싫은 측면도 없잖아 있잖아요.

이창용 피곤해요.

김헌 네, 그러면 우리는 어떤 자세로 살아야 할까요? 현대 철학을 열었다고 평가되는 철학자 니체가 이런 말을 했어요. "인간의 본성에는 아폴론적인 것과 디오니소스적인 것이 있다."라고요.

아폴론은 이성적이고 합리적이고 논리적이죠. 모든 게 분명하고 직선적이에요. 어떤 두려운 대상이 있더라도 굴하지 않고 그것을 돌파해 나가는 힘이 느껴져요. 그런데 이런 삶을 생각하면 숨이 좀 가쁘죠. 니체는 우리 마음속에 디오니소스적인 면도 있다고 말해요. 감정적이고 격정적이고 광기 어린 면이요. 어두운 구석도 있고, 도취의 꿈도 있어요. 그래서 아폴론적인 면과 디오니소스적인 면, 이 두 요소가 결합되어 나온 것이 그리스 비극이라고 말하죠.

니체는 이렇게 외쳤어요. '우리가 논리와 이성을 따라 살면 행복한가? 어쩌면 우리를 움직이는 힘은 격정과 감정과 욕망이 아닐까? 그것을 존중하고 따라갈 때 오히려 행복을 누릴 수 있는 게 아닐까?'

아폴론 이야기를 통해서 우리가 생각해 볼 건 이런 점일 것 같아요. 아폴론을 이상으로 삼고 어떤 측면에서는 아폴론적으로 살아야 하지만, 우리 속에 있는 디오니소스적인 면도 사랑하고 존중하면서 따라가는 지혜를 가져야겠죠. 그러면 우리의 삶이 더 풍요롭고 윤택해지고 행복에 가까워지지 않을까 생각합니다.

여섯 번째 이야기
헤르메스의 성공 신화

하지만 헤르메스는 피리를 교환하면서
그 지팡이를 갖는 것만이 아니라
예언술까지 획득하기를 바랐다.
- 아폴로도로스, 『신화집』

여섯 번째 이야기
헤르메스의 성공 신화

✣ 갓난아기 헤르메스의 대담한 모험

김현   이번 화의 주인공은 〈신들의 사생활〉에 수시로 등장하는 인물입니다. 주인공은 아니고 명품 조연에 가까웠죠. 나이도 어린데 제우스가 가장 신뢰하는 아들입니다.

단꿈   제우스가 자주 불렀던 아들이죠!

설민석   날개 달린 모자에 날개 달린 부츠, 반짝이는 황금 지팡이, 그리고 잘생긴 얼굴의 주인공 헤르메스Hermes입니다. 그리스 로마 신화 여기저기에 약방의 감초처럼 나오는 이 인물이 어떻게 탄생했으며 어떤 고난과 역경을 딛고 제우스의 비서실장이 되었는지, 지금부터 소개하겠습니다.

헤르메스는 화려한 외모와 달리 의외로 흙수저였어요. 신들의 사

티탄 신족의 추락 코르넬리스 판 하를럼, 덴마크 코펜하겐국립미술관

생활 1권 앞부분에 티탄이라는 거신족이 제우스의 권력을 노리고 반란을 일으킨 티타노마키아 전쟁 이야기가 나옵니다.

그 반란을 벌인 수괴 중 하나인 아틀라스Atlas가 헤르메스의 외할아버지예요. 전쟁에서 패하고 하늘을 짊어지는 형벌을 받았죠. 지금도 하늘을 받치고 있다고 해요. 얼마나 힘들겠어요? 내려놓고 싶겠죠? 하지만 귀여운 손자가 깔려 죽을까 봐 그럴 수 없는 거예요. 헤르메스는 이처럼 역적의 손자로 태어났습니다. 엄마도 여신이 아니라 한낱 님프예요. 역적의 손자에 님프의 아들. 이런 신분이라면 최대 권력의 최측근이 된다는 게 쉽지 않거든요. 그런데 어떤 능력으로 제우스의 옆자리까지 갈 수 있었을까요?

헤르메스의 엄마인 님프 마이아Maia는 수줍음이 너무 많아 주로 동굴 속에서 지내요. 그런데 마이아가 얼마나 아름다웠던지 우리의 제우스가 반해버렸어요. 이후 구애도 동굴 안에서, 사랑도, 임신도, 출산도 모두 동굴 안에서 이루어집니다.

파르네세 아틀라스 작자 미상, 이탈리아 나폴리 국립고고학박물관

제우스의 본처 헤라가 항상 경계하는데도 그 사정권 안에 들어오지 않은 이유가 여기에 있었죠. 모든 일이 동굴 안에서 이루어진 덕분에 무사했던 겁니다. 그래서 안전하게 제우스의 아이를 갖게 되었어요.

아틀라스의 딸 마이아는 성스러운 침대에 올라가서는
제우스에게 명성이 자자한 헤르메스를 낳아주었다.

헤시오도스, 『신들의 계보』

마이아가 아이를 낳았어요. 헤르메스 탄생 1일 차예요. 출산 직후라 너무 힘들고 피로했던 마이아는 갓 태어난 아기를 곁에 눕혀 두고 잠이 들었어요. 헤르메스는 신이니까 태어난 당일부터 말도 하고 걸어 다니고 사리를 분별할 줄 알았죠.

엄마가 잠든 사이, 아기는 말똥말똥 눈을 뜨고 일어나 주변을 살핍니다. '이 사람은 우리 엄마구나. 여기는 동굴 같은데, 저 밖에는 뭐가 있지?' 그러면서 동굴 입구까지 나가요. 그리고 '그래, 한번 모험을 떠나보자고!' 하며 동굴 밖으로 발을 내딛습니다. 그래서 얻게 된 타이틀이 '모험의 신'입니다.

동굴 밖으로 나온 아기는 한없이 걷습니다. 밤새 걸어서 날이 밝았고, 태어난 지 2일 차가 되었어요. 어느 순간 소 떼 앞에서 어떤 남자가 피리를 만지는 모습이 보여요. 이 남자, 월계관을 쓰고 있네요. 그리고 잘생겼고 빛도 나요. 익숙하지 않나요?

단꿈 혹시 아폴론Apollon?

설민석 네, 아폴론입니다. 태양의 신이자 음악의 신이죠. 그런데 그 바쁜 아폴론이 왜 지상에 있고, 소 떼 앞에 있는 걸까요?

지난 화에서 아폴론이 제우스의 무기고를 폭파한 죄로 1년간 귀양 갔잖아요. 바로 그 시기예요. 어느 왕의 노예로 살며 목동 생활을 하는 중이었죠. 그런데 소 떼는 돌보지 않고, 사랑했던 여인 코로니스를 잊지 못해 수시로 추억에 잠깁니다.

그날도 그녀를 생각하며 눈을 지그시 감고 피리를 불었어요. 그리고 눈을 떴을 때, 어라? 백 마리나 되는 소가 사라진 거예요. 소리도 안 들렸는데 어디로 간 거죠? 마치 증발해버린 듯 발자국도 없어요. 반경 10킬로미터를 다 뒤졌는데도 소 한 마리 보이지 않고, 돌하르방만 하나 서 있습니다.

단꿈 제주도의 그 돌하르방이요?

설민석 돌로 만든 할아버지 모양 조각이니, 비슷하죠. 그런데 이게 대체 어떻게 된 일일까요? 잠깐 시계를 돌려볼까요? 아폴론이 피리 연주를 준비하고 있을 때, 실은 뒤편에 한 아기가 나타났었죠. 헤르메스예요.

태어나서 소를 처음 본 아기는 갖고 싶다는 생각을 해요. 그런데 잠시 후 아폴론이 눈을 감더니 연주를 시작하는 거예요. 그때 아기가 아장아장 나와서 소를 훔친 겁니다. 어떤 방법으로 훔쳤을까요?

단꿈 먹을 걸로 유인하나요?

설민석 맞아요. 여물로 유인해요. 그런데 그 외에도 아주 기발한 방법을 씁니다. 나뭇잎과 빗자루를 이용하죠. 소들의 발굽을 나뭇잎으로

아폴론 로살바 카리에라, 러시아 에르미타주박물관

감싸 발소리가 안 나게 하고 꼬리에는 빗자루를 묶은 다음, 앞에서 여물로 유인했어요. 그러자 소들이 따라가면서 꼬리를 흔들었고, 빗자루가 같이 움직이며 쓱쓱 자기 발자국을 지우게 된 거예요. 이렇게 소를 훔친 헤르메스는 '도둑의 신'이 됩니다.

단꿈 돌하르방과는 어떤 관계가 있나요?

설민석 헤르메스가 소를 훔쳐 가는데 어떤 할아버지가 이 현장을 지켜보고 있었어요. 헤르메스는 할아버지에게 자기를 못 본 걸로 해달라고 부탁해요. "제가 소 한 마리 드릴게요. 비밀로 해주세요." "그래. 약속할게." 그렇게 다짐받고 소를 이끌고 갔죠. 그런데 왠지 의심이 들어서 젊은 남자로 변신한 다음 할아버지를 찾아가 말을 걸어요. "할아버지, 혹시 소 훔쳐 가는 아이 보셨어요?" "못 봤어요." "제가 소 두 마리 드릴게요. 혹시 본 기억나십니까?" 그러자 할아버지는 헤르메스가 간 방향을 손가락으로 쓱 가리키죠. '아, 인간이란 이런 존재구나. 나한테 맹세를 해놓고 배신을 해? 안 되겠다!' 그러면서 할아버지를 돌로 만들어버린 겁니다.

그는 맹세를 어긴 그자를 단단한 돌로 바꿔버렸고,
이는 지금까지도 배신자의 돌이라고 불린다.

오비디우스, 『변신』

그렇게 헤르메스는 소를 몰고 동굴을 향해 갔어요. 동굴 앞에 소를 모아놓고 그중에 두 마리를 잡았죠. 뼈와 지방은 모아서 아버지인 제우스에게 제사를 지냅니다. "온 우주 만물을 창조하시고 모든 것을 주관하시는 하늘의 아버지 제우스 님께 이 소를 바칩니다." 아기가 말도 잘해요. 그래서 '웅변의 신'이에요.

그러더니 소 두 마리를 하나도 안 남기고 다 먹었어요. 배가 빵빵해져 있는데 눈앞으로 뭐가 꼬물꼬물 지나가지 뭡니까. 거북이였어요. "어? 귀엽다." 그러면서 살펴보니 등껍질을 뜯어서 구멍을 뚫어요. 원전에 보면 소의 내장을 쭉 늘여서 몇 가닥을 여기에 걸었다고 해요. 그렇게 현을 만들어 악기를 완성하죠. 이게 최초로 만들어진 리라Lyra예요. 이렇게 해서 '발명의 신'이 됩니다.

그는 동굴 앞을 돌아다니는 거북을 발견했다.
거북 껍데기를 벗겨내고는 제의를 바친 소들의 내장을
껍데기에 걸어다가 리라를 만들었고 현도 발명했다.

／ 아폴로도로스, 『신화집』

단꿈 약간 기묘한데요?

설민석 배도 부르고 졸음이 오자 헤르메스는 아무 일 없었다는 듯 요람으로 다시 쏙 들어가서 잠을 잡니다. 이제 태어난 지 3일 차가 되었어요. 같은 시각, 소를 잃은 아폴론은 팔짝 뛸 지경이에요. 태양의 신이자 음악의 신이면서 예언의 신이기도 한 아폴론은 예언력을 동원해서 상황을 알아봤어요. 그러자 웬 아기가 소 백 마리를 끌고 동굴 쪽으로 가는 게 보여요. "이 녀석 봐라!" 하고 아폴론이 동굴로 찾아옵니다.

"야, 도둑! 당장 나와. 내가 다 봤어." 외치는 소리에 잠자던 헤르메스가 깨서 "아저씨 누구세요?" 해맑은 얼굴로 물어요. 아폴론이 예언력을 통해 본 녀석이 맞는 거예요. "네가 훔쳐 갔지? 내 소 어쨌어?" 그래도 아기는 "소가 뭐예요?" 하며 어리둥절해 합니다. "이 조그만 놈이 얼굴색 하나 안 변하네. 내가 다 봤다니까?" 하고 아폴론이 추궁하자, 아기는 "아저씨, 나는 모른다니까 왜 그래요?"라고 말하며, 눈에는 눈물이 그렁그렁 맺히는 거예요. 그래서 헤르메스는 '거짓말의 신'이 됩니다.

단꿈 아기가 보통이 아니네요.

설민석 그제야 엄마 마이아가 눈을 뜨더니, 아기를 뒤로 감추며 항의합니다. "아니, 누군데 우리 아기한테 이러시는 거예요?" "당신 아기가 내 소를 훔쳤다고요." "뭐라고요? 방금 태어난 아기한테 무슨 소리예요?" 이러면서 실랑이가 벌어집니다. 여성과 아기인데 힘으로 상대할 수도 없고, 아폴론은 답답한 거죠. "너, 내가 누군지 알아? 내가 제우스 아들이야. 너 제우스 앞에서도 거짓말 하나 보자." 그러면서 이들을 데리고 올림포스로 올라갑니다.

아폴론은 제우스 앞에서 그동안 벌어진 상황을 설명해요. 보호자로 따라온 마이아는 억울함을 호소합니다. "이제 갓 태어난 애가 도둑이라니, 무슨 소리예요." 난처해진 제우스가 예언력을 동원해 살펴보자, 세상에! 저 아기가 소를 끌고 가는 게 보이는 거예요. 그런데도 얼굴색 하나 안 변하고 거짓말을 하잖아요. 제우스는 다른 이들을 물리고 헤르메스와 단둘이 대화합니다. "아들, 너, 소 훔쳤어, 안 훔쳤어?" 헤르메스는 여전히 안 훔쳤다고 해요. "아들, 내가 예언력을 동원해서 봤거든. 그러니 솔직하게 말해봐." 그래도 천진하게 말합니다. "소가 뭐예요?"

제우스는 헤르메스의 눈빛을 보고 깜짝 놀라요. 헤라한테 바람피운 적 없다고 잡아뗄 때 자신의 눈빛이랑 똑같은 거예요. 지금까지 수많은 아들을 낳았지만 이 아이야말로 정말 자기를 닮은 것 같아요. "내 아들 헤르메스! 소가 어디 있는지 기억하면 아빠가 너를 올림포스에서 살게 해줄게. 어때, 이제 기억나지?" 이렇게 조건을 걸자 그제야 헤르메스가 고개를 끄덕입니다. "어, 기억날 것 같아요." 제우스는 아폴론에게 아기가 한 일이니 화내지 말라고 타일러요. 아폴론도 소만 돌려받으면 된다고 하죠. 그래서 헤르메스가 만들어놓은 외양간에서 소들을 다시 데려옵니다.

그런데 아폴론이 소를 세어봤더니 두 마리가 모자란 거예요. 헤르메스의 배가 빵빵한 걸 보고 잡아먹었느냐고 물었더니, 안 먹었대요. 또 거짓말이죠. 말이 안 통하자, 이성적인 아폴론도 얼굴이 붉으락푸르락 달아오르며 화가 치밉니다. 그러자 헤르메스는 자기가 만든 리라를 연주하면서 놀리는 거예요. 바짝 약이 오르던 아폴론은 순간 그 악기에 시선이 꽂힙니다. 음악의 신이잖아요. "너, 이거 나한테 팔아라." 아폴론의 제안에 헤르메스는 또 조건을 물어요. "그럼 나한테 뭐 줄 건데?" "달라는 거 다 줄게." 헤르메스는 소 떼를 달라고 했고, 악기가 탐났던 아폴론은 소값으로 리라를 받죠. 아폴론한테 리라를 주고 소 떼를 다시 사 온 헤르메스는 '상업의 신'이 됩니다. 또 '목축의 신'이기도 하고요.

단꿈 수완이 대단한데요.

설민석 다음 날, 헤르메스 탄생 4일 차. 이제 소 부자도 되었고, 올림포스에 가서 살 수도 있게 됐어요. 그런데 어젯밤에 엄마가 울면서 얘기해 준 게 있어요. 외할아버지가 역적이래요. 엄마는 님프고요. 이런 신분으로는 올림포스에 가도 출세 못 할 거라는 거예요. 슬펐지만 할 일을 하기로 했어요.

헤르메스는 나뭇가지를 꺾어 구멍을 뽕뽕 뚫더니 피리를 하나 만들어요. 소몰이용 피리예요. 그러곤 아폴론을 찾아가죠. "형, 나 형한테 이 피리 팔러 왔어." "소몰이용 피리잖아. 나 그거 많아, 안 사." "이 피리 소리 들어보면 그런 생각 안 들 텐데?" 하고 부는데, 소리가 너무 좋은 거예요. 아폴론은 그 피리를 팔라고 하죠. 대신 자신이 가지고 있던 황금 지팡이를 주겠다고 해요.

아폴론은 피리도 갖고 싶어서
자신이 목동 노릇할 때 갖고 있었던
황금 지팡이를 주었다.

◢ 아폴로도로스, 『신화집』

"이 지팡이는 황금이야. 또, 이걸로 상대를 톡 때리잖아? 그러면 팍 잠든다." 헤르메스는 그걸로는 좀 약하니 뭐가 하나를 더 달라고 해요. 그래서 '협상의 신' 타이틀을 얻게 돼요.

단꿈   잘하는 게 굉장히 많네요.

설민석   헤르메스가 더 원하는 게 무엇이었는지는 잠시 뒤에 알려드릴게요.

그림과 신화

하늘을 나는 헤르메스 장 드 볼로냐, 프랑스 루브르박물관

단꿈 모험, 도둑, 발명, 상업, 협상. 이렇게 여러 가지 능력을 지닌 신이 또 있을까요? 화가들한테 많은 영감을 줬을 것 같은데요?

이창용 헤르메스는 신화 속 다양한 이야기에 나타나다 보니까 등장하는 미술품도 많긴 합니다. 그런데 헤르메스가 주인공인 이야기가 적듯, 주인공인 미술품도 별로 없어요.

단꿈 보통 조연의 역할을 하고 있나 봐요.

이창용 맞아요. 그런데 루브르박물관에 가면 헤르메스가 주연으로 등장하는 귀한 작품을 만나볼 수 있어요. 장 드 볼로냐라는 조각가의 작품입니다. 메디치 가족의 별장 분수를 장식하기 위해 만들게 된 작품이었고, 제작 기간은 대략 20년 정도 걸렸다고 해요. 장 드 볼로냐의 조각 양대 산맥 중 하나라 불리는 작품이죠. 사진으로는 작아 보이지만, 실물은 1.7미터로 상당히 큰 작품입니다.

재밌는 부분은 아래쪽이에요. 헤르메스 발 아래쪽에 사람 얼굴이 보이죠. 입김으로 바람을 불고 있는 것 같고, 그 바람으로 헤르메스가 하늘 위로 날아갈 것 같은 형상이에요. 작품에서는 사람의 형상을 하고 있는데 입으로 바람을 "후~" 불고 있는 인물이 있다면, 바람의 신이라고 추정하시면 됩니다.

바람의 신은 네 명 있어요. 동서남북 신이 다 있죠. 그중에서 유럽인들이 좋아하는 건 봄에 불어오는 서풍이에요. 추운 겨울이 끝나고 서풍이 불기 시작하면 봄이 찾아왔다고 생각하거든요. 이 작품 속에서는 서풍의 신 제피로스 Zephyros가 입김을 불어 헤르메스를 하늘로 올려 보내고 있어요. 헤르메스가 전령이기도 하니까 아마도 아주 좋은 소식을 누군가에게 전하기 위해 하늘 위로 날아오르는 상황이 아닐까 해석해 볼 수 있죠.

단꿈 정말 가볍게 날아오를 것 같은 느낌이네요.

이창용 헤르메스와 관련된 작품을 하나 더 소개하겠습니다. 사실 헤르메스가 주인공인 작품은 아니지만, 이번 화의 이야기와 관련이 있어서 선택했습니다. 아래 그림을 보시죠.

〈아드메토스의 가축을 지키는 아폴론〉이라는 작품입니다. 주인공은 아폴론인 거죠. 그림을 볼 때는 항상 주인공부터 찾아보세요. 이 작품에서는 주인공이 바로 보이죠? 잘생겼어요. 아폴론의 상징이죠. 망토를 두르고 목동 지팡이 같은 걸 들고 있어요. 아래쪽에는 악기들이 등장하고 있고요. 지상에는 존재할 수 없는 천사들이 있는 것으로 보아 이 남자는 평범한 인간이 아닌 것 같아요. 어떤 연유인지 모르겠지만 여기 와서 목동

아드메토스의 가축을 지키는 아폴론
노엘 쿠아펠, 프랑스 베르사유 궁전

일을 하고 있나 봐요. 조금 전에 들었던 이야기, 유배와서 목동 일을 하는 아폴론이라는 것을 짐작해 볼 수 있어요.

그런데 이 작품 속 어디에 헤르메스가 있을까요? 잘 찾아보세요. 찾으셨나요? 좌측 뒤쪽으로 시선을 쭉 옮겨보면 소 떼를 몰고 가는 아주 작은 아이의 뒷모습이 보여요.

단꿈 어머, 소 훔치는 장면인가요? 귀엽다!

이창용 아장아장 뛰어가고 있죠? 자세히 보니까 모자를 쓰고 있는데, 모자 양옆으로 날개가 살짝 그려진 것을 확인할 수 있어요. 이 그림의 하이라이트가 바로 이 부분인 것 같아요. 엄청 귀여워요.

김헌 헤르메스가 주인공이네요.

이창용 그림 속 아폴론을 다시 보면, 헤르메스 쪽을 지그시 바라보고 있어요. 아무래도 아폴론은 예언의 신이잖아요. 자신에게 무슨 일이 벌어질지 이미 알고 있었다는 듯한 모습이에요. '언젠가 일어날 것 같았던, 그 귀찮은 일이 지금 벌어지고 있구나.' 하는 표정이죠. 아폴론이 주인공인 작품이기 때문에 이렇게 표현해 주고 있는 거죠.

단꿈 헤르메스의 모자, 신발, 지팡이에 모두 날개가 달려 있는데, 이것이 의미하는 건 뭘까요?

김헌 날개는 날아다닐 수 있다는 것, 또 빠르다는 것을 상징하겠죠?
제우스가 헤르메스를 올림포스 12신으로 올려 비서실장으로 삼고 임무를 맡기거든요. "너는 앞으로 내 옆에서 나를 도와라." 그러면서 신발에 날개를 달아줬다고 해요.
공중도 날아다닐 수 있고, 지상에서도 굉장히 빠른 속도로 달릴 수 있게 한 거죠. 모자에 날개를 달아놓은 것도 역시 빨리 달릴 수 있게 한 것이고요. 제우스의 뜻을 빠르게 전하는 역할을 상징하죠. 이런 이미지 때문에 헤르메스의 날개 달린 모자를 로고로 삼은 IT 기업도 있었죠.

단꿈 혹시 하얀 날개 달린 초록색 모자를 로고로 썼던 검색 엔진 말씀인가요?

김헌 네, '우리는 당신이 원하는 정보를 헤르메스처럼 빨리 제공해 주겠다.'는 의미가 있지 않았을까요?

단꿈 헤르메스라는 이름은 또 어떻게 붙게 된 건지 궁금해요.

김헌 헤르메스의 어원을 따라가 보면 '헤르마'라는 데서 시작했다는 걸 알 수 있어요.

헤르마(Herma)
돌의 무더기 또는 돌기둥

헤르마라는 말에는 돌을 쌓아 올린다는 뜻이 있어요. 돌무더기라는 뜻이기도 하고요. 돌을 쌓는 건 '여기를 내가 지나갔다.'는 표시이기도 해요. 즉 이정표의 역할이죠.

마을이나 거리의 이정표로 세워놓은 기둥도 헤르마라고 부릅니다. 그런데 헤르메스가 모험의 신이라고 했잖아요. 여기저기 다니며 소식을 전달해야 하니까, '길을 잘 찾는다.'라는 의미에서 '헤르마'라는 단어를 가져와 헤르메스라고 불렀다고 합니다.

헤르메스 페테르 파울 루벤스, 스웨덴 국립박물관

✥ 흙수저 헤르메스의 성공 신화

단꿈   아까 헤르메스가 아폴론의 지팡이 말고 또 다른 것을 탐냈다고 하셨는데, 그게 뭐였나요?

설민석   헤르메스가 만든 피리가 탐났던 아폴론은 황금 지팡이를 그의 피리와 바꿔주려 했지만, 헤르메스는 만족하지 못하고 하나를 더 달라고 하는 거예요. "도대체 뭘 원하는데?"라고 아폴론이 물었더니 헤르메스가 답합니다. "형, 나는 미래가 알고 싶어. 내 미래."

> 하지만 헤르메스는 피리를 교환하면서
> 그 지팡이를 갖는 것만이 아니라
> 예언술까지 획득하기를 바랐다.
>
> ✎ 아폴로도로스, 『신화집』

아폴론이 태양의 신이자 음악의 신이자 예언의 신이기도 하니까, 미래를 보는 법을 가르쳐 달라고 한 거예요. 그래서 아폴론은 피리를 받고 그것까지 가르쳐줍니다.
제우스는 자신의 아이가 태어나면 멀리서 계속 지켜보잖아요. 헤르메스의 이런 모습도 쭉 지켜보고 있었죠. 볼수록 보통 애가 아닌 거예요. 태어난 지 며칠 되지도 않았는데 협상력이 대단합니다. 또 자신을 닮은 눈빛도 잊을 수가 없고요. 그래서 생후 5일

차가 된 헤르메스를 데려와 말합니다. "아빠가 선물 하나 줄게. 너 말이야, 아빠 비서실장 해라. 전령을 하라는 거야." 헤르메스는 뭐라고 했을까요?

단꿈 "내가 전령하면 아빠는 나한테 뭐 해줄 건데?"

설민석 네. 아빠한테도 협상하는 겁니다. 역적의 손자이고 님프의 자식인 신분을 비서실장으로 올려줬는데도 협상을 합니다. 아빠가 자신을 필요로 하는 걸 알았기 때문이죠. 제우스는 헤파이스토스가 만든 날개 달린 모자와 부츠를 헤르메스에게 줍니다. "특별히 너를 위해 주문한 거야." 그런데도 헤르메스는 선뜻 응하지 않습니다. "이것도 아빠가 필요해서 나한테 준 거잖아?"

이창용 그렇긴 하죠.

설민석 "너는 원하는 게 끝이 없구나. 안 되겠다. 그만두자. 그 신발이랑 모자 벗어 두고 가거라." 실망한 제우스가 이렇게 말하며 돌아서는데, 헤르메스가 한마디 합니다. "좀 아쉽긴 하다. 내가 아빠 비서실장이 되면 아빠가 여자들 만날 때 밖에서 망도 봐주고 예쁜 여자 있으면 가서 연락처도 받아낼 수 있는데." 그 말에 제우스는 다시 태도를 바꿔 협상에 나서요. "좋아. 네가 원하는 걸 말해봐." 헤르메스는 뭘 요구했을까요? 올림포스 12신에 넣어달라고 청합니다. 생후 5일 차인 아이가요. 제우스는 그건 곤란하다고 답해요. 헤라는 헤르메스가 올림포스 12신이 되는 걸 반대할 거라는 겁니다. "아빠는 찬성하나요?" "난 찬성하지. 다만, 헤라 때문에 안 돼. 미안하구나." 그러자 헤르메스가 되묻습니다. "그러면 헤라만 내가 설득하면 되나요?"

단꿈   대단하다.

설민석   제우스의 허락이 떨어지자 헤르메스는 헤라에게 갑니다. 바람둥

헤라와 공작
프랑수와 드 트루아

이 남편 때문에 늘 신경이 곤두서서 잘 못 자는데, 지금은 출산 직후라 곤히 잠들었어요. 요람 위에는 헤라의 둘째 아들인 전쟁의 신 아레스Ares가 갓 태어나 강보에 싸인 채 자고 있습니다. 헤르메스는 상상도 할 수 없는 방법으로 헤라를 설득합니다.

아폴론과 헤르메스
노엘 쿠아펠, 프랑스 베르사유궁전

단꿈 변신을 하나요?

설민석 아레스로 변신하는 과정을 다룬 원전이 있는데, 저는 곧바로 본론으로 넘어가겠습니다. 헤르메스가 헤라 옆으로 폴짝 뛰어오르더니 다짜고짜 헤라의 젖을 먹는 거예요. 느낌이 이상해서 눈을 뜬 헤라는 웬 아이가 자기 젖을 먹고 있는 걸 발견한 거죠.

헤르메스는 교묘하게도 꼭 아레스처럼 무구를 써서
헤라를 속여 그녀의 젖가슴을 빨았다.

논누스, 『디오니시아카』

헤라클레스가 자기 젖을 먹었던 기억이 떠올라 이것도 제우스의 장난인가 싶어서 매서운 눈으로 돌아봤는데, 제우스는 없어요. "너 누구야? 엄마 어디 있어?" 헤르메스는 울먹이며 "엄마 없어요."라고 해요. 엄마 없죠. 올림포스에는 없죠. 지상에 있지.

왜 자기한테 왔느냐는 헤라의 물음에 헤르메스가 말합니다. "제가 태어난 지 며칠 안 되었는데요, 태어날 때 제게 선택권이 없었잖아요. 만약 저한테 선택권이 있다면 가정의 여신이시고 제가 너무나 존경하는 헤라 여신님의 아들로 태어났을 텐데, 태어나 보니까 아빠도 없고 엄마도 없어요. 너무 배가 고픈데 갈 데도 없어서 여신님한테 왔어요. 죄송해요." 그러곤 엉엉 우는 거예요. 헤라는 마음이 약해지죠. "울지 마. 이래서 내가 필요한 거예요. 갈 데도 없고 얼마나 배가 고팠니. 너 이름은 뭐니?" "헤르메스요." "앞으로 올림포스에서 누가 너 해코지하면 나한테 얘기해. 이제 엄마라고 불러, 알았지?"

헤르메스에게 아르고스를 죽이라고 명령하는 제우스
얀 헤리츠 판 브로코로스트, 네덜란드 중앙박물관

"네, 엄마!"

단꿈 모성애를 이용하네요. 엄청나다.

설민석 '신 스틸러Scene Stealer'가 아니라 '심心 스틸러'예요. 헤라의 마음을 다 빼앗았어요. 그리하여 태어난 지 7일 차가 되는 날, 헤르메스는 올림포스 12신에 등극합니다.

제우스도 감탄해요. "수많은 자식을 낳았지만, 너 같은 아이는 처음이다. 내가 신발 벗어놓고 그냥 가라고 했을 때, 이 모든 게 끝장날 거라는 생각은 안 했어?" 그러자 헤르메스가 답하죠. "아버지, 어차피 인생은 한 판의 도박과 같은 거잖아요." 그래서 헤르메스에게 붙은 또 하나의 타이틀이 '도박의 신'입니다.

헤르메스와 아르고스
페테르 파울 루벤스, 독일 알테마이스터

헤르메스
모험의 신, 도둑의 신, 웅변의 신, 발명의 신, 거짓말의 신,
상업의 신, 목축의 신, 협상의 신, 도박의 신

그다음부터 헤르메스가 했던 일은 우리가 지금까지 익히 봐왔던 일들이에요. 제우스가 바람피울 때 망도 보고, 혼외자가 태어나면 몰래 숨겨주기도 하고, 중재에 나서기도 하고, 화술로 괴물을 잠재우기도 하고요.

충심으로 제우스를 보조하며 온갖 일을 다 처리하죠. 그렇게 세월이 흘러 헤르메스도 성년이 되었어요. 잘생긴 미청년이 됩니다. 헤르메스에게도 사랑의 감정이 찾아와요. 그 대상은 미의 여신 아프로디테 Aphrodite 예요.

심상이 뛰고 얼굴이 빨개지는데, 정작 말은 못 하고 혼자 가슴앓이만 합니다. 사랑꾼 제우스가 눈치를 채고 묻죠. "우리 아들, 혹

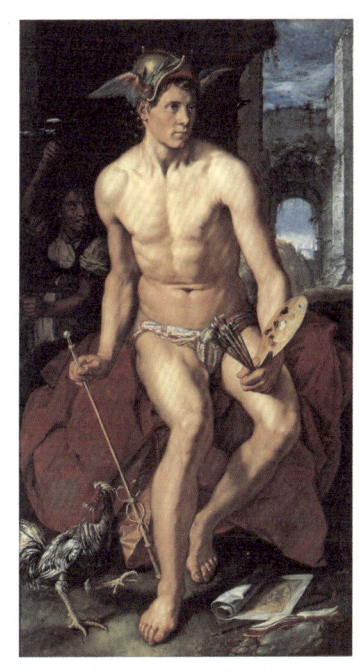

헤르메스 헨드릭 홀치우스, 네덜란드
마우리츠하우스 및 네덜란드 프란스할스박물관

여섯 번째 이야기 • 헤르메스의 성공 신화

비너스의 탄생 산드로 보티첼리, 이탈리아 우피치미술관

시 사랑에 빠진 게냐?" "사실 마음에 두고 있는 여인이 있기는 한데요……." 제우스는 그 사랑을 이어주겠다면서 상대가 누군지 물어요. "그런데 상대가 누구냐?"

단꿈   아프로디테!

설민석   "녀석, 내 아들 맞네." 제우스는 헤르메스를 도울 기상천외한 방법을 궁리합니다. 그러곤 아프로디테가 목욕하고 있을 때, 그녀가 아끼는 황금 샌들을 제우스의 상징인 독수리를 시켜서 물어오게 한 거예요.

유피테르(제우스)는……
베누스(아프로디테)가 아켈루스 강가에서 목욕하고 있을 때,
독수리를 보내 여신의 신발을…… 가져오도록 했고
그것을 메르쿠리우스(헤르메스)에게 주었다.

▶ 히기누스, 『천문학』

그런 다음, 아프로디테에게 '황금 샌들이 나한테 있으니 돌려받고 싶으면 하룻밤 데이트를 하자.'고 얘기해요. 제우스가 생각한 기상천외한 방법이라는 게 고작 이거예요. 그 말을 들은 아프로디테는 참 제우스답다고 생각하죠. 그리고 흔쾌히 허락해요. 사랑의 여신에게 하룻밤 데이트는 별일 아니거든요.

드디어 약속의 날이 오고 '똑똑똑' 문 두드리는 소리가 납니다. 그런데 아프로디테가 문을 열었을 때, 문 앞에 있는 건 제우스가 아니었어요.

날개 달린 모자를 쓴 귀엽게 생긴 남자애가 얼굴이 새빨개진 채 벌벌 떨며 황금 샌들을 내밀지 뭡니까.

"저는 헤르메스라고 하는

아프로디테와 헤르메스, 그리고 눈가리개를 하는 에로스 바르톨로메우스 슈프랑거, 독일 국립박물관

데요. 이 황금 샌들 전해드리러 왔습니다." 아프로디테는 눈치를 채죠. "너 제우스 아들이지? 참나, 부자가 똑같구나. 너하고 나를 맺어주려고 샌들을 훔쳐 간 거네?" 그래도 약속은 약속이니까 들어오라고 하죠. 하지만 헤르메스는 샌들만 두고 물러섭니다. "저는 이만 돌아갈게요." 그리고 떨리는 목소리로

아프로디테와 헤르메스 봉 불로뉴, 프랑스 베르사유궁전 그랑트리아농

고백해요. "사실, 저는 얼마 전 당신을 보고 첫눈에 반했습니다. 진심입니다. 그리고 계속 당신 생각을 했어요. 하지만 이건 아닌 것 같아요. 이렇게나마 만나게 된 건 정말 영광이었고요. 저는 영원한 당신의 팬입니다. 감사합니다." 그러면서 돌아서는 거예요. 어때요? 아프로디테라면 이때 마음이 어떨까요?

단꿈 좀 흔들릴 것 같은데요?

설민석 그렇죠? 괜찮아 보이는 거예요. 그래서 아프로디테가 말을 건네죠. "라면 먹고 갈래?"

단꿈 하하. 라면이 거기서 왜 나와요?

설민석 그렇게 둘의 사랑은 이루어졌어요. 아프로디테와 헤르메스 사이에는 예쁜 아기도 태어나죠. 역적의 외손자이자 님프의 자식으로 태어나, 고난과 역경을 자신만의 방법으로 딛고 올림포스 12신이 된

아프로디테와 헤르메스의 사랑 루이 미셸 반 루, 스페인 산페르난도 왕립미술아카데미

헤르메스는 우리에게 이렇게 얘기할 것 같아요.

"지금 이 이야기를 듣고 있는 사람들 중 누군가는 이렇게 생각한 적이 있을지도 모르지. '나는 가난한 집에 태어났기 때문에' '나는 좋은 학교를 나오지 못했기 때문에'라고. 그런 생각 같은 건 저리 던져버려. '나는 가난한 집에 태어났지만 그럼에도 불구하고, 잘 될 거야.' '나는 좋은 학교를 나오지 못했지만, 그럼에도 불구하고 성공할 거야.'라고 긍정적인 생각을 해봐. 그런 당신의 미래에 행운을 전하고 싶어. 더없이 위대할 당신의 앞날에 헤르메스의 축복이 가득하길. Good Luck!"

단꿈 굉장히 멋있어요. 용기를 주네요.

헤르메스와 아프로디테 니콜라 샤프롱, 프랑스 루브르박물관

설민석 당신의 마음을 강탈한 '심 스틸러' 헤르메스 편이었습니다.

단꿈 처음에는 좀 정의롭지 못한 일들도 하길래 갸웃했는데, 끝까지 듣고 보니 헤르메스가 정말 지혜롭네요.

설민석 지금까지 만났던 신들을 떠올려 보면, 헤라클레스와 헤파이스토 스도 많은 고통을 당했어요. 디오니소스는 사랑하는 사람을 잃기 도 했고요.

그럼에도 그 고난과 역경을 자신만의 재능으로 딛고 올라가는 캐릭터들이었죠. 그런데 헤르메스는 태어나자마자 독특한 방법으로 어려움을 극복해요. 수완이 굉장히 좋은 흥미로운 친구예요.

이창용 저는 헤르메스가 가장 그리스다운 신 같다는 생각이 들어요.
그리스는 땅이 척박해서 먹고살기 힘든 지역이잖아요. 그런 곳에서 해상무역이 발전하기 시작하고, 지중해 연안의 큰 도시들로 뻗어나가요. 우리가 알고 있는 니스, 마르세유, 바르셀로나가 전부 그리스 사람들이 개척해 나간 도시잖아요.
그러니까 이들은 상업을 통해 부를 쌓았고, 모험을 떠나지 않고서는 그 지역에서 생존할 수가 없었죠. 언제나 사람들과 협상도 해야 하고, 때로는 장사를 잘하기 위해 거짓말이 필요할 때도 있었을 테죠. 도박을 할 때도 있었을 겁니다. 헤르메스가 지닌 능력들이죠. 그래서 저는 헤르메스가 그리스를 닮은 신 같아요.

단꿈 헤르메스가 거창한 능력은 없지만, 그가 가진 꾀와 재능으로 신들의 전쟁에서도 활약할 수 있을 것 같은데요, 어떤가요?

김헌 앞으로의 활약을 기대해도 좋습니다. 전투력도 보여주지만, 그것보다는 자신의 수완을 최대한 살려서 첩보 활동 같은 것도 잘해요. 또 특급 구조대 역할도 하고요.
나중에 티폰Typhon이라는 최대의 적과 싸우게 되는데, 어마어마한 덩치의 티폰과 싸우다 제우스가 거의 죽을 뻔해요. 이때 제우스를 새롭게 일으키는 존재가 또 헤르메스입니다.

이번 이야기에서는 주로 헤르메스의 사생활이 전개되었다면, 이후에는 공적인 역할을 맡으면서 어떤 일을 해내는지에 주목해 보면 또 다른 매력을 발견할 수 있을 겁니다.

제우스를 공격하는 티폰 윌리엄 블레이크

일곱 번째 이야기

아르테미스의 분노와 복수 그리고 사랑

아르테미스가 아직 어린 아이였을 때…… 이렇게 말했다.
"아빠, 영원히 간직할 처녀성을 줘요……
내 도움을 필요로 할 경우에만 도시의 인간들과 어울릴 거예요."
- 칼리마코스, 『아르테미스 찬가』

일곱 번째 이야기
아르테미스의 분노와 복수 그리고 사랑

✦ 달의 여신 아르테미스

김헌 이번 화의 주인공은 그리스 로마 신화에 나오는 신 가운데 여성들에게 가장 많이 사랑받는 여신이 아닐까 생각합니다. 달과 숲의 이미지를 지닌, 달의 여신 아르테미스Artemis입니다.

아르테미스 여신은 순수하고 격조 있는 모습을 지녔지만, 자존심이 손상됐을 때는 가차 없이 응징하는 차가움과 냉정함도 지녔어요. 한마디로 열정과 냉정 사이에 있는 여신이라고 할 수 있습니다. 그리스 신화에서는 아르테미스라고 하는데 로마 신화에서는 디아나Diana 여신이라고 합니다. 영어식으로 읽으면 다이애나. 서양 여성 이름 중에 다이애나가 많잖아요? 그만큼 아르테미스 여신이 서양인에게, 특히 여성에게 인기 있다고 할 수 있겠죠. 그 여신이 설민석 선생님의 이야기 속에서 어떻게 연출될지 굉장히 기대됩니다.

설민석 이번 이야기를 읽으실 때는 준비물이 필요해요. 손수건. 아마 〈신들의 사생활〉 전체에서 가장 가슴 아픈 이야기가 아닐까 싶어요.

우선 출생부터 얘기하자면, 달의 여신 아르테미스의 아버지는 제우스Zeus고 어머니는 모성의 여신 레토Leto입니다. 레토가 제우스의 아이를 가졌을 때 본처인 헤라Hera가 그 사실을 알았어요. 가만히 있겠습니까?

사냥에 나선 아르테미스 작자 미상, 프랑스 루브르박물관

단꿈 가만히 있을 리 없죠.

설민석 저주를 하죠. 임신한 레토는 헤라의 저주를 피해 도망치다 한 섬에서 쌍둥이를 출산합니다. 그 섬의 여신과 님프들이 산파 역할을 하고요. 그렇게 첫 번째로 태어난 아이가 훗날 달의 여신이 되는 아르테미스입니다. 갓 태어난 그녀 눈에 제일 먼저 보인 게 뭘까요?

온몸이 피범벅인 채로 절규하는 어머니였어요. 그리고 사색이 되

아르테미스 시몽 부에, 영국 로열컬렉션

어 있는 여신과 님프들. 엄마의 진통은 계속됐고, 이게 무슨 상황인지도 모른 채 아르테미스는 엄마 배 속에서 자신의 쌍둥이를 꺼내는 산파 역할을 하게 됩니다. 그녀가 태어나자마자 처음 경험한 것이 산파 역할이라고 볼 수 있죠. 그렇게 태어난 아이가 훗날 태양의 신이 되는 아폴론Apollon이죠.

혼란 방지를 위해 부연 설명이 필요한데요, 원전에 따라 아폴론이 아르테미스의 오빠로 등장하기도, 동생으로 등장하기도 합니다. 그중 이번 이야기를 이어가는 세계관 안에서 아폴론은 남동생으로 나옵니다.

> 레토는 델로스에 와서 먼저 아르테미스를 낳았고,
> 아르테미스가 분만을 도와 그 다음으로 아폴론을 낳았다.
>
> ✎ 아폴로도로스, 『신화집』

엄마는 아직 정신도 못 차리고 있는데, 여신과 님프들이 헤라가 보낸 피톤Python이라는 괴물 뱀이 공격할지 모르니 빨리 이 섬을 빠져나가야 한다고 말해요. 그래서 이들은 숲속으로 숨었습니다. 상상을 조금 가미해 볼게요. 엄마는 산후 후유증으로 몸을 가눌 수가 없어서, 아르테미스가 어떻게 해서든지 가족을 살려야 했어요. 숲속에서 뭐든 먹을 걸 찾아야 하잖아요? 처음에는 열매나 땄지만, 점차 숲에 대해 알게 되면서 야생동물을 만나게 됩니다. 그러면서 그들과 소통하는 능력을 갖게 되고, 사냥도 시작하죠. 취미가 아니라 생존 사냥이에요. 살기 위해 좀 더 민첩하고 날쌔져야만 했고요. 어깨에는 화살통을 매고 손에는 활을 들고, 사냥을 다니는 모습까지 그려지는데 여러분은 어떠

숲속의 아폴론과 아르테미스 루카스 크라나흐, 독일 베를린국립회화관

일곱 번째 이야기 · 아르테미스의 분노와 복수 그리고 사랑

세요?

그러던 중에 아폴론이 말해요. "누나, 우린 언제까지 도망 다녀야 해? 우리가 뭘 그렇게 잘못했는데? 내가 화살로 괴물 피톤을 쏴 죽여버릴게. 누나가 어머니를 책임져 줘."

피톤을 죽이는 아폴론과 아르테미스
마르칸토니오 프란체스키니, 오스트리아 리히텐슈타인박물관

그렇게 떠난 아폴론이 수천 발의 화살을 쏴서 피톤을 죽였죠. 하늘에서 제우스가 이 모습을 봤어요. 어렵게 태어난 아이들이 엄마도 잘 모시며 용맹하게 살아남았으니, 제우스에게는 이들을 올림포스로 불러들일 명분이 생겼어요. "너희 대단하다. 굳세구나. 올림포스로 올라오거라!" 제우스는 아들인 아폴론에게 태양의 신 자리를 주고, 딸인 아르테미스한테 얘기합니다. "너에게는 달의 여신 자리를 줄게. 또 뭐 하고 싶은 거 없니?" 그러자 아르테미스가 말하죠. "저는 태어날 때부터 숲에서 자라서 할 줄 아는 건 사냥밖에 없어요." 그 말에 제우스는 숲의 여신, 동물의 여신, 사냥의 여신 자리도 줍니다. 이때 아르테미스가 조심스럽게 청해요. "아빠, 제가 진짜 하고 싶은 게 하나 있는데요." "뭐니?" "저, 순결……." 제우스는 바람피우는 아빠와 고생하는 엄마를 보며 남자에 관심을 잃은 거냐고 물었어요. 아르테미스는 말해요. "그런 이유도 있지만 임신과

출산, 육아가 아닌, 다른 길을 선택하는 여성들도 있을 텐데 그들에게 수호신이 되어주고 싶어요." 그래서 순결의 여신 타이틀까지 갖게 됩니다.

아르테미스가 아직 어린 아이였을 때…… 이렇게 말했다.
"아빠, 영원히 간직할 처녀성을 줘요.……
내 도움을 필요로 할 경우에만 도시의 인간들과 어울릴 거예요."
🖋 칼리마코스, 『아르테미스 찬가』

단꿈 교수님, 아르테미스가 출산의 여신이라고도 불리는데, 순결의 여신이 어떻게 출산의 여신이 될 수 있었나요?

김헌 출산은 아무래도 결혼한 여성과 관련이 있을 테니 순결의 여신과 어울리지 않죠. 그런데 아르테미스가 태어날 때, 어머니가 동생을 낳기 위해 고통스러워하는 모습을 봤잖아요. 또 자신도 어머니가 안전하게 아이를 낳을 수 있도록 도왔고요. 그것 때문에 출산을 돕는 여신의 이미지가 만들어졌다고 합니다. 철학자 플라톤이 쓴 『크라튈로스』라는 작품을 보면, 아르테미스는 '안전한' 또는 '해를 입지 않도록 도와주는'이라는 뜻인 '아르테메스Artemes'라는 말에서 왔다고 해요.
그래서 출산할 때, 특히 산통이 심할 때, 아르테미스 여신에게 기도했다고 합니다. "아르테미스 여신이여, 아폴론의 출생을 도왔던 것처럼 산모와 아이를 건강하게 지켜주소서."라고요.

설민석   그래도 아르테미스가 가장 자부심을 느꼈던 것은 순결의 여신 타이틀이에요. 순결에 집착합니다. 추종자들도 있었어요. '순결동맹'이죠. 주로 여성들인데 함께 사냥을 다녀요.

순결에 대해 얼마나 예민했는지 에피소드가 하나 있어요. 한 남자 사냥꾼이 사냥개 50마리를 데리고 사냥을 나왔다 숲에서 길을 잃었어요. 한참을 헤매다 동굴을 발견했는데, 너무 신비롭고 아름다운 거예요. 그래서 안으로 들어갔더니 소리가 들려요. 찰방찰방 물소리와 여자들 목소리예요. 뭔가 싶어 조금 더 들어가 봤더니, 여자들이 옷을 벗고 목욕하고 있지 뭐예요. 여기가 아르테미스와 추종자들이 사냥 후에 땀을 씻는 목욕탕이었거든요.

목욕하던 여성들은 갑자기 웬 남자가 들어와 쳐다보니 놀라서 비

님프들에게 둘러싸인 아르테미스
루이 드브되

명을 질러요. 아르테미스는 당장 죽여버리겠다고 화살을 찾죠. 그런데 옷을 벗고 있어서 옆에 화살이 없으니까, 급하게 물을 한 움큼 잡고 주문을 외웁니다. "너, 내가 목욕하는 거 봤다고 세상에 떠들 거지? 어디 한번 떠들어 보라고!" 그러면서 물을 착 뿌렸고, 그 물을 맞은 남자는 수사슴으로 변합니다.

"이제 너는 내가 옷을 벗은 걸 보았다고
얘기할 수 있게 되었구나!
정녕 얘기할 수 있겠다면 그래도 좋다!"

오비디우스, 『변신』

이 남자는 우연히 마주친 것뿐이잖아요. 어찌 보면 길 가다 봉변을 당한 거죠. 너무 놀라 돌아가려는데 다행히 자신이 키우는 충직한 사냥개들이 달려오는 거예요. 그런데 애들 눈빛이 이상해요. 첫 번째 사냥개가 달려들더니 등을 물고, 두 번째가 어깨를 무네요. 50마리의 사냥개가 주인인 줄도 모르고 사슴으로 변한 그 남자를 물어 죽이고 말았다고 합니다.

그를 따르던 50마리의 개들을 미치게 만들고……
그를 알아보지 못하는 개들한테 잡아먹혔다고 전해진다.

아폴로도로스, 『신화집』

그림과 신화

아르테미스와 악타이온 주세페 체사리, 프랑스 루브르박물관

설민석 남자가 자기 몸에 손대는 건 상상도 할 수 없고요, 눈빛으로 범한 자에게도 무시무시한 벌을 주는 것이 순결의 여신 아르테미스입니다. 아르테미스가 목욕하는 장면을 이창용 선생님이 소개하신다고 하는데, 모두 사슴으로 변할 준비가 되셨나요?

이창용 그 불운한 사냥꾼의 이름은 악타이온 Actaeon 입니다. 위 그림은 주세페 체사리의 〈아르테미스와 악타이온〉이라는 작품입니다. 방금 들었던 내용이 그대로 담겨 있어요. 우연히 이곳을 찾게 된 악타이온이 당황해서 어쩔 줄 몰라 하는 모습이 잘 표현되어 있어요. 머리에 초승달 장식을 한 아르테미스가 보이죠? 당황했지만, 동요하지 않고 어떤 자세를 취하고 있어요. 손을 보면 악타이온에게 물을 뿌리는 모습이 묘사됐다는 걸 알 수 있어요. 오른쪽의 악타이온을 보면, 머리에 뿔이 솟아나 있어요. 물을 맞고 사슴으로 변하는 거예요. 아래쪽에는 악타이온과 함께 사냥을 나온 사냥개들이 보이는데, 주인이 사슴으로 변해가기 시작하자 벌써 이빨을 드러낸 녀석도 있어요. 저는 이 작품을 보면서 악타이온이 너무 불쌍해 보였어요.

단꿈   너무 불쌍해요.

이창용   고의성도 전혀 없었고, 우연히 찾은 장소에서 아르테미스가 목욕하고 있었던 것뿐인데, 이 정도까지 벌을 받아야 하나 싶더라고요. 교수님께서는 신화에서 항상 교훈을 얻을 수 있다고 하셨는데, 이 신화에서는 어떤 교훈을 얻을 수 있을까요? 세상은 언제나 내 뜻대로 흘러가지 않는다는 교훈일까요? 어떤 교훈을 전해주고 싶어서 이런 이야기가 만들어지게 된 것인지 여쭤보고 싶었어요.

김헌   생각해 보면 악타이온은 아무 잘못이 없어요. 우연히 길을 가다가 보게 된 거니까요. 이번에는 한번 아르테미스 입장에서 생각해 볼까요? 아르테미스도 사실 그 남자가 우연히 본 건지 의도적으로 본 건지, 진실은 알 수 없었어요. 그럼에도 저 정도까지 버럭 화를 낸 것은 '이 녀석이 의도적으로 했다.'고 판단을 미리 내렸던 거죠.

그래서 저는 이 이야기에서 악타이온 쪽보다는 아르테미스 쪽을 해석해야 할 것 같아요. '내가 어떤 권력이나 큰 힘을 가지고 있을 때, 누군가를 내가 판단한 대로 단정 지어서 괴롭히거나 고통스럽게 한 적은 없는가?' 이런 걸 한번 돌아볼 수 있는 기회가 되지 않을까 싶습니다.

이창용 두 번째 작품은 루브르박물관에서 만나볼 수 있는 〈베르사유의 아르테미스〉입니다. 아르테미스가 워낙 인기 있는 여신이다 보니까 작품도 많이 남아 있어요. 그중에 가장 아름다운 아르테미스를 보여달라고 하면, 저는 조금도 망설이지 않고 이 작품을 보여드리겠습니다. 아르테미스는 그림 속에 등장할 때 가장 흔한 이름표로 초승달 장식을 달고 나오죠. 그런데 조각 작품에서는 이게 잘 등장하지 않아요. 왜냐면 머리에 작은 조

베르사유의 아르테미스 레오카레스, 프랑스 루브르박물관

각으로 달을 표현해 놓으면 쉽게 부러져 버리니까요. 하지만 달 장식이 없어도 아르테미스라는 것을 확인할 수 있는 상징이 하나 더 있는데, 바로 복장입니다.

여신마다 복장에 특징이 있어요. 가장 많이 등장하는 아테나, 아프로디테, 헤라, 아르테미스 네 여신의 옷이 모두 다릅니다. 아테나는 주로 어떤 옷을 입고 있을까요?

바르베리니의 헤라 알케메네(추정), 바티칸 시국 바티칸박물관

설민석   갑옷.

이창용   그렇죠. 여신인데 갑옷을 입고 있다면 아테나라고 생각하면 됩니다. 헤라는 기품 있고 위엄 있는 집안의 큰 어른 같은 인물이잖아요. 이런 분이 옷을 가볍게 입을 리는 없어요. 그래서 항상 발끝까지 길게 내려오는 드레스를 단정하게 입고 등장합니다. 미의 여신 아프로디테(비너스)는 자신의 아름다움을 표현하기 위해 옷을 벗고 있거나 살짝 걸치고 등장하고요.

아르테미스는 사냥의 여신이잖아요. 옷이 불편하면 사냥하기 힘들겠죠?

그래서 복장에도 활동성이 강조되어 있어요. 옷의 길이는 무릎까지만 내려와 있고, 달릴 때 불편함이 없도록 허리도 단단하게 여미고 있어요. 신발도 편안해 보이는 샌들을 신고 있죠. 이렇게 옷만으로도 여신들을 구분할 수가 있어요. 하지만 이것이 수학 공식이나 물리 법칙처럼 무조건 지켜지는 건 아니기 때문에 가끔 예외도 있다는 건 기억해 두시고 작품을 감상해 주세요.

밀로의 비너스 작자 미상, 프랑스 루브르박물관

✦ 순결의 여신을 찾아온 단 하나의 사랑

설민석 아르테미스는 순결의 여신이고, 우연히 그녀가 목욕하는 모습을 본 남자를 수사슴으로 만들 정도로 예민하잖아요. 그런 그녀의 마음을 훔친 치명적인 남성이 나타납니다. 과연 누구일까요?
이제부터 사랑 이야기가 이어질 텐데요. 그 애틋한 마음을 실감 나게 전하기 위해 각색을 입혀봤으니 재미있게 들어주세요.
어느 날 숲에서 사냥하던 아르테미스는 사냥감을 한참 쫓다 바닷가까지 오게 됩니다. 사냥감을 찾으며 주위를 살피는데, 저 멀리 수평선에서 어떤 사람이 걷고 있지 뭡니까.

단꿈 수평선에서요? 물 위를 걸어요?

설민석 물 위를 막 걸어요. 아르테미스가 너무 놀라서 넋을 놓고 봤어요. 이 사람이 점점 해안 쪽으로 오는데, 자세히 보니까 물 위를 걷는 게 아니고 나무 같은 걸 타고 있더라고요. 맨날 숲에서 사냥만 하던 아르테미스에게는 좀 생소한 모습이었죠. 나무 판자 위에 기둥이 꽂혀 있고 그 기둥에는 하얀 천이 달려 있어요. 그게 펄럭펄럭 나부끼는 거예요. 배를 탄 거였죠. 그걸 타고 오는 남성의 눈빛이 에메랄드빛이에요.

단꿈 벌써 너무 로맨틱하다!

설민석 남성인데 입술이 앵두 같아요. 코는 오뚝하고 머리는 산호초처럼 바람에 부드럽게 휘날려요. 키도 크고 팔다리도 길쭉한 이 남성이 뭍에 내리더니 망태기 같은 걸 턱 내려놓는 거예요. 그가 한 첫 마디예요. "바다에서 사냥한 것들이에요."

단꿈 어부인가요? 거의 "오다 주웠다." 수준인데요?

설민석 아르테미스가 물었죠. "바다에서 사냥이 가능한가요?" 그러자 그가 말해요. "그럼요, 가능하죠. 사냥 좋아하세요?" 아니, 사냥의 여신한테 이런 걸 묻다니요. "뭐, 조금이요?" 아르테미스가 답하자, "조금 이따가 해 질 녘에 바다로 또 사냥 나갈 건데, 같이 가실래요?" 이러는 거예요. 따라가야 하나요? 순결의 여신인데?

단꿈 가야죠! 앵두 입술이라면서요.

설민석 갑니다. 해 질 녘에 아르테미스가 나타났어요. 낮에 사냥할 때의 옷차림과 달라요. 조금 전 이창용 선생님이 설명해 주신 작품들에서 아르테미스는 짧은 원피스를 입고 있잖아요. 그런데 어떤 그림에는 밤에 하얀 드레스를 입고 등장하기도 해요. 바로 그 시작입니다.

이창용 긴 드레스를 입었다는 건 목적이 사냥이 아닌 거죠.

풍경 속의 아르테미스 루이 미셸 반 루, 스페인 프라도미술관

설민석 아르테미스는 배라는 걸 처음 타봤어요. 그는 "자, 가볼까요?" 하더니 돛을 올립니다. 바람이 돛을 밀면서 배가 바다로 나가자 그가 말해요. "눈을 감고 두 팔을 양옆으로 쭉 뻗어봐요. 제가 뒤에 있으니 두려워할 것 없어요. 자, 이제 눈을 떠봐요." 그의 말에 따라 팔을 뻗고 감았던 눈을 뜬 아르테미스는 마치 바다 위를 나는 것 같은 기분을 느껴요.

단꿈 〈타이타닉〉인가요? 하하.

설민석 너무 아름다워요. 얼마나 달렸을까요? 바닷물에 달빛이 부서지고, 하늘에는 별들이 수놓아져 있어요. 아르테미스는 달의 여신이지만, 달빛이 이렇게 아름다운지 숲에서는 몰랐거든요. 바다 위에서 부서지는 달빛은 현기증이 날 정도로 곱고 사랑스러운 거예요. 그렇게 아름다운 지중해 밤바다를 아르테미스와 그가 항해합니다. 참! 사냥하러 왔다는 걸 잊고 있었네요. 아르테미스가 궁금해져서 물어요. "사냥감은 어디 있나요?" 그가 답하죠. "아, 사냥감이요? 여기 수많은 별빛을 가져요."

단꿈 별을 따주는 거예요, 혹시? 달도 따주고?

설민석 "아니, 별을 어떻게 준다는 거죠?" 하는 아르테미스의 말에 그는 고개를 저어요. "하늘, 다른 곳에도 있지요." 그러더니 기둥을 잡고 옆으로 몸을 기울이며 말하죠. "팔을 뻗어요. 그리고 파도에 손을 대봐요." 아르테미스도 그를 따라 바닷물에 손을 댔더니 별빛이 손가락 사이에서 반짝이는 거예요. 플랑크톤이 반짝반짝. 하늘에는 별이 떠 있고, 바다에는 플랑크톤이 별빛처럼 빛납니다.

단꿈 너무 환상적이다, 진짜.

설민석 그렇게 바다를 한 바퀴 돌고 나자 아르테미스는 아찔합니다. "참 재밌게 살고 있네요." 그는 말해요. "적어도 나는 속박받지 않으니까, 내 영혼은 저 하늘의 구름처럼 자유롭고 저 바람처럼 어디든 떠날 수 있으니까요!" 그러더니 노래를 불러주네요. 달빛 부서지는 바다 위에서 노래를 들으니, 천상에 음표가 그려지는 것 같아요. 너무 황홀해요.

아르테미스는 그제서야 그의 이름도 모르고 있었다는 사실을 깨닫고 이름을 물어요. 그러자 남자가 답해요. "난 당신 이름 알아요. 달의 여신 아르테미스. 아, 내 이름은 오리온Orion이라고 해요."

단꿈 오리온!

설민석 포세이돈의 아들 오리온이에요. "당신의 신분에 비하면 저야 하급 신이죠. 엄마가 인간이니까 영웅이라고나 할까?" 그날 밤 그렇게 아르테미스는 좋은 시간을 보내고 왔어요. 여러분이 만일 아르테미스라면, 평생 잊지 못할 추억을 남겨준 그를 숲으로 한 번쯤 초대하고 싶지 않을까요?

단꿈 아유, 한 번이 뭐예요. 계속 만나야죠.

설민석 아르테미스는 오리온을 숲으로 초대합니다. 낮에는 추종자들 눈이 있으니까, 밤에만 만나죠. 바다에서는 막 날아다니던 그를 숲에 데려다 놓으니까 토끼 한 마리 못 잡네요. 토끼를 사냥한다고 뒤뚱거리는데, 그 모습도 아르테미스 눈에는 너무 귀여운 거예요. 함께 웃고 시간을 보내는 동안 아르테미스의 사랑이 조금씩 조금씩 커져 갑니다.

그래서 고민하죠. 만약 사랑을 택하면 순결의 여신 타이틀도 다 내려놔야 해요. 아니, 모든 걸 다 내려놓아야 할지 몰라요. 오리온의 여러 가지 매력 중에서도 아르테미스의 마음을 가장 움직였던 건 자유로움이었어요. 아르테미스는 태어나자마자 산파가 되었고, 이후에도 사냥하고 숲을 뛰어다니며 사냥을 해야 했어요. 그렇게 바쁘게 달려온 아르테미스에게 그가 새로운 세상을 보여준 거예요.

아르테미스는 결심하죠. "지금까지는 의무를 다하며 살았으니 이제 남은 생은 내 사랑을 위해 살겠어." 그리고 올림포스로 날아가 수많은 신들 앞에서 폭탄선언을 합니다. "저, 아르테미스 결혼합니다." 신들이 모두 펄쩍 뛰었지만, 그중에서도 남동생 아폴론이 가장 반발합니다. 하지만 그 누구도 아르테미스를 막지 못하죠.

이스트루스는 오리온이
아르테미스에게 사랑받고 있으며
그가 그녀와 결혼하는 것이
거의 사실인 것으로 여겨진다고 말했다.

✒ 히기누스, 『천문학』

아르테미스는 다시 지상으로 내려왔고, 둘의 사랑은 더 깊어집니다.

오리온은 이런 말도 하죠. "아르테미스. 나는 이다음에 말이야, 될 수만 있다면 밤하늘의 별이 되고 싶어. 그러면 영원히 너의 곁에서 함께 빛날 수 있잖아." 평범한 여성의 삶을 경험한 아르테미스는 너무 행복했어요.

그런데 혼자 있던 아르테미스에게 아폴론이 씩씩대면서 찾아온 거예요. "누나, 매형이 될 사람이라고 해서 내가 뒷조사를 좀 해봤거든? 알고 있어? 유부남인 거?"

단꿈 네? 말도 안 돼요!

이창용 수상했어요.

설민석 아폴론은 너무나 충격적인 말을 해요. "유부남일 뿐만 아니라 여성 편력도 심하고, 심지어 범죄자야. 어떤 섬의 공주를 강제로 겁탈했어. 그래서 공주 아버지인 왕이 그자의 두 눈을 파버리고 바다에 버렸대. 바다에 둥둥 떠다니다가 헬리오스와 헤파이스토스의 도움으로 다시 시력을 회복했다는데, 이런 쓰레기 같은 놈한테 빠진 거야? 정신 차려!"

단꿈 어떡해요.

설민석 하지만 아르테미스는 차분합니다. "알아, 그 사람 과거. 사실 다 풍문이야. 내가 안 알아봤겠니? 유부남인 건 맞는데, 아내였던 이가 헤라와 미모를 견주다 저주받아서 스스로 목숨을 끊었어. 사별한 거지. 섬의 공주와 사랑에 빠졌던 건 사실이래. 그런데 공주의 아버지인 왕이 너하고 똑같은 생각을 가지고 결혼을 반대했던 거야. 그래서 잠든 사이에 오리온의 눈을 뽑고 바다에 던진 뒤 자신의 죄를 덮기 위해서 거짓 소문을 낸 거고." 아르테미스의 말이 끝나자 아폴론이 한마디 합니다. "새벽의 여신하고도 바람을 피웠다는데?" 새벽 일출 때, 하늘이 붉게 물들잖아요. 그것을 관장하는 게 새벽의 여신이에요. 날아다니다 아침에 해가 뜰 때 손으로 붉은 빛을 뿌리는 거죠. 원래는 평범한 성격이었는데, 바뀌게 된 이유가 있었어요. 아프로디테의 남자친구 아레스하고 사랑을 나눴는데, 이에 화가 난 아프로디테가 그녀한테 저주를 걸어버렸던 거죠. 아프로디테가 걸 수 있는 저주는 사랑에 빠지게 하는 거예요. 그래

에오스 에벌린 드 모건, 미국 컬럼비아미술관

서 새벽의 여신은 잠시도 남자와 사랑을 하지 않으면 견딜 수 없는 몸과 마음을 갖는 저주를 받게 됩니다.

에오스(새벽의 여신)는 오리온에게 빠져
그를 델로스섬으로 데려갔다.
아프로디테가 그녀를 영원히 사랑에 빠지게 만들었는데
이는 에오스가 아레스와 잠자리를 했기 때문이다.

아폴로도로스, 『신화집』

아프로디테와 아레스
루이 장 프랑수아
라그레네, 미국
게티센터

그런 새벽의 여신과 오리온이 바람을 피웠다는 말에 아르테미스가 정색합니다. "아폴론, 너 제대로 알고 말해. 새벽의 여신이 오리온을 낚아채서 납치했다고. 그가 당한 거야. 사귄 적 없어! 그런 이상한 말 할 거면 다시는 내 앞에 나타나지 마." 하며 돌려보냅니다.

이렇게 아폴론도 막지 못한 사랑 앞에 복병이 나타납니다. 바로 새벽의 여신이에요. 아르테미스가 결혼식을 준비하고 있을 때, 저 멀리 수평선에서 뭐가 날아오는 거예요. 씩씩대면서 날아온 건 바로 새벽의 여신이었죠. "네가 아르테미스야? 네가 내 남자 뺏어갔어?" 하면서 다짜고짜 따지는데, 마침 오리온이 나타납니다.

단꿈 삼자대면인가요?

설민석 결혼을 앞두고 있는데, 전 여자친구가 나타난 거예요. 얼어붙은 오리온에게 새벽의 여신이 달려와 품에 안깁니다. "보고 싶었어." 이렇게 매달리는데 어떡해야 하죠?

이창용 당연히 밀어내야죠.

설민석 그렇죠? 그런데 오리온은 가만히 있는 거예요. 아르테미스가 당황해서 말하죠. "지금 뭐 해? 나랑 결혼할 사이라고 말해." 그런데도 오리온은 가만있어요. 아르테미스가 다그치죠. "우리 결혼할 사이라고 말하라고! 왜 말 못 해?" 그러자 오리온이 말합니다. "나 좋아해, 새벽의 여신."

단꿈 네? 뭐라고요?

설민석 이 상황을 믿을 수 없는 아르테미스가 다시 묻죠. "지금 뭐라고 했어? 뭘 좋아해? 너 나 좋아하잖아." 오리온은 답이 없어요. 떨리는 목소리로 아르테미스가 물어요. "그럼 나한테 왜 접근한 거야?" "너, 순결의 여신이잖아. 그래서 호기심이 생겼었어. 행복해라." 그러고는 새벽의 여신 손을 잡고 떠나버립니다.

단꿈 말도 안 돼! 소름 끼쳐요. 이게 무슨 일이에요.

설민석 아르테미스는 그 자리에 주저앉아 버립니다. 그리고 해변에 쓰러져 정신을 잃어요. 며칠 동안 그렇게 있었는지 몰라요. "괜찮아?" 목소리에 깨보니까 아폴론이에요. 그 나쁜 녀석은 잊어버리고 사냥이나 가서 기분전환을 하자며 누나를 일으켜요. 아르테미스도 이러고 있는 모습이 자존심 상해서 아무렇지 않은 듯 털고 일어나 따라나섭니다. 아르테미스는 사냥도 오랜만에 나왔어요. 아폴론과 아르테미스는 활 솜씨에 대해 라이벌 의식이 있거든요. 아폴론은 궁술의 신이고 아르테미스는 사냥의 여신. 둘 다 활을

정오의 의인화로서의 아폴론 안톤 라파엘 멩스, 스페인 몽클로아궁전

쏘잖아요. 아폴론은 백발백중 다 맞히는데, 아르테미스는 잘 못 맞히는 거예요. "실력이 좀 약해졌는데?"라고 아폴론도 한마디 해요.

아르테미스는 활 쏘는 게 마음처럼 안 되니까 속이 상해요. 그때 아폴론이 멀리 수평선에 떠 있는 부표를 맞히려고 활을 쏘아요. 그런데 거리가 머니까 계속 빗나가는 거예요. 그때 아르테미스가 나섰죠. "나와봐. 저걸 못 맞히는 거야?" 날쌘 사냥감들을 쏘던 실력으로, 아르테미스가 바람의 움직임까지 계산하여 쏩니다. 화살이 훅 날아가긴 했는데 표적이 너무 멀리 있어서 맞았는지도

밤의 의인화로서의 아르테미스
안톤 라파엘 멩스, 스페인 몽클로아궁전

모르겠어요.

그때가 이른 새벽이었거든요. 마침 일 마치고 돌아가던 새벽의 여신과 눈이 마주쳤지 뭐예요. 새벽의 여신은 아르테미스 옆에 내려와 인사를 해요. "잘 지냈어?" 아르테미스는 냉랭하게 말합니다. "남자친구는 어디 두고 혼자야?" 그러자 새벽의 여신이 이런 말을 해요. "오리온? 그가 너한테 미쳐 있는 거 몰랐어? 자기 몸에 손도 못 대게 하던데? 오리온이 너 진짜 좋아해." "무슨 헛소리야! 너랑 같이 갔잖아." "그거 몰라? 아폴론이 협박했다며. '네가 우리 누나를 진짜 사랑한다면 헤어져.'라고. 정말 몰랐어?"

이런 말을 남기고 새벽의 여신은 날아가 버렸어요.
진실을 알게 된 아르테미스, 어떻게 할까요?

단꿈 찾아가야죠.

설민석 가야죠. 아르테미스는 다시 가슴이 뜨거워지면서 오리온을 찾아가려고 해요. 그때 조류에 밀려서 뭔가가 떠내려 왔어요. 사람인 것 같은데…… 아, 오리온이에요. 자신이 조금 전에 쏜 화살이 그에게 꽂혀 있어요. 오리온은 아르테미스를 잊지 못하고 며칠째 바다에 둥둥 떠서 숲만 바라보고 있었던 거예요. 그런데 그걸 아르테미스가 부표로 착각해서 화살을 쐈고, 그 화살에 그만…….

아폴론이…… 아르테미스가 바다에 있는 검은 것을
활로 쏘아서 맞히지 못할 것이라며 그녀와 내기를 걸었다.
여신은…… 활을 쏘아 오리온의 머리를 관통시켰다.

히기누스, 『천문학』

아르테미스는 오리온이 했던 말을 떠올립니다. "아르테미스, 나는 말이야. 이다음에 하늘의 별이 되고 싶어." 아르테미스는 시신을 들쳐 업고 아버지 제우스를 찾아가요. "아버지, 순결의 여신 자리를 버리겠다는 얘기 다시는 안 할게요. 아버지의 세상을 최선을 다해 지킬 테니 오리온을 하늘의 별로 만들어주세요." 제우스는 두말 않고 그를 밤하늘의 별로 만들어줍니다.

여신은 많은 눈물로 그의 죽음을 추모하며
그를 별들 사이에 둔 것으로 여겨진다.

✐ 히기누스, 『천문학』

그렇게 밤하늘의 오리온자리가 생겼습니다. 하늘의 신들이 질투했나요. 아르테미스의 사랑은 떠났지만 죽음도 이들을 갈라놓지 못합니다. 둘은 별이 되고 달이 되어 영원히 함께 빛날 거니까요. 항상 오리온을 지켜주고 싶었던 아르테미스는 오리온자리 옆에 토끼자리도 놓아주어 그가 외롭지 않게 해주었습니다. 밤하늘을 비추고 있는 달빛 그리고 달과 함께 빛나는 오리온자리에 얽힌 세상에서 가장 슬픈 이야기, 푸른 달빛의 여신 아르테미스 편이었습니다.

단꿈 너무 슬퍼요. 아르테미스는 사랑에 있어서도, 삶에 있어서도 굴곡이 많네요. 태어나서부터 많은 걸 겪었어요.

그림과 신화

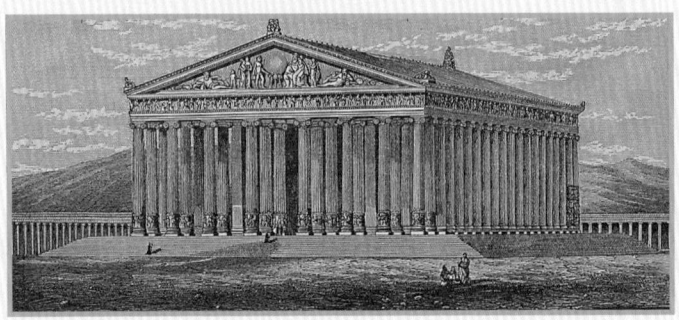

에페수스의 아르테미스 신전 목판화 필립 섀프, 미국 의회도서관

단꿈 미국 항공우주국, 나사NASA에서 추진하는 달 탐사 프로젝트 이름이 아르테미스라고 들었어요.

김헌 나사에서 다시 달에 가겠다고 발표했죠. 그런데 이 프로젝트에 어떤 이름을 붙일까 하다 '아르테미스 프로젝트'로 붙였다고 해요. 또 이번에는 착륙선 이름을 '오리온'이라고 붙였어요. 마침내 오리온이 아르테미스와 만나게 되는 겁니다.

단꿈 그 장면 볼 때 눈물 쏟을 것 같아요. 그런데 아르테미스 신전이 고대의 세계 7대 불가사의 중 하나라는 기사도 봤는데, 맞나요?

김헌 아르테미스 신전이 곳곳에 있어요. 그리스 전역과 로마가 지배하던 곳에는 아르테미스 신전, 디아나 신전이 모두 있는데, 그 가운데 가장 유명한 곳이 튀르키예 에페수스Ephesus에 있는 것입니다.

규모가 어마어마합니다. 아크로폴리스Acropolis에 아테나 여신을 위한 파르테논Parthenon 신전이 있어요. 굉장히 큰데, 이것의 두 배 정도 규모였다고 알려져 있어요. 당시 기술로 이 건물을 어떻게 지은 건지에 대한 의문이 풀리지 않아서 피라미드도 포함된 '고대의 세계 7대 불가사의' 목록에 올라갔죠.

대규모 신전을 세우는 데에는 막대한 돈이 들잖아요? 그 당시 옆 나라 리디아Lydia에 크로이소스Kroisos라는 왕이 있었어요. 고대 세계에서 가장 돈이 많았던 사람이라고 알려져 있죠. 그가 에페수스를 찾아와 신전 지을

튀르키예 에페수스 아르테미스 신전 상상도 페르디난트 크나브

돈을 대겠다고 했어요. 대신 조건을 달았죠. 거기에 자기 이름을 넣어 달라고요. 이유를 물었더니 "이 신전과 함께 나의 이름이 영원히 남기를 원한다."고 했대요. 결국 신전은 크로이소스의 돈으로 완공됐고, 약속대로 크로이소스 왕의 이름도 새겼다고 해요. 그런데 기원전 356년에 불타버립니다. '헤로스트라토스 Herostratus'라는 사람이 불을 지른 거예요. 왜 그랬냐고 물으니 그가 크로이소스랑 똑같은 이유를 말했어요. "내가 이걸 불태우면 내 이름이 영원히 남을 테니까."

단꿈 아르테미스의 탄생부터 가슴 아픈 사랑 이야기까지 함께 들어봤는데, 교수님은 이야기 어떻게 들으셨나요?

김현 대체로 문헌에서 확인되는 오리온은 최악의 남자로 표현되는데 이 이야기는 오리온을 가장 멋있게 그려낸 것 같아요. 그리고 아르테미스와 오리온의 사랑 이야기를 이렇게까지 아름답게 표현할 수 있는지, 정말 감탄했습니다. 거의 설민석 선생님판 오리온과 아르테미스 이야기라 해도 손색이 없지 않을까 싶어요.
사실 신화라는 게 정설이 있는 것도 아니고, 보는 사람이 그 이야기를 가지고 새롭게 재구성할 수 있는 여지가 많거든요. 이번 이야기는 감탄을 자아낼 만큼 멋진 이야기였습니다.

여덟 번째 이야기

결혼과 가정의 여신,
헤라 이야기

헤라는 바위처럼 단단하고
바람처럼 날쌘 무기를 집었으니,
손으로 그 단단하고 뾰족한 우박을 획 돌려서는
아르테미스를 세게 내리쳤다.
- 논누스, 『디오니시아카』

여덟 번째 이야기
결혼과 가정의 여신, 헤라 이야기

✥ 결혼과 이혼 사이

김헌 이번 화의 주인공은 올림포스의 안방마님이자 중전마마라고 할 수 있는 헤라Hera입니다. 헤라와 제우스가 만나는 장면은 신들의 사생활 1권에서 다뤘는데, 기억나시나요? 제우스가 뻐꾸기로 변신해서 헤라와 처음 만났던 모습이 아주 흥미롭게 그려졌죠. 이번에는 제우스와 헤라가 과연 어떤 사이였는지, 잘 알려지지 않은 그들의 사생활 속으로 깊이 들어가는 시간이 되겠습니다.

설민석 헤라 여신은 그동안 질투, 분노, 저주의 화신처럼 알려져 왔죠. 그런 점이 좀 억울할 것도 같아요. 아마 자신의 이야기를 제대로 전할 수 있는 이번 시간을 기뻐할 것 같습니다. 제가 헤라 여신이 되어 그 마음을 여러분께 대신 전해보겠습니다.
"저의 이름은 헤라입니다. 결혼과 가정의 여신이죠. 믿지 않으실

제우스와 헤라
안니발레
카라치,
이탈리아
보르게세미술관

지 모르겠지만 저는 누구보다 고결하고 우아하고 정숙한 성격을 지녔습니다. 적어도 그를 만나기 전까진 말이죠. 네, 바로 제 남편 제우스요. 혹자는 이야기합니다. 왜 제우스 같은 남자를 만나서 그리 고생하느냐고. 처음에는 저도 거부했어요. 그는 이미 여러 명의 부인이 있었거든요. 저를 유혹할 때 그가 저에게 일곱째 부인이 되어달라는 거예요. 말이 됩니까? 저는 처녀였는데? 그의 여성 편력을 알았기 때문에 저는 콧방귀도 뀌지 않았어요. 그런데 제우스가 어느 날 그러더군요. 이전의 부인들은 사실혼 관계이기는 하지만 결혼식을 한 적도, 혼인신고를 한 적도 없다고요. 내가 자신의 첫사랑이고 끝사랑이 될 거라고요. 저와는 혼인신고도 하고 신과 님프, 인간, 그 외에 온 세상 만물을 다 초대해

제우스와 헤라 테오필 한센, 오스트리아 팔라스 아테네 분수 의회 동상

서 성대한 결혼식을 열어줄 거라고 했어요. 저는 그의 눈빛에 어린 진정성을 보았고, 그렇게 우리는 결혼하게 되었습니다. 그것이 '이생망'이 될 줄은 그때는 몰랐죠."

이창용 이번 생은 망했다……!

설민석 "결혼 초에는 곡절도 있었지만 단란하고 행복한 가정을 이루고 살았습니다. 제 가족을 소개할까요?
제 큰아들은 헤파이스토스Hephaestos입니다. 이 책 두 번째 이야기에서 소개된 뒤 요즘 즐겁게 일하고 있죠.
둘째 아들을 소개합니다. 올림포스에서 외모로 우리 둘째를 당할 자가 있을까요? 누구보다 잘생긴 전쟁의 신 아레스Ares입니다. 딸들도 있어요. 큰딸은 출산의 여신이고, 둘째 딸은 청춘의 여신이에요.

이뿐이 아닙니다. 저에게는 또 하나의 가족이 있죠. 제가 누구보다 사랑하는 반려동물들입니다. 첫째는 제가 너무너무 좋아하는 귀여운 뱀, 피톤Python이에요. 덩치만 컸지 순진하고 착한 녀석이죠. 사랑하는 아르고스Argos도 있

번개를 만드는 헤파이스토스 페테르 파울 루벤스, 스페인 프라도미술관

어요. 눈이 백 개인데 잠잘 때도 두 개만 감고, 아흔여덟 개는 뜨고 있어요. 그래서 우리 집의 CCTV 역할을 하며 항상 우리 가족을 지켜주죠. 또 제가 아끼는 새이자 저의 상징인 공작새도 소개할게요. 마치 가정의 여신의 등장을 알리기라도 하듯 날개를 활짝 펼치며 저를 빛내주죠. 끝으로 제가 가장 예뻐하는 우리 막내, 대게입니다. 헤라클레스 이야기에서 잠깐 나왔던 아이예요. 덩치는 크지만, 겁도 많고 얼마나 귀여운지 몰라요.

아폴론과 아르테미스
조반니 바티스타 티에폴로,
이탈리아 빌라발마라나

이렇게 화목한 우리 가정을 파괴하기 시작한 존재는 바로 제 남편이었어요. 남편이 어느 날부터 여신, 님프, 여인, 가리지 않고 바람을 피우기 시작했죠. 거기서 끝나지 않고 아이까지 낳아요. 태양의 신 아폴론Apollon이나 전령의 신 헤르메스Hermes, 그리고 영웅 헤라클레스Heracles까지도 그렇게 태어난 아이들이에요.

제우스가 낳은 수많은 혼외자가 어떤 짓을 했는지 아십니까? 아폴론은 우리 피톤에게 화살을 수천 개나 쏴서 피 흘리며 죽게 만들었어요. 헤르메스는 불쌍한 우리 아르고스의 목을 베어버렸고요. 저는 너무 슬퍼서 추모하는 마음에 아르고스의 눈 백 개를 뽑아다 내 공작새의 날개에 달아줬어요. 그뿐이 아닙니다. 헤라클레스라는 놈은 우리 막내, 대게를 짓이기듯 밟아 죽였습니다. 모두 다 세상을 떠났어요. 제가 어찌 살아야 합니까? 그런데 이런 자식들 중에 제가 가장 싫어하는 게 누구인지 아세요? 화살에 활을 들고 다니는 여자애."

헤르메스와 아르고스 페테르 파울 루벤스, 스페인 프라도미술관

단꿈 아르테미스Artemis?

설민석 "맞아요. 아르테미스. 나는 얘가 가진 타이틀이 너무 맘에 안 들어요. 순결의 여신? 순결만 지키면 가정이 어떻게 생기나요? 결혼과 가정의 여신인 저하고는 천적이에요. 너무 싫어서 제가 특별히 손 좀 봐줬죠. 정정당당하게 나와서 맞붙자고 했어요!"

> 황금 화살을 가진, 고함을 지르며 사냥하는,
> 멀리 쏘는 신의 누이인 아르테미스,
> 그 화살 사냥꾼은 헤라에게 맞섰다.
>
> ✒ 호메로스, 『일리아스』

"그랬더니 제게 화살을 쏘네요. 저는 바로 구름을 뜯어 방패를 만들었어요. 화살이 잔뜩 꽂힌 방패를 든 채, 우박 하나를 잡아서 날려버렸더니 그 자리에서 끝! 별것도 아니면서 어디서 강한 척인지."

사냥의 여신 아르테미스 기욤 시냑, 개인 소장

헤라는 바위처럼 단단하고
바람처럼 날쌘 무기를 집었으니,
손으로 그 단단하고 뾰족한 우박을 휙 돌려서는
아르테미스를 세게 내리쳤다.

◢ 논누스, 『디오니시아카』

"그런데 여러분, 내 남편이 아르테미스의 추종자를 범했을 때도, 나를 모시는 신전의 여사제를 범했을 때도 저는 가정을 버릴 생각은 하지 않았어요. 그런데 이번엔 못 참겠어요. 이 일은 그냥 넘어갈 수가 없어요. 저는 이제 결혼과 가정의 여신 타이틀을 버리고 이혼하려고 합니다."

자, 여기까지. 잘 들으셨습니까? 제가 대신 전해드린 헤라 여신의 입장이었습니다.

그런데 도대체 어떤 사건이기에 그동안 참아왔던 헤라가 가정을 버리겠다는 걸까요?

단꿈 지금까지 있었던 일들보다 더한 일이 있을 수 있나요?

설민석 이 일은 올림포스의 연회로부터 시작됩니다.

제우스가 연회를 참 좋아해요. 연회 중에 하급 신이나 님프들이 술을 따라주니까 제우스가 짜증을 냅니다. "술맛이 안 나네. 술은 누가 따라주냐에 따라 맛이 달라지는데." 그러더니 지상을 두리번거리는 거예요.

그때 눈에 한 사람이 들어옵니다. 이번엔 짧은 머리에, 예쁘다기보다 개성 있고 매력적인 스타일이에요. 팔다리도 시원스럽게 길

아르테미스로 변신한 제우스와 칼리스토
프랑수아 부셰, 미국 넬슨앳킨스 미술관

고 늘씬해요. 제우스는 자신의 상징인 독수리를 보내서 납치해 옵니다.

> 제우스는 그의 아름다움 때문에 독수리를 시켜
> 가니메데스를 낚아채고는
> 하늘에서 신들의 술 따르는 시종으로 앉혀 놓았다.
>
> ✒ 아폴로도로스, 『신화집』

그 사람이 제우스 앞에 나타났는데 가까이서 보니까 더 예뻐요.

제우스의 가니메데스 납치 외스타슈 르 쉬외르, 프랑스 루브르박물관

"너, 이름이 뭐니?" 하고 제우스가 묻자, "가니메데스라고 합니다."라고 대답하는데 목소리가 굵어요. 어? 그는 남자였어요. 그래도 왔으니 한 잔 따르라 하고 제우스는 그 술잔을 받습니다. 그렇게 가니메데스는 시종이 되었어요.

어느 날 헤라가 연회에 와서 보니까 엄청 예쁜 애가 있는 거예요. 그런데 남자잖아요. 그래서 별 생각 없이 지나쳤죠. 하지만 어떤 장면을 목격하고 맙니다. 여기부터는 99% 순화시켜 말씀드릴게요.

단꿈 99%? 그 정도라고요?

설민석 가니메데스가 술을 따라 건네면 제우스가 한입 마시고는 그 술잔을 다시 가니메데스에게 줘요. 그러면 가니메데스는 제우스가 입을 댄 곳으로 또 마시는 거예요. 이 분위기 뭐죠?

헤라는 자기 눈으로 보고도 믿을 수 없었어요. 왜냐면 지금까지 제우스가 수많은 여성과 바람을 피울 때 명분이 항상 있었거든요. 자식들이 태어나면 태양을 관장하거나, 전령 역할을 하거나, 영웅이 되어서 올림포스를 구하거나 하면서 세계관을 형성했잖아요. 그런데 이 남자애는 뭔가요?

단꿈 그러게 말이에요.

설민석 날카로워진 헤라가 제우스한테 다가가 가니메데스를 해고하라고 합니다. 제우스는 거부하죠. 헤라는 다시 강하게 말해요. "내 심기가 불편하니까 지상으로 돌려보내라고!" 그러자 제우스도 목소리를 높이죠. "아니, 쟤를 보내면 누가 술을 따를 건데? 헤파이스토스가 따를까? 망치나 잡고 있던 그을음 묻은 그 더러운 손으로 술을 따르게 하라고? 땀 냄새 풀풀 풍기면서? 그 술 참 맛있겠다." 헤라의 목소리가 떨립니다. "지금 뭐라고 했어?" 그때 제우스가 해서는 안 될 말을 하죠. "네 아들 헤파이스토스 말이야."

당신 아들 절름발이 헤파이스토스가
술을 따랐어야 했는데 말이지.
그것도 불똥 가득한 대장간에서 나와서
방금까지 집게를 쥐고 있던 그 녀석이 말이야.

✒ 루키아노스, 『신들의 대화』

헤라가 폭발합니다. "네 아들? 넌 아빠 아니야? 그게 아빠로서 할 소리야? 내가 다 참았는데, 이건 진짜 못 참아. 나 더는 못 살겠어!" 그리고 떠나버립니다. 이혼 서류에 도장 찍고 나와버린 거예요. 그렇게 집을 나온 헤라는 바다로 갑니다. 그리고 바다를 바라보며 하염없이 울기만 하는 날들을 보냅니다.

✧ 내 남편의 결혼식

설민석   헤라가 떠난 후 자유의 몸이 된 제우스는 다음 사랑을 찾으러 나갑니다. 여러 여자들을 만나요. 하지만 몸과 마음에서 이상한 변화가 생깁니다. 헤라가 옆에 있을 때는 세상 여자가 다 예뻐 보였는데, 헤라가 없어지고 나니 희한하게 전혀 그렇지 않은 거예요. 두근거리지도 않고, 무기력하고 피곤해서 집에 가고만 싶어요. 집에 돌아와도 헤라의 빈자리가 너무 크게 느껴져 썰렁하기만 합니다. 갑자기 우울감이 확 찾아옵니다.

천상의 의사인 아스클레피오스를 불러 증상을 살피게 했지만, 아무 이상도 없다고 해요. 의사로도 안 되니, 인간 세상에 있는 유명한 현자를 찾아가 봤어요. 마음은 〈삼국지〉의 유비이고, 머리는 제갈량인 아주 현명한 분이죠. 현자는 처방을 해줍니다. "결혼하셔야겠습니다." 방금 이혼했는데, 또 결혼을 하라니요. "결혼을 안 하면 전하께서는 더 이상 세계관을 넓힐 수가 없어요. 누군가 감시하고 묶어주고 잔소리해야 열정이 살아나시거든요. 결혼하셔야 해요." 그래서 제우스가 "누구랑 결혼을 해야 하나요? 지금은 그 누구를 봐도 심장이 안 뛰는데요."라며 걱정하자 현자가 살짝 답을 알려줍니다.

단꿈   네? 뭐라고 한 거예요?

설민석 그 말을 듣자 제우스 표정이 밝아져요. "진짜 현명한 분이시네. 저, 다시 심장이 뛰어요. 그 여자라면 결혼해야죠. 헤라하고 처음 결혼할 때처럼 성대하게 하면 되나요?" 그러자 현자가 답해요. "더, 더 성대하게!" 제우스가 기분 좋게 답합니다. "그러죠!"

단꿈 그게 누군데요?

설민석 조금만 기다려주세요. 제우스는 신이 나서 결혼 준비를 시작합니다. 마차를 만들어 반짝반짝 금장식을 하고, 모든 신과 인간, 미물에게 청첩장을 보냅니다. 새장가 드니까 모두 참석하라고요. 슬픔에 잠겨 있던 헤라도 청첩장을 받아요. 이거 가야 하나요?

단꿈 저라면 가겠어요. 다 끝장내러 가야죠.

설민석 헤라는 너무 당혹스러웠어요. 이혼 서류에 도장도 안 말랐는데 벌써 결혼을 한다는 게 기가 막혔지만, 그 상대 얼굴이나 한번 보자 싶어 결혼식에 참석합니다. 식장에 들어서자 저 멀리에서 번쩍번쩍 빛나는 마차가 다가오는 게 보이네요. 순간 분노가 치밀었던 헤라는 다가가 마차를 세웁니다. 안을 보니 누가 있는데, 예뻐요. "너 나와, 나와보라고!" 하면서 문을 열려는데, 잠겨 있네요. 헤라는 문짝을 힘껏 뜯어내 버리고 그 인물을 잡아 끌어냅니다. 머리채가 잡혀 문밖으로 끌려 나온 그 인물, 누구였을까요?

단꿈 궁금해요. 도대체 누구예요?

설민석 자기 자신이었어요. 자기랑 똑같은 얼굴이 거기 있는 거예요. 그때 제우스가 "여보!" 하며 다가옵니다. "그거 내가 만든 목각인형이야. 당신이 너무 보고 싶어서 특별히 주문했어. 난 당신 아니면 안 돼. 용서해달라는 말은 하지 않을게. 그냥 결혼과 가정의 여신 자리만 좀 지켜주면 안 돼? 여보, 내가 잘못했어."

단꿈 가짜 헤라였던 거예요? 제우스, 뭐야……

설민석 어떻게 해요? 싹싹 비는데. 그 모습에 헤라의 마음도 스르르 풀려버렸죠.

> 헤라가…… 마차 가까이 다가와
> 형상의 옷을 찢어버린 다음에야 그것이 젊은 신부가 아닌
> 나무로 만든 조각상이었음을 발견하고는
> 가짜였음에 기뻐하였다. 그러고는 제우스와 화해하였다.
> ✒ 파우사니아스, 『그리스 여행기』

"당신은 세상 잘 이끌어봐. 나는 우리 아이들과 세상의 가정을 잘 보살필 테니까. 사랑해, 여보." 다행히도 둘의 이혼 소동은 이렇게 해프닝으로 마무리됩니다. 그런데 이 부부 사이에 바람 잘 날

이 없네요. 이번에는 헤라에게 남자가 생깁니다. 헤라만 바라보는 직진남이 나타나요. 제우스가 분노할 차례인데, 과연 어떤 일이 펼쳐질까요?

단꿈 제우스 쌤통이다. 평소에 잘 좀 하지. 너무 미워요.

설민석 미운 김에 한술 더 뜰게요. 목성을 영어로 주피터 Jupiter 라고 하잖아요? 제우스를 뜻하죠. 목성 주위를 도는 위성들이 있는데, 그중 가장 큰 4개의 위성 이름에 제우스 애인들의 이름을 붙였어요. 헤라는 없고요. 그런데 그 이름 중 하나가 가니메데스예요.

단꿈 아, 말도 안 돼!

김현 그건 제우스의 잘못이 아니고 그걸 붙인 천문학자들의 잘못이죠.

단꿈 아니 땐 굴뚝에 연기가 나오나요?

김현 천문학자의 잘못이라고는 했지만 원인 제공자는 사실 제우스죠.

설민석 이제 교수님도 제우스를 변호하지 않으시네요. 하하하.

✥ 헤라에게 찾아온 유혹

단꿈 제우스가 미우니까, 헤라에게 나타난 남자 얘기나 들어야겠어요. 헤라만 바라보는 직진남은 누구죠?

설민석 지상 세계에 익시온Ixion이라는 왕이 있었어요. 이 왕이 결혼을 하려고 해요. 마침 이웃 나라의 공주가 마음에 들어 청혼하려는데, 장인어른 될 사람이 너무 많은 지참금을 요구하는 거예요. 그래서 다른 나라 왕들은 엄두도 못 내고 있었죠. 익시온은 '사랑을 위해서라면 그깟 돈이 뭐가 중요해? 내 왕국을 다 주더라도 난 그녀와 함께할 거야.'라는 마음이었을까요? 흔쾌히 응합니다. 그리고 결혼식을 올렸어요.

결혼식이 끝난 후 장인이 지참금 얘기를 꺼내자, 익시온은 "드려야죠, 장인어른. 같이 가시죠." 하면서 산으로 안내합니다. 장인이 지참금을 주는데 왜 산으로 가냐고 하자, 익시온이 사실은 금맥을 발견해서 얻은 금광이 있는데, 그걸 통째로 드리겠다고 답해요. "저는 아깝지 않습니다. 전부 드리겠습니다." 그러자 장인은 사위 한번 잘 얻었다며 기분 좋게 따라갑니다. 한참 올라가다 보니 구덩이에서 빛이 나는 게 보여요. 익시온은 저것이 금광이라며 가까이 가서 보시라고 해요. 장인이 구덩이에 다가가는데 가장자리에 다다르자 익시온은 그를 확 밀어 떨어뜨려 버립니다. 빛나던 구덩이는 실은 숯이 타던 불구덩이였어요. "당신 줄 돈이 어디 있어! 내가 당신 딸하고 살아주는 거니까 당신 유산은 내가 알아서 잘 쓸게."

단꿈   사이코패스예요? 무섭다.

설민석   살인사건이 벌어진 겁니다. 그런데 살인자가 왕이잖아요. 왕을 심판할 수 있는 건 세상의 심판자이자 하늘의 왕인 제우스뿐이에요. 평소 같았으면 제우스가 번개 한 방으로 바로 처벌했겠죠. 그런데 익시온은 운이 엄청나게 좋았어요. 이 시기는 제우스가 헤라와 화해한 뒤, '화해와 용서, 대통합'을 캐치프레이즈로 걸고 새로운 분위기를 만들던 때였거든요. 그 덕에 익시온도 처벌받지 않습니다. "제가 잘못했습니다. 죽여주십시오." 하는 익시온에게 제우스는 "용서할 수 없는 죄지만 새로운 시대를 맞았고, 이렇게 참회의 눈물을 흘리니 한 번은 봐주겠다. 다시는 죄짓지 말도록 하라."면서 용서합니다.

그리고 새 시대를 여는 연회를 베풉니다. 심판을 받기 위해 불려 왔던 익시온도 그 자리에 참석해 감사하다고 조아리며, 올림포스라는 곳을 경험합니다. 헤라도 참석해 식사하고 있었어요. 그런데 뭔가 뜨거운 시선이 느껴지는 거예요. 돌아봤더니 익시온이 헤라에게 추파의 눈길을 보내는 게 아닙니까.

단꿈   헤라 불쌍해.

설민석 헤라는 잘못 본 거겠지 하고 넘어갔어요. 잠시 후 헤라가 와인을 마시고 잔을 내려놓자, 가니메데스가 잔을 가지고 갔어요. 그때 익시온이 가니메데스를 불러 그 술잔으로 와인을 마시겠다고 달라는 거예요. 헤라가 마셨던 잔이잖아요?

한번은 내가(헤라) 술을 마시고서
가니메데스한테 술잔을 건네려 했는데,
그가 그 술잔으로 마시겠다고…….

🖋 루키아노스, 『신들의 대화』

불쾌해진 헤라는 벌떡 일어나서 방으로 가버립니다. 잠시 후 문 두드리는 소리가 나서 나가보니, 익시온이 와인을 들고 서 있지 뭐예요. "저랑 한잔 하시겠습니까?" 이러면서 유혹하는 거예요. 무엄하다며 내보내려던 순간, 익시온이 헤라에게 한 발 다가옵니다. "당신을 본 순간 내 심장에 불이 붙는 줄 알았소, 헤라." 그러면서 헤라를 겁탈하려 합니다.

익시온은 헤라를 욕망하여 겁탈하려고 했다.

🖋 아폴로도로스, 『신화집』

헤라는 익시온을 힘껏 밀쳐버리고 뛰쳐나와 제우스에게 달려갑니다. 그리고 익시온이 자신을 겁탈하려 했다고 말하죠. 이때만

해도 제우스는 그 말을 믿지 않았어요. 인간이 여신에게 감히 그런 짓을 할 수 있다고 생각지도 못했던 거죠. 헤라가 계속 억울해하자, 제우스는 사실이라 믿게 됐고 정황을 좀 살펴보려고 해요. 제우스는 "여보, 내가 잘 해결해 볼게." 하고 헤라를 안심시킨 뒤, 구름을 뜯어 헤라와 똑같이 생긴 여인을 만들어서 익시온의 방으로 보내죠. '똑똑' 소리에 문을 연 익시온은 문 앞에 서 있는 헤라를 보고 흥분합니다. "오, 나의 헤라! 당신도 나처럼 심장이 불타고 있군요." 이러면서 침대로 끌고 가죠. 이 모습을 제우스가 다 지켜봅니다.

단꿈 이제 부글부글 끓겠죠.

설민석 자신이 바람피고 다닐 때 헤라가 느꼈을 감정을 비로소 느낀 거예요. 비록 아내의 형상을 한 구름 인간이긴 하지만, 저 이상한 놈에게 안겨 있는 걸 보니까 분노가 치미는 겁니다. 당장 달려가 벌을 줄까 했지만, 이럴 때마다 냉혹하게 행동했던 헤라의 방식을 따라보기로 해요.

다음 날이 되었어요. 아침에 익시온이 인사하러 왔습니다. "편안한 밤 보내셨습니까? 저는 너무너무 환상적인 밤이었습니다." 제우스는 어금니를 악물며, 다시는 범죄를 저지르지 말라 하고 보냈어요. 지상에 내려온 익시온은 귀환을 자축하는 연회를 베풀고는 진탕 취한 채 떠벌립니다. "으하하. 올림포스에서 무슨 일이 있었는지 알아? 내가 말야, 제우스의 아내와 침대에서……" 이 순간 제우스가 번개를 내리쳤고, 익시온은 즉사하죠.

사람이 죽으면 영혼이 거치는 절차가 있어요. 스틱스강을 건너서 머리 셋 달린 개 케르베로스를 지나서 염라대왕인 하데스 앞에 가 심판을 받습니다. 그런데 익시온의 영혼은 아무 절차도 없이 그냥 제우스 손에 질질 끌려 저승에 갑니다. 제우스는 저승에서 돌아가고 있는 불 수레바퀴에 익시온의 머리를 꽉 처박아 버리죠. 그래서 익시온은 지금까지 그 수레바퀴에 끼어 돌고 있다고 해요.

제우스는 그를 바퀴에 묶어버렸고,
바람에 의해 허공을 빙빙 돌게 했다.

아폴로도로스, 『신화집』

다음 날이 되었는데도 제우스는 분이 안 풀리는 거예요. 씩씩거리며 생각에 잠겼던 제우스는 사랑하는 아내를 위해서 더 큰 복수를 계획합니다. 그리고 1년 정도 지난 것 같아요. 제우스는 그동안 아무 문제를 일으키지 않았고, 헤라는 비로소 평화를 느끼고 있었죠. 평온하게 가정을 지키던 헤라 앞에 어느 날 출산의 여신인 큰딸이 달려오더니 명단을 들이미는 거예요. "엄마, 이것 좀 봐."

단꿈 또 뭔데요?

설민석 출산과 관련된 명단이라 태어나는 모든 아이의 정보가 있죠. 거기에 제우스의 아이가 태어났다고 뜬 거예요. 애 엄마 이름이 있는데 누군지 아세요? 익시온의 부인이에요.

단꿈 네? 참 나……, 이게 무슨 소리예요.

설민석 헤라는 제우스에게 확인해요. "이게 뭐야? 애를 낳았다고? 당신 도대체 뭘 한 거야?" 제우스는 오히려 당당합니다. "눈에는 눈, 이에는 이! 내가 당신의 명예를 지키기 위해서 똑같이 해줬지. 그런데 애를 낳았어?" 헤라의 분노는 극에 달하고, 이제 진정한 복수의 한을 품고 제우스에게 제대로 된 도전장을 보내게 됩니다. 자! 결혼과 가정의 여신이자 복수의 화신, 헤라의 도전장이 과연 어떤 내용일지 교수님이 말씀해 주시죠.

김헌 헤라가 참을 수 없는 상황이죠? 어떻게 해서든지 제우스에 대한 이 분노를 풀 수 있는 뭔가를 해야 해요. 헤라가 어느 정도까지 복수를 했는지가 많은 사람의 상상력을 자극할 수 있는 부분이기도 하죠.
　　 헤라는 잠든 제우스를 밧줄로 꽁꽁 묶어서 꼼짝도 못 하게 만들었어요. 아마도 헤파이스토스가 만들어준 밧줄이겠죠. 풀고 나오더라도 자기한테 해를 끼치지 못하도록, 제우스의 전매특허인 번개도 몰래 빼서 은밀한 장소에 숨겨 놓았어요. 제우스가 깨어나 보니까 꽁꽁 묶여 있고 힘도 쓰지 못하게 됐던 거죠.

포세이돈 에티엔 주라, 프랑스 루브르박물관

단꿈 힘을 다 빼앗겼네요.

김헌 일부 기록을 잘 엮어서 해석하면, 헤라가 제우스를 제압하는 과정에서 제우스에게 불만이 있던 형제나 자식들이 가세했다고 해요. 헤라가 믿고 손잡을 수 있는 첫 번째 대상으로 포세이돈이 지목됩니다. 그다음은 아폴론이고요. 반대로 제우스를 돕는 신도 하나 있었어요.

설민석 당연히 헤르메스?

김헌 아니에요. 헤르메스조차도 그때는 아무 일도 하지 못했어요. 제우스를 도운 건 제우스가 한때 연모했던 테티스Thetis라는 여신이었습니다. 기억나시나요?

설민석 헤파이스토스를 키워준 엄마죠.

김헌 네. 테티스는 제우스가 곤경에 처한 모습을 보고 가만히 있지 못했습니다.

설민석 역시 착해요.

김헌 테티스는 도움을 청하기 위해 지하 감옥을 지키고 있는 백손 거신에게 갔어요. 그중에 브리아레오스 Briareus라는 거신이 있는데, 그에게 부탁했어요. 브리아레오스는 테티스의 청에 따라 올림포스로 올라와 제우스를 구해줬다고 합니다. 풀려난 제우스가 어떻게 했을까요?

테티스 작자 미상, 프랑스 루브르박물관

단꿈 헤라 어떡해요.

김헌 가만둘 수 없죠. 제우스는 그 사건과 관련된 포세이돈과 아폴론에게 책임을 물어요. 그리고 인간 세상으로 귀양을 보내 노예 생활을 하게 만들죠. 헤라에게는 당한 그대로 갚아줍니다. 헤라를 사슬로 꽁꽁 묶어서 올림포스의 산 정상에 대롱대롱 매달아 놓았어요. "네가 감히 나를?" 이런 의미죠.

기록 중에는 이런 구절도 있어요. 그 이후에 헤라가 자신을 의심할 때마다 제우스가 이렇게 말했다고 해요. "너 또 다시 그렇게 매달리고 싶어?" 그래서 헤라는 트라우마 때문에 제우스에게 함부로 하지 못했다고 하고요.

설민석 제우스는 남편으로서 아내를 벌한 게 아니고, 이 세계를 통치하는 왕으로서 반란군의 수괴에게 책임을 물은 건데, 그게 아내였던 거죠. 만약 그 책임을 묻지 않으면 권력을 잃고 모든 게 끝날 수도 있으니까요. 아마 헤라를 매달아도 마음이 편하진 않았을 거예요.

김헌 그렇죠. 제우스로서도 피할 수 없는 선택이었으니까요. 만약 헤라를 봐주거나 화해해 버리면, 이런 반란의 움직임을 허용하는 태도로 비칠 수 있다고 생각했을 거예요. 포세이돈과 아폴론에게 벌을 줬는데 헤라에겐 주지 않는다면, 그것도 편향적인 태도라고 비난받을 수 있는 상황이죠.

설민석 결국 둘이 지지고 볶고 싸우다가, 기간테스가 쳐들어오니까 하나가 되어 맞서 싸우는 거잖아요. 인간 세계의 모습과 비슷하네요.

단꿈 부부싸움은 칼로 물 베기니까요. 왕으로서 반역 세력을 제압해야 하는 건 맞는데, 정말 그런 마음이었다면 "너 다시 매달리고 싶어?" 이런 말은 왜 했을까요? 약간 의문도 들어요.

김헌 지질하죠?

단꿈 제우스가 좀 자기중심적인 것 같아요. 자기 과실은 생각하지 않잖아요.

김헌 지금 여러분의 불만은 당연해요. 우리가 고대 사회를 바라보면서 불합리한 사회였다고 말할 수 있는 건 우리가 그런 사회를 딛고 일어나서 민주적이고 정의로운 사회를 이루고 있기 때문이에요. 어쩌면 그 사회에서도 이런 이야기를 띄우면서 당대 권력층의 행태를 풍자하고 비판했을 겁니다.

권력자들은 그 이야기를 듣고 기분 나쁠 수 있겠죠. "이거 내 얘기 아닌가?" 그럴 때 "아닌데? 그냥 신화인데? 재밌는 이야긴데?" 하면 할 말이 없었을 테고요. 그렇게 대중과 서민은 권력층에 대한 불만을 표출하고, 권력층의 모순을 고발하는 해학과 풍자의 도구로 이야기를 사용했다고 볼 수 있습니다.

그림과 신화

유혹하려던 헤라에게 속은 익시온 페테르 파울 루벤스, 프랑스 루브르박물관

이창용   이 이야기를 바탕으로 묘사된 그림도 굉장히 많아요. 바로크의 거장 루벤스의 작품을 소개해 드릴게요.

〈유혹하려던 헤라에게 속은 익시온〉이라는 작품이에요. 가장 먼저 시선이 가는 인물은 정중앙에 있는 두 명의 여신입니다. 두 명의 헤라가 동시에 등장했다? '아, 이거 익시온 이야기구나.'라고 짐작해볼 수 있겠죠. 그런데 진짜 헤라가 누구일까요? 우측 하단에 등장한 공작새가 바라보고 있는 인물이에요. 그래서 오른쪽이 진짜라고 추정해 볼 수 있어요.

왼쪽에 옷을 벗고 있는 남성은 익시온이겠죠? 그런데 주변으로도 인물이 많이 보여요. 위쪽에 날개 달린 여신이 한 명 등장하는데, 신들의 전령이라 불리는 이리스Iris예요. 어깨에 걸친 게 보이시나요? 여우예요. 고전주의 미술에 등장하는 여우는 '거짓' 내지는 '교활'을 상징합니다. 다시 말해 지금 이리스 여신 아래쪽에 펼쳐지는 장면은 가짜라는 거죠. 붉은색 천은 무엇일까요? 제가 보기에는, 가짜이기는 하지만 어쨌든 여신이 겁탈당하는 장면이니까 '이 추악한 장면을 제가 덮어드리겠습니다. 다른 사람들은 못 보게 할게요.'라면서 붉은색 장막으로 가리려고 하는 것 같아요.

여기서 가장 재밌는 부분은 오른쪽 상단에 있어요.

독수리가 있으니 제우스예요. 제우스는 다리를 꼬고 턱을 괸 채 생각에 잠겨 있어요. 지금 이 모든 사건이 자기 때문에 벌어진 거잖아요. '처음부터 내가 익시온을 용서해 주지 않았더라면 애초에 이런 일이 벌어지지 않았을 텐데. 그러면 내 아내가 이런 기분 나쁜 일을 겪지 않아도 되는데.' 하고 생각하는 것 같아요. 또 본인 때문에 벌어진 일이니 어떻게 보면 헤라에게 약점이 잡힌 걸 수도 있잖아요? 제가 볼 때는 헤라가 웃고 있는 이유도 익시온의 덜미를 잡은 것보다, 드디어 제우스의 약점을 잡았다는 것 때문에 기뻐하는 게 아닐까 싶어요.

단꿈 사실 결혼할 때는 환상을 갖잖아요. 아름다운 일이 펼쳐질 것 같고, 평생 행복할 것 같고요. 그런데 나중에는 별 것 아닌 걸로 어긋나는 일이 많죠. 이번 이야기에는 그런 결혼의 실체가 담겨 있지 않았나 싶어요.

아홉 번째 이야기
데메테르와 하데스

시시포스는 하데스에서 손과 머리로
돌을 굴려 들어 올리는 형벌을 받고 있다.
그가 밀어내도 그 돌은 다시 되돌아온다.
- 아폴로도로스, 『신화집』

아홉 번째 이야기
데메테르와 하데스

✦ 친절한 데메테르 씨

김헌 신들의 사생활 1권에서 앙숙이었던 두 신이 있죠. 원래는 친남매였는데 나중에 장모와 사위 관계가 되어버린, 대지의 여신 데메테르Demeter와 저승의 신 하데스Hades. 이들이 이번 화의 주인공입니다. 또 이들을 도발했던 인간들의 이야기도 있는데요. 어쩌면 그것이 중심이 될 수도 있어요. 감히 인간으로서 신을 능멸하고 분노케 한, 간이 배 밖으로 나온 두 남자에게 데메테르와 하데스는 어떤 응징을 계획했는지 지켜보시죠.

설민석 대지의 여신 데메테르는 곡식의 여신이기도 해서 풍요를 상징합니다. 우리에게 많은 것을 주는 자비롭고 자애로운 여신이에요. 말도 별로 많지 않고 고요한 분이지만, 한번 진노하면 걷잡을 수가 없습니다. 신들의 사생활 1권에서 보면 딸이 납치된 적이 있

페르세포네를 애도하는 데메테르
에벌린 드 모건

페르세포네의 납치 알레산드로 알로리, 미국 게티센터

었는데, 그녀가 횃불을 들고 딸을 찾아다녔어요.

플루톤(하데스)은 페르세포네를 욕망하였고
제우스가 작당하여 몰래 그녀를 납치하였다.
그러자 데메테르는 횃불을 들고
밤이며 낮이며 온 땅을 찾아 돌아다녔다.

아폴로도로스, 『신화집』

왜 밤이며 낮이며 횃불을 들고 다녔을까요? 불이 닿으면 곡식이 모두 타버리잖아요. 그래서 그녀의 가장 강한 무기가 불이에요. 자애로운 데메테르가 한 인간 때문에 크게 분노하는 일이 벌어집니다.

테살리아 Thessalia 라는 지방이 있어요. 이곳은 3면이 산으로 둘러싸이고 강물이 흐르는 배산임수背山臨水의 지형에, 씨를 뿌리지 않아도 곡식이 풍성하게 자라는 기름진 옥토를 지니고 있습니다. 말하자면, 데메테르의 축복을 한 몸에 받은 천혜의 땅이에요. 그렇게 풍요로운 곳이니 왕국이 형성되어 있겠죠? 바로 앞에는 바다도 펼쳐져 있어 풍광도 그림 같습니다. 이 테살리아 지방에 왕이 있었어요. 이번 화의 또 다른 주인공, '에리시크톤 Erysichthon'이라는 자입니다.

풍요의 여신 데메테르 노엘 쿠아펠, 프랑스 베르사유궁전

단꿈 인간이죠?

설민석 네, 인간이에요. 딸인 공주와 살고 있어요. 왕의 지위만 있는 게 아니라, 이 지역의 땅도 대부분 소유하고 있어요. 축복받은 땅이니 가을이면 곡식이 쏟아져 나옵니다. 수확한 뒤 감사 의식을 치르잖아요. 우리나라에는 추석이 있죠? 미국에는 추수감사절이 있고요.

그런데 이 왕은 곡식을 그렇게 풍요롭게 거두고도 데메테르에게 제사를 안 지내요. 괘씸하게 여긴 곡식의 님프들이 데메테르 여신에게 일러바칩니다. "저런 배은망덕한 놈 같으니라고!" 님프들은 흥분해 말하는데, 데메테르는 아무 상관없다는 듯 화초에 물만 줘요. "여기 물이나 좀 더 주련?" 하면서요. 이런 스타일의 여신이에요.

단꿈 굉장히 자비롭네요.

설민석 에리시크톤은 만족을 모릅니다. 농경지를 더 확대하겠다며 주변의 숲까지 밀어버려요. 이번에는 숲의 님프들이 데메테르에게 울면서 고해바칩니다. "저놈이 숲을 파헤치고 환경을 훼손하고 있어요." 그 말에도 데메테르는 평온하게 하던 일을 합니다. "거기 있는 보리 새싹 좀 주련?" 하면서요.

웬만한 땅은 다 농지로 만든 에리시크톤은 이제 바다로 눈을 돌립니다. 그 지역은 바다와 면해 있는데, 곡식을 수출하다 보니 상선들이 항상 줄지어 서 있어요. 바닷가에는 시장이 생겨서 사람이 바글바글 합니다. 욕심 많은 에리시크톤은 이들을 상대로 한 숙박업을 구상해요. 바다가 보이는 산자락에 일종의 오션뷰 리조트를 만들겠다고 하죠.

이창용 사업 수완이 좋네요.

설민석 그러기 위해 산의 나무들까지 자르며 산림을 훼손하는 겁니다. 그런데 그 산에 생김새도 예사롭지 않은 커다란 나무가 하나 있어요. 데메테르가 물을 주고 있는 신령스러운 나무죠. 둘레가 약 6.75미터나 된다고 원전에 나와요. 세 사람이 팔을 벌려야 겨우 안을 수 있는 굵기에요. 높이도 가늠할 수 없는 거대한 나무입니다. 테살리아 사람들은 사랑을 맹세하거나 소망을 빌 때 이 나무에 와서 음식을 놓고 화관도 걸어요. 그 앞에서 축제도 여는 특별한 나무죠.

에리시크톤은 노예 20명을 데리고 산의 나무를 베어나가다, 이 나무 앞에 도달했어요. 그때 노예들이 벌벌 떨며 말하죠. "전하, 이 나무는 아니 되옵니다. 이것은 우리 생명의 나무이고 데메테르의 나무입니다." 하지만 에리시크톤은 눈 하나 깜짝하지 않고 자르라고 명해요. 신의 나무를 훼손할 수 없다며 노예들이 물러서자, 에리시크톤은 직접 도끼를 집어 듭니다. 그 순간 나무가 파르르르 떨더니 창백해지는 거예요. 마치 살아 있는 것처럼.

무기로 비스듬히 내려찍으려 자세를 취하자
데오 나무는 벌벌 떨며 신음하였다.
나뭇잎이며 도토리며 창백해졌고
긴 나뭇가지는 창백한 빛을 띠기 시작했다.

오비디우스, 『변신』

노예들이 겁을 먹고 말리는데도 에리시크톤은 주저 없이 도끼로 나무를 찍어요. 그의 도끼날에 나무가 쪼개지자 피가 팍 튑니다. 한 노예가 분노에 차서 외쳤어요. "당신은 왕도 아니야. 어떻게 신의 나무에 상처를 낼 수가 있어?" 그러자 에리시크톤은 이 노예의 머리를 도끼로 내리찍

에리시크톤과 나무의 님프 하마드리아스 에밀 빈, 프랑스 토마앙리미술관

습니다. 노예들은 혼비백산해 도망가 버렸지만, 에리시크톤은 끝까지 혼자서 이 나무를 베어냅니다.

님프들은 이 일을 데메테르에게 보고합니다. "데메테르 님의 상징을 잘라냈어요. 응징하셔야 하지 않겠습니까?" 이번에는 데메테르의 표정이 평소와 다릅니다. 고무나무 이파리를 닦던 그녀가 굳은 얼굴로 고개를 끄덕였을 때, 세상에 있는 모든 풀포기와 곡식들이 함께 고개를 숙였다고 해요. 데메테르가 분노한 겁니다. 분노한 데메테르는 어떤 방법으로 에리시크톤에게 벌을 내렸을까요?

단꿈   횃불로 태워 죽일 것 같은데요.

설민석 훨씬 더 공포스러운 방법으로 복수합니다. 품속에서 편지를 하나 꺼내 님프에게 건네며 허기의 여신에게 전하라고 하죠. 허기의 여신. 우리도 그녀를 만납니다. 언제? 야식이 생각나는 밤 시간. 허기의 여신은 사람을 배고프게 만드는 여신이에요. 원래 풍요를 상징하는 데메테르와 허기를 상징하는 여신은 만날 수가 없고 왕래도 없죠. 그런데 데메테르가 손을 내민 겁니다. 원전에 허기의 여신에 대한 묘사가 있는데, 너무 끔찍해서 제가 좀 순화해서 말씀드릴게요. 일단 머리카락은 메마른 채 몇 가닥 널려 있고, 얼마나 못 먹었는지 눈은 퀭합니다. 벌어진 입 밖으로 혀가 늘어져 있는데, 설태가 덕지덕지 끼어 있어요. 몸은 비쩍 말라서 가시 같죠. 갈빗대가 다 보일 정도고, 엉덩이 살은 아예 없어요. 무릎뼈는 툭 튀어나와 있고요.

> 그녀의 머리카락은 엉겨 붙어 있고,
> 눈은 움푹 패어 있으며 얼굴은 창백하고 입술은 회색빛이며
> 목에는 곰팡이가 꺼 꺼칠하고
> 피부는 말라비틀어져 내장이 비쳐 보였다.
> ……
> 굽은 허리 아래로 엉덩이뼈가 튀어나왔고
> 배가 있을 곳에는 텅 비었으며……
>
> ✒ 오비디우스, 『변신』

편지를 든 님프가 도착했을 때, 허기의 여신은 마른 풀을 씹고 돌을 빨며 "아이, 배고파." 신음하고 있었어요. 님프가 전한 편지를 본 허기의 여신이 입맛을 다시며 말합니다. "어, 그랬어? 맛있게 생겼다. 내가 가서 한번 핥아줘야지."

곧바로 허기의 여신은 대기와 바람을 타고 에리시크톤에게 가요. 그는 자고 있었죠. 허기의 여신은 설태 가득한 자신의 긴 혀를 그의 입속에 집어넣고 식도를 넘어 위를 한 번 핥아요. 그리고 심장에는 자신의 숨결을 불어넣죠. 그리고 "아휴 잘 먹었다." 하면서 떠납니다.

그자의 목구멍과 가슴과 입에 숨을 불어넣었고
그의 혈관에는 배고픔을 흩뿌렸다.

오비디우스, 『변신』

✣ 끝없는 탐욕이 가져온 비극

설민석 교수님, 데메테르가 굳이 허기의 여신을 보낸 데는 신화적으로 어떤 의미가 담겨 있는 걸까요?

김헌 허기의 여신과 데메테르 여신이 서로 만나지 않는다고 했는데, 사실 이 둘은 밀접한 관계가 있거든요. 허기의 여신이 적당히 와

줘야 사람들이 배고픔 때문에 풍요의 여신의 곡물도 찾게 되죠. 그런 인간의 생리 현상을 허기의 여신과 데메테르 여신으로 설명하는 것이라고 봅니다. 허기가 무조건 나쁜 건 아니고, 인간이 열심히 일할 수 있도록 만드는 원동력이 될 수도 있어요. 그런데 에리시크톤에게 허기의 여신을 보낸 의미는 '만약 허기가 지나치면 어떻게 되는지 너 한번 당해봐라.' 하는 의미겠죠.

설민석 지금 우리에게 하는 얘기 같아서 무섭네요. 탐욕이 지나칠 때 어떻게 망가지는지 궁금하신가요? 마음의 준비를 하고 읽으셔야 합니다. 납량 특집입니다.

잠에서 깬 에리시크톤은 일어나자마자 "아유 배고파." 하면서 이것저것 찾아 먹어요. 잔뜩 먹었는데도 포만감이 전혀 없고 먹을수록 배가 고파요. 종일 먹고 또 먹고, 잠도 안 자고 먹어요. 한 도시에서 소비할 만한 양의 식량을 혼자 먹고, 한 민족이 소비할 만한 양의 식사를 혼자 하는 거예요. 부자였잖아요? 그 재산을 다 탕진합니다.

그러나 백성들을 충족시킬 수 있던 만큼이
단 한 명을 충족시키지 못했으며,
그의 배 속으로 보낼수록 그는 더욱더 욕망하였다.

▶ 오비디우스, 『변신』

데메테르와 허기의 여신 리모스 안토니오 템페스타, 미국 메트로폴리탄미술관

시종과 노예들도 다 도망가고, 이제는 왕이 아니라 거지가 됐어요. 남은 건 딸 하나죠. 착한 딸은 아버지를 위해 자신이 식량을 구해 오겠다고 해요. 그런 딸을 바라보며 에리시크톤이 말합니다. "미안하구나, 얘야. 아빠 없이도 살 수 있겠니?" 딸이 아빠를 위로해요. "왜 그런 말씀을 하세요. 제가 식량 구해 온다니까요." 그러자 아빠가 말합니다. "아니, 내가 널 좀 팔아야겠어." 하고는 딸을 노예로 팔아버려요.

우리 세계관 안에서는 딸을 노예로 팔고 밀 열 가마를 받은 걸로 설정해 볼게요. 에리시크톤은 딸과 바꾼 밀 열 가마를 또 먹어 치웁니다. 그런데 아무리 탐욕스러운 자라도 딸을 팔고 마음이 편하겠어요? 에리시크톤은 가슴을 칩니다. "너무 후회스럽다. 딸을 밀 열 가마에 팔다니……." 그때였어요. "아빠!" 하고 부르며 딸이 돌아온 거예요. 딸은 배에 실려 팔려 가던 중 바다의 신 포세이돈Poseidon에게 기도를 했대요. 그랬더니 포세이돈이 나타나서 구해줬다는 겁니다. "맞다, 너 옛날부터 포세이돈 님을 존경해서 기도도 많이 했지? 신실하니까 신이 도우셨구나." "네, 저한테 변신 능력도 주셔서 선원으로 변해 빠져나왔어요." 딸이 전하는 소식에 에리시크톤은 기뻐합니다. "신이 살렸네. 신이 살렸어. 얘야, 내가 너를 보내고 얼마나 후회했는지 몰라." 하더니 들뜬 목소리로 말을 잇습니다. "이렇게 신실하고 예쁜 딸을 고작 밀 열 가마가 뭐니? 스무 가마는 받았어야 했는데. 내가 얼마나 후회했다고. 이번에는 꼭 스무 가마를 받아야겠어."

단꿈 뭐라고요? 저 아버지를 팔아버려야겠네.

설민석 그렇게 또 딸을 팔아요. 그래도 딸은 아버지가 걱정돼서 다시 변신해서 돌아와요. 이걸 계속 반복합니다. 이런 아빠를 얼마나 더 도와줄 수 있을까요?

단꿈 저는 아버지를 포기할 것 같은데요. 서로를 위해서.

설민석 딸도 결국 도망갑니다. 먹을 게 떨어지자, 에리시크톤은 잔칫집에 가서 "먹을 것 좀 줍쇼, 먹다 남은 밥 좀 줍쇼." 하고 구걸하며 얻어맞기나 하는 비참한 신세가 됩니다. 그렇게 떠돌다 너무 배가 고파 지나가는 고양이를 잡아먹게 됩니다. 이후부턴 마을에

친딸 메스트라를 파는 에리시크톤 얀 스텐, 네덜란드 암스테르담국립미술관

고양이가 사라집니다. 이제 개들도 사라지고 곤충도 사라져요. 다 잡아먹어 버린 겁니다. 그가 짐승이나 다름없는 위험한 존재라고 생각한 사람들은 에리시크톤을 집에 가두고 바리케이드를 쳐 못 나오게 하죠. 계속 배가 고파 먹을 걸 찾아보려 집안을 샅샅이 뒤지던 에리시크톤이 어느 날 뭔가를 찾았어요. 그리고 이제 배고픔을 달랠 수 있을 것 같다며 행복해합니다. 뭘 찾았을까요?

단꿈　먹을 만한 게 없을 텐데요?

설민석　도끼였어요. 도끼와 노끈을 가져오더니 자기 왼쪽 다리를 자릅니다. 그리고 그 다리를 뜯어먹어요. 노끈으로 묶어 지혈하고는 오른쪽 다리도 잘라 먹고, 그다음엔 왼쪽 팔도 잘라 먹죠. 오른팔은 자를 손이 없으니 그냥 뜯어먹어요. 그래도 허기가 사라지지 않자 자신의 혀까지 깨물어 먹죠. 에리시크톤은 그렇게 비참하게 죽어갑니다.

악의 힘이 모든 물질을 삼켜버렸고
심각한 질병에게 새로운 음식을 주자
그는 자신의 사지를 갈기갈기 찢더니
불행하게도 몸을 먹기 시작하였다.

오비디우스, 『변신』

저는 이 이야기가 너무 충격적이었어요. 그런데 어느 날엔 거울을 봤더니 그 안에서 꼭 에리시크톤 같은 이가 저를 보고 있는 것 같더라고요. 내가 바로 그가 될 수도 있다는 생각이 들었어요. 우리가 했던 행동이 자신의 살을 뜯어먹는 에리시크톤과 닮아 있진 않았는지 돌아보게 됩니다. 그리스 로마 신화는 이런 엄중한 경고를 우리에게 하고 있습니다.

단꿈 그동안 신들을 화나게 해서 끔직한 형벌을 받거나 복수당한 이야기도 많이 봤지만, 이번 이야기가 가장 무서운 저주였던 것 같아요.

김헌 그의 이름 자체가 우리의 모습을 비추고 있습니다. '에리시'는 파괴한다는 뜻이고, '크톤'은 땅이라는 뜻이에요. 그러니까 '땅을 파괴하는 자', '자연을 파괴하는 자'라는 뜻이 돼요. 이 땅을 파괴하고 자연을 파괴하는 사람은 전부 에리시크톤이라고 말할 수 있겠죠. 데메테르라는 이름도 '데'와 '메테르'가 결합한 말인데, '데'는 대지라는 뜻이고 '메테르'는 엄마라는 뜻이에요. 그래서 '대지의 엄마', 또는 '대지인 엄마'라는 의미죠.

> **에리시**(파괴하다)+**크톤**(땅)
> 에리시크톤(땅을 파괴하는 자, 자연을 파괴하는 자)
> **데**(대지)+**메테르**(엄마)
> 데메테르(대지의 엄마, 대지인 엄마)

우리가 살아가는 이 땅은 우리를 길러주는 어머니 같은 존재니까 마치 나를 낳아준 어머니를 대하듯 조심스럽게, 그리고 존경하는 마음으로 대해야 한다는 메시지가 신화에 잘 녹아 있다고 볼 수 있습니다.

그림과 신화

여름, 농업의 여신 데메테르
장 프랑수아 밀레, 프랑스 보르도미술관

이창용 데메테르 여신을 그린 작품 하나를 소개하겠습니다. 데메테르 여신은 대지의 여신이자 곡식의 신이잖아요. 따라서 농사와 관련이 있죠. 화가 중에도 농부를 좋아한 화가가 있어요. 밀레Millet죠. 농부의 수호신과 같은 데메테르 여신을 그린 밀레의 작품입니다. 제목은 〈여름, 농업의 여신 데메테르〉예요.

일반적으로 가을에 작물을 수확하는데, 프랑스에서는 여름에 밀 수확을 해요. 작품을 보면 데메테르 여신이 밀로 만든 관을 쓰고 있죠. 오른손에는 낫을 쥐고 있어요. 풍요를 상징하는 데메테르 여신이라기보다는 강렬한 아마존 여신 같은 인상이죠? 밀레는 진정한 농부의 수호신이란, 농부를 지배하는 게 아니라 농부들과 함께 살아가는 모습일 거라고 생각해서 이런 모습으로 표현한 것 같아요. 밀레의 의중을 짐작할 수 있는 증거가 왼손에도 들려 있습니다.

단꿈 키 아닌가요?

이창용 맞아요. 쭉정이를 날릴 때, 키에 넣고 흔들잖아요. 추수 기간에는 이걸 항상 품에 끼고 다니죠. 작품에서 데메테르 여신이 농부들과 함께 추수하고 있다는 것을 보여주기 위해 손에 든 모습으로 그린 거예요. 신의 모습도 화가에 따라서 이렇게 느낌이 달라질 수도 있다는 것을 느끼게 해주는 그림이기도 해요.

✥ 하데스의 극한 직업

단꿈 그럼 하데스를 노하게 한 인간은 과연 누군지 궁금해요.

설민석 자애로운 데메테르를 완전히 분노하게 한 인간을 봤잖아요? 이번에 나오는 인간은 하데스를 완전히 격노하게 합니다.

저승의 신 하데스는 아내 바보죠. 1권에서 보셨듯이, 오르페우스가 사랑하는 이를 데리러 저승에 왔을 때 아내의 한마디에 저승에 왔던 영혼을 그냥 풀어줄 정도로 굉장한 애처가입니다.

하데스를 완전히 격노하게 한 인간은 시시포스Sisyphos라는 왕입

지하 세계로 간 오르페우스 프란스 프랑켄, 프랑스 님미술관

니다. 시시포스왕은 어느 날 창밖을 보다 독수리 한 마리가 아리따운 여인을 납치해 날아가는 모습을 목격합니다. 그런데 독수리하고 눈이 딱 마주치자 못 본 척하며 고개를 휙 돌려버려요. 그리스 로마 신화에서 독수리는 제우스의 상징이죠?

제우스가 독수리로 변신해 마음에 드는 여자를 납치해 가는 장면을 본 거예요. 범죄 현장을 본 목격자가 된 겁니다. 본의 아니게 제우스의 행각을 목격한 거라 시시포스왕은 찜찜했어요.

그런데 얼마 후 누가 울면서 날아오더니 묻는 거예요. "나는 강의 신인데, 내 딸이 실종되었소. 혹시 내 딸 보셨소?" 시시포스왕은 난감합니다. 알려주면 제우스한테 화를 당할 것 같고, 안 알려주자니 저 왕이 너무 딱하잖아요. 고민 끝에 알려주겠다고 합니다. 단, 조건을 말하죠. "우리 왕국에 물이 없어서 외부로부터 물을 길어다 쓰는데, 당신이 강의 신이니 강줄기 하나만 이쪽으로 돌려주시오." 강의 신은 바로 해줍니다. 그러자 시시포스는 약속대로 독수리가 날아간 쪽을 가리키며 본 것을 말해주죠. 강의 신은 너무나 고마워하며 그쪽으로 날아갑니다. 날아가서 "제우스, 내 딸 내놓아라!" 대소동을 벌인 거예요.

그리고 며칠이 지났어요. 제우스가 기분이 좋겠습니까? 이걸 말한 놈이 어떤 놈인지 알아내려 독수리를 불렀고, 시시포스라는 왕이 목격한 걸 알게 되죠. 제우스가 시시포스를 가만둘까요?

단꿈 자기가 잘못한 건 맞잖아요.

설민석 하지만 제우스는 참지 않죠. 저승사자를 불러올려 시시포스를 당장 데려가라고 합니다. 저승사자는 시시포스의 성으로 찾아가지만 왕궁은 텅 비었고 높은 첨탑에 보니 그가 있어요. 저승사자가 나타나자 시시포스는 혀를 차며 "제우스 너무하네. 내가 뭘 그렇게 잘못했다고 저승사자까지 보내는 거지?"라고 하더니 일어나 앞장을 서는 겁니다. "갑시다." 보통 사람이라면 저승사자가 갑자기 나타나 데려가려고 할 때 뭐라고 할까요?

단꿈 살려달라고 하겠죠. 벌벌 떨면서요.

설민석 그렇죠? 시시포스의 예상치 못한 태도에 저승사자가 오히려 당황해요. 포승줄을 채우려는데, 시시포스는 그런 거 묶을 필요도 없다며 그냥 가겠다고 해요. "한 번 묶으면 안 풀리니까 살짝만 묶겠습니다." 저승사자가 말하자, 시시포스는 귀찮다는 듯 묻죠. "이 줄로 감는다고? 어떻게 감는 거길래요?" 하더니 포승줄을 자기가 잡고 저승사자 손에 걸어요. 그러곤 "이렇게 묶는 거죠?" 하면서 감네요. "네, 이렇게 살짝만요. 자, 이제 저는 풀어주시고요." 그때 시시포스의 입가에 씨익 미소가 떠오릅니다. 어느새 저승사자의 손이 묶여버린 거예요. 시시포스는 저승사자 입에 재갈을 물려 확 밀어버리고 밖에서 첨탑의 문을 잠가버리죠.

죽은 이를 데려와야 할 저승사자가 감금됐어요. 그러자 세상에 죽음이 사라집니다. 전쟁터에서 화살을 맞고도 병사가 계속 달려가요. 이를 보고 깜짝 놀란 전쟁의 신 아레스Ares가 하데스를 찾아갑니다. "큰일 났어요! 전쟁터에서 아무도 안 죽어요." 그런데 하데스 앞에는 먼저 온 손님들이 있었어요. 운명의 여신 세 분이에요.

운명의 세 여신 모에라이 베르나르도 스트로치

운명의 세 여신 중 클로토 Klotho가 실을 뽑으면 사람이 태어나요. 인간의 삶이 시작되는 거죠. 그리고 라케시스Lachesis가 실을 짜면 그녀의 손길대로 우리 인생이 펼쳐져요. 인간의 운명을 관장하는 신이에요. 끝으로 아트로포스Atropos가 가위로 실을 뚝 하고 끊으면 인간의 생이 마감되는 거예요. 그런데 이 세 여신이 울고 있어요. 실이 안 끊어진다는 겁니다.

하데스도 영문을 몰라요. 그래서 동생인 제우스를 부릅니다. "저승사자가 마지막으로 보러 간 게 넌데, 어떻게 된 거야?" 제우스는 일을 하나 맡겼는데 실종돼 버린 것 같다고 의아해하죠. "무슨 일이 생긴 것 같으니까 아레스, 네가 조용히 다녀와라."

제우스의 말에 따라 아레스가 시시포스를 잡으러 갑니다. 그리고 첨탑에 갇힌 저승사자를 발견해 풀어주며 자초지종을 들어요. 시시포스는 엉뚱하게도 왕의 집무실에 떡하니 앉아 있지 뭡니까. 그러곤 이들을 보더니 또 혀를 찹니다. "너무한다. 나를 잡겠다고 전쟁의 신 아레스를 보내? 내가 군인도 아닌데. 아, 좋아요. 갑시다, 저승." 그러면서 일어나는 거예요. 저승사자는 또다시 당하지 않으려 시시포스를 제압해 꽁꽁 묶고 영혼만 쏙 빼서 저승으로 데려갑니다. 영혼이 빠져나간 시시포스의 육신은 어떻게 될까요?

단꿈 풀썩 쓰러지겠죠.

설민석 그렇게 쓰러집니다. 그때 커튼 뒤에서 왕비가 나와요. 남편이 죽어 있는 걸 보고도 전혀 놀라지 않고 숨어 있던 병사들을 불러 명해요. "저 광장에 갖다 버려라!" 남편의 시신을 버리라니요. 이건 뭐죠? 사이가 나빴기 때문일까요? 한편 저승에서는 끌려온 시시포스를 앞에 두고 하데스가 호통칩니다. "네가 어떤 짓을 한 줄 알아? 이 우주가 뒤집어졌다고! 제대로 혼을 내주겠다." 그러자 시시포스가 갑자기 울기 시작하더니 "제 혀뿌리를 봐주세요." 하며 입을 벌리는 겁니다. 이게 무슨 이야기냐면, 그리스에서는 저승길 갈 때 노잣돈 하라고 망자의 입에 동전을 넣어주거든요.

고대 그리스의 장례 관습
죽은 자를 장사 지낼 때 저승의 뱃사공에게 줄 뱃삯으로
입에 동전 한 푼을 넣어주었다.

그런데 동전이 없어요. "왜 동전이 없어? 가족이 없나?" "가족이 있죠. 그런데 제 아내는 동전은커녕 제 시신을 광장에 버렸습니다. 너무 원통해서……." 그렇게 통곡하는 거예요. "이대로 제가 저승에서 어떻게 삽니까? 허락해 주신다면 다시 가서 아내를 엄하게 꾸짖고 장례 후에 돌아오겠습니다. 저와 하데스, 페르세포네 님의 이름을 걸고 맹세하겠습니다. 꼭 다시 오겠습니다." 마음 약한 페르세포네도 하데스에게 허락해 달라고 청해요. 아내 바보인 하데스는 시시포스를 보내줍니다.

그러자 광장에 널브러져 있던 시시포스의 시신이 깨어납니다. 옆에서 지켜보던 아내는 안도의 한숨을 쉬어요. "진짜 다시 왔네? 조마조마했는데." 실은 시시포스가 아내에게 미리 일러뒀거든요. 자신이 급사하면 절대 노잣돈을 입에 넣지 말고 시신은 그냥 길거리에 버리라고요. 시시포스의 계략은 성공했고 두 사람은 오

스틱스강의 프시케와 카론
존 로담 스펜서 스탠호프,
개인 소장

래오래 행복하게 살았다고 합니다. 장례를 안 치렀거든요.

단꿈 그러네요. 장례 끝나고 온다고 했으니까, 안 치르고 안 간 거네요.

설민석 검은 머리가 파뿌리 될 때까지 오래오래 삽니다. 늙어서 아내를 먼저 떠나보내고 천수를 다한 시시포스가 제대로 장례를 치르고 저승의 신 하데스 앞에 끌려왔어요. 하데스는 노여워합니다. "넌 여덟 신을 농락했어. 나와 내 아내, 제우스와 저승사자로 불리는 죽음의 신, 아레스와 운명의 세 여신까지. 무엄한 네 놈을 위해서 특별한 감옥을 하나 만들었으니, 그곳에서 영원히 고통받을 것이다."

감옥에는 거대한 언덕이 있고 그 아래 큰 바위가 놓여 있습니다. 시시포스가 그 바위를 밀어 올려야 하는데, 꼭대기에 도달하면 바위가 반대쪽으로 굴러떨어지게 돼 있죠. 이렇게 평생 바위를 밀어 올리는 일을 평생 해야 하는 겁니다. 이게 그 유명한 '시시포스의 형벌'이에요.

시시포스는 하데스에서 손과 머리로
돌을 굴려 들어 올리는 형벌을 받고 있다.
그가 밀어내도 그 돌은 다시 되돌아온다.

✑ 아폴로도로스, 『신화집』

✧ 시시포스의 행복

설민석 '시시포스가 영원히 바위를 굴리는 형벌을 당했다.'까지가 원전의 내용입니다. 하지만 여기서 끝나면 〈신들의 사생활〉이 아니죠. 지금부터 설민석표 이유 있는 창작이 시작됩니다. 이 창작이 왜 필요했는지는 잠시 뒤에 김헌 교수님께서 말씀해 주실 거예요. 먼저 시시포스의 후일담부터 말씀드리겠습니다. 세월이 한참 지나서 하데스도 페르세포네도 그 일을 잊고 평온하게 지내고 있었습니다. 그런데 어느 날, 또다시 전쟁의 신 아레스가 달려와 "또 전쟁터에서 아무도 죽지 않아요."라고 해요. 운명의 세 여신도 또 쫓아와 "실이 안 끊겨요."라고 호소해요. 다시 죽음이 사라진 겁니다. 지상이 엉망이 되자 제우스까지 찾아왔어요. 하데스가 생각해 보니, 저승사자가 얼마 전부터 안 보였어요. 지상과 저승을 다 뒤져봤지만, 흔적도 없는 거예요. 어디 갔을까요?

단꿈 앗! 설마 또 시시포스한테 갔을까요?

설민석 의심스럽죠? 하데스도 의심스러워 그 감옥 문을 열어봤어요. 그랬더니 시시포스 대신 저승사자가 바위를 밀고 있는 거예요.

단꿈 그렇게 두 번이나 똑같이 당했다고요?

설민석 그로부터 일주일 전이었어요. 저승사자가 열심히 일하다가 시시포스가 궁금해졌어요. 얼마나 고통받는지 보려고 문을 열어봤죠. 그런데 시시포스는 간데없고 마치 헤라클레스 같은 근육질의 남자가 바위를 굴리고 있는 거예요.

시시포스 마테우스 로더, 오스트리아 잘츠부르크 대학도서관

단꿈 몸이 너무 좋아진 거예요? 하하하.

설민석 표정도 너무 좋아 보이고요. 저승사자가 물었죠. "혹시, 즐거운 겁니까?" 시시포스가 진지하게 답해요. "등산하는 사람들이 정상에 섰을 때의 정복감을 이제야 알 것 같아요. 이런 행복을 내게 줘서 고맙네요." 그렇게 성취감이 큰 걸까? 저승사자는 그 기분이 궁금해졌어요. 그래서 말하죠. "나도 한번 밀어 봅시다."

단꿈 이쯤 되면 저승사자를 잘라야 할 것 같은데요.

설민석 앞서 하데스가 저승사자를 찾아다녔죠? 지옥의 문을 열어본 하데스는 돌을 밀고 있던 저승사자를 만났습니다. 이때 그로부터 이렇게 된 사연과 기분을 전해 들은 하데스도 그 느낌이 궁금해져 바위를 한번 밀어봅니다. 웬걸! 굴려보니까 전신운동이 되면서 통쾌한 정복감까지 느껴지는 거예요.

흔히들 인생은 형벌이라고 하죠? 어떤 종교에서는 고통이라고도 합니다. 그런데 우리가 시시포스 같은 긍정적인 마음과 용기, 지혜를 갖는다면 우리가 살아왔던 그 전쟁과도 같았던 인생도, 팍팍했던 오늘 하루의 삶도, 또 앞으로 우리가 겪어갈 나날도 형벌이 아닌 행복이 될 수 있지 않을까요? 위기가 아닌 기회가 될 수 있지 않을까요? 이것이 제가 시시포스를 통해 얻은 교훈입니다.

단꿈 교수님, 저승사자와 하데스까지 바위를 굴리게 된 이야기는 처음이시죠? 어떻게 들으셨어요?

김헌 독자들이 곧이곧대로 받아들일까 봐 내심 걱정도 됩니다. 하지만 생각해 보면 이런 식의 각색과 창작과 해석이 전혀 없었던 건 아니거든요. 『이방인』이라는 소설로 잘 알려진 프랑스의 실존주의 작가 알베르 카뮈Albert Camus는 시시포스를 재해석하려고 노력했어요. '시시포스가 과연 불행한 사람인가? 저 형벌은 과연 불행한 것인가?' 질문을 거듭하던 그는 '우리는 시시포스가 행복하다고 상상해야 한다.'는 결론을 얻죠.

인간은 미래에 대한 희망을 지닌 채 살아가는데, 그 미래의 끝은 죽음이거든요. 어떤 희망을 품고 살더라도 우리의 삶은 죽음 앞에서 모든 게 다 무의미해질 수밖에 없어요. 하지만 시시포스는 죽음에 굴하지 않고 죽음을 피하려고 저항하고 탈출하려고 했어요. 그 모습을 보면서 카뮈는 '어쩌면 무의미하고 부조리해 보일 수 있는 우리 삶에서 순간순간에 의미를 부여하며 행복을 찾으면 그것이 충분한 게 아닌가.' 하고 얘기하고 있어요.

돌을 굴리는 행위를 한번 생각해 볼까요? 올리는 동안 얼마나 힘들고 고통스럽겠어요. 하지만 성취감도 있었을 거예요. 정상에 바위를 딱 올려놓았을 때 상쾌함을 느꼈다면, 카뮈는 그 상황을 긍정했을 가능성이 높다고 본 거죠. 이것을 좀 더 발전시키면 선생님 버전의 이야기가 될 수 있지 않을까 싶어요.

디즈니를 비롯한 할리우드 제작사들이 그리스 로마 신화로 애니메이션이나 영화를 만들 때, 항상 원작에서 벗어났다는 비판이 따르죠. 하지만 정작 그리스 로마 신화와 친숙한 서구 관객들도 디즈니에서 나온 애니메이션 〈헤라클레스〉 같은 작품을 재밌게 보거든요. 저는 그리스 로마 신화는 다양한 각색과 창작이 얼마든지 가능하다고 생각합니다.

단꿈   현재를 살아가는 우리의 삶과 연결해 생각해 보는 기회가 돼요.

그림과 신화

단꿈 이야깃거리가 많은 시시포스와 하데스의 서사는 작품으로 어떻게 표현돼 있나요?

이창용 시시포스를 주제로 한 작품 대부분은 마지막 형벌의 모습을 다루고 있어요. 주로 고통받고 힘들어하는 모습으로 표현되고 있

시시포스 티치아노, 스페인 프라도미술관

죠. 위 그림은 르네상스의 위대한 거장 티치아노가 그린 〈시시포스〉라는 작품입니다. 대체로 시시포스는 이런 모습으로 표현되지요. 그런데 신화를 다룬 작품 중에서 무언가를 어깨에 짊어진 또 다른 중년 남성을 볼 수 있습니다. 사람들은 시시포스와 이 사람을 헷갈려 하는데 그는 바로 다음 작품 속 주인공인 아틀라스Atlas입니다.

> **아틀라스**
> 티타노마키아 이후 평생 '하늘'을 짊어지는 형벌을 받은 신.

이 둘이 등장한 작품들을 비교해 보면 느낌이 비슷해요. 아틀라스를 다룬 작품은 굉장히 많은데 시시포스를 다룬 작품은 별로 없다 보니까, 시시포스를 아틀라스라고 오해하는 경우가 많죠.

두 작품을 구분할 수 있는 팁을 드릴게요. 아틀라스는 원래 하늘을 받치고 있어야 하는데, 시간이 흐르면서 이게 구의 형상으로 변형돼 마치 지구를 들고 있는 모습처럼 표현됐어요. 하지만 정확하게는 천구天球, 하늘을 들고 있는 모습이에요. 자세히 보면 그 안에 그림이 있는데, 별자리가 펼쳐져 있거나 별자리가 된 새가 표현돼 있어요. 반대로 시시포스는 평범한 돌을 들고 있어요. 이처럼 받치고 있는 것을 자세히 살펴보면 구분할 수 있을 겁니다.

천구를 들고 있는 아틀라스
게르치노, 이탈리아 바르디니박물관

✧ 시시포스 왕이 실재했다?

단꿈   교수님, 시시포스가 돌을 굴린 산은 무척 높은 산이었겠죠? 굉장히 힘든 형벌이었으니까요.

김헌   시시포스 이야기를 탄생하게 한 실제 현장이 있어요. 시시포스가 다스렸다는 '코린토스Korinthos'라는 도시에 높은 언덕이 있어요. 그 도시의 아크로폴리스이며 '아크로 코린토스'라고 불러요. 코린토스에서 제일 높은 곳이죠. 그 꼭대기에 성을 쌓았다고 해요. 백성들을 동원해 건축 자재를 올리게 해서 쌓은 거예요.

우리는 앞에서 시시포스를 긍정적으로 해석했지만, 이 이야기에는 고대 사회의 왕에 대한 불만이 반영됐을 수도 있어요. 시시포

코린토스의 전경 크리스토퍼 워즈워스

사진 ⓒ Christopher Wordsworth

스가 만약 실존했을 가능성이 있다면, 저 꼭대기에 왕궁을 지을 때 백성들이 굉장히 고통받았을 거예요. 상상해 보면, 건축 자재들을 나르면서 "시시포스 왕, 이 못된 놈, 자기 집 짓는다고 우리를 이렇게 고통스럽게 해? 죽으면 영원히 저 바위나 굴려 올려라." 이런 식으로 원망을 했던 게 신화로 만들어진 게 아닌가 합니다.

단꿈 그럴 수도 있겠어요.

김현 시시포스라는 말도 의성어에서 나왔다고 해요. 힘들어서 거친 숨을 쉴 때 '후-후-' 하듯이, '시-시-포-스-' 하고 숨소리가 나오는 거죠. 그 고통스럽고 힘든 입김이 왕의 이름에 남은 것이라고 분석하는 학자들도 있습니다.

단테의 신곡 중 <탐욕과 방종의 지옥>
귀스타브 도레

열 번째 이야기

황금 사과의 주인

다른 여신들을 제쳐두고 선택된다면
헤라는 모든 인간들의 왕위를, 아테나는 전쟁의 승리를,
아프로디테는 (가장 아름다운 여인) 헬레네와의
결혼을 약속하였다.
- 아폴로도로스, 『신화집』

열 번째 이야기
황금 사과의 주인

✥ 테티스의 결혼식에 나타난 세 여신

김헌 아프로디테Aphrodite는 미의 여신입니다. 아프로디테의 다른 이름인 '비너스'라는 말은 라틴어로 '매력'이라는 뜻이에요. '베누스Venus'라고 하죠. "당신은 베누스를 가지고 있습니다."라고 하면, 매력 있다는 뜻이죠. 아름다움과 매력의 상징이며 사랑의 여신인 아프로디테가 이번 화 주인공 중 한 명입니다. 아프로디테에게 도전장을 내민 두 여신도 등장해요. 이렇게 총 세 여신이 아름다움을 겨루는 이야기가 펼쳐집니다.

단꿈 벌써 재미있다. 대단할 것 같은데요.

설민석 사랑의 여신이자 미의 여신인 아프로디테의 탄생에 대해서는 신들의 사생활 1권에서 여러 번 다뤘어요. 이번에는 그녀의 아름다

비너스의 탄생 산드로 보티첼리, 이탈리아 우피치미술관

움에 감히 도전장을 던진 두 여신에 대해 이야기해 보려 합니다. 개연성을 보강하기 위해 각색된 부분이 있으니 참고하며 재미있게 들어주세요. 황금 사과의 주인공 선발 대회, 그 치열한 현장 속으로 함께 떠나보시죠.

이야기는 다소 엉뚱하게 바다의 여신 테티스Thetis로부터 시작됩니다. 익숙한 이름일 텐데요. 헤파이스토스Hephaestos 편에 나와요. 자기 관할 구역인 바다를 잘 지키던 중, 하늘에서 떨어진 헤파이스토스를 발견해 구해주고 길러준 여신이 바로 테티스입니다. 마음씨가 너무 아름답죠. 〈신들의 사생활〉에 나온 여신 중 아름답지 않은 여신 보셨나요?

단꿈 다 예쁘죠.

설민석 허기의 여신 말고는 안 예쁜 여신이 없어요. 남자는 헤파이스토스를 제외하고 잘생기지 않은 신이 없고요. 그런데 거의 유일하게 마음씨까지 예쁜 여신은 테티스인 것 같아요. 얼굴도 마음도 예쁜 테티스를 넘보는 수많은 남신이 있습니다. 제우스도, 포세이돈도 눈독을 들였어요. 그런데 왜 세상에 완벽한 건 없는 걸까요? 예언이 내려왔는데, 테티스와 사랑을 나눠 태어난 아이는 아버지보다 더 위대해질 거라는 내용이었어요.

테티스 작자 미상, 프랑스 루브르박물관

> 제우스가 여신과 잠자리를 하려고 덤벼들려 할 때,
> 여신에게서 태어나는 아이가 하늘을 다스리게 될 거라고
> 프로메테우스가 예언했다는 것이다.
>
> ╱ 아폴로도로스, 『신화집』

만약 아들이 나보다 훨씬 위대한 사람이 될 거라는 말을 들으면 기분이 어떨까요? 너무 좋죠.

그런데 신들은 다릅니다. 영생의 존재이기 때문이에요. 필멸의 존재인 인간은 죽으면 내 자리를 아들에게 물려주면 돼요. 하지만 불멸의 신들에게 본인보다 더 위대한 자식이 태어난다는 건 '부모가 죽지도 않았는데 자식이 부모를 밀어낸다.'는 것을 의미해요. 그러니 모두 피하는 겁니다. 예언이 알려진 후 제우스도 포세이돈도, 그리고 다른 남신들도 태도를 바꿔 테티스를 외면해요.

그래도 제우스는 불안한 거예요. 왜냐면 포세이돈의 여성 편력을 알거든요. 포세이돈과 테티스 사이에 아이라도 생길까 봐 걱정인 거예요. 태어난 아이가 포세이돈보다 위대하면, 자기랑 맞먹을 수도 있으니까요. 그래서 제우스는 포세이돈이 아예 접근하지 못하도록 테티스를 빨리 결혼시키려 해요. 그래도 테티스를 신과 맺어지게 하는 건 위험한 일이에요.

신보다 급이 낮은 인간한테 보내기로 합니다. 여신의 상대니까 왕 정도는 되어야 하잖아요. 그래서 신들이 볼 때는 그저 그런 왕과 이어서 맺어주기로 합니다. 착한 테티스는 그 뜻에 따르죠. 이렇게 해서 바다의 여신과 인간의 결혼식이 열립니다. 제우스 입장에서는 이 결혼 자체가 '이제 테티스는 유부녀니까 넘보지 마.'라는 선언이나 마찬가지이기 때문에 청첩장을 사방팔방 뿌려 만방에 알렸어요.

결혼식을 앞두고 가장 예민하고 긴장하는 게 누굴까요?

단꿈 신부 아닌가요?

설민석 네, 신부죠. 그런데 이 결혼식을 앞두고 신부보다 더 예민한 하객이 있어요. 아프로디테입니다.

단꿈 왜요?

설민석 명색이 미의 여신인데, 요즘 결혼과 가정의 여신 헤라Hera가 자기보다 더 예쁘다는 소리가 많아 심기가 불편했거든요. 또 전쟁터에서 땀 흘리는 전쟁의 신 아테나Athena도 예쁘다고 칭송하는 무리가 있는 거예요. 자존심이 상한 그녀는 모든 신이 모이는 이 결혼식에서 이른바 '민폐 하객'이 되려고 작심합니다.

단꿈 '여기서 내가 제일 예쁘다.'고 알리려고요?

설민석 그렇죠. 제대로 알리려는 거죠. 그래서 어떻게 꾸미고 갈지 고민하느라 예민했던 겁니다. 헤라는 우아하고 품격 있는 스타일로 올 것 같고, 아테나는 걸크러시 분위기일 테니, 아프로디테는 자신의 매력을 최대한 살려 섹시하게 입기로 합니다.

드디어 결혼식 당일. 수많은 하객이 주인공인 신부를 축하해 주고 있었죠. 그때 갑자기 사람들의 시선이 한쪽으로 쏠리더니 인파 중간이 갈라집니다. 아프로디테가 등장한 겁니다.

> 베누스(아프로디테)는 더욱 기뻐하며
> 부드럽게 그리고 천천히 발걸음을 앞으로 향했고,
> 몸을 굽히고 살랑살랑 머리를 흔들어,
> 움직임과 섬세한 몸짓으로 악기 소리에 응답하였다.
> ╱ 루키우스 아풀레이우스, 『황금 당나귀』

보일 듯 말 듯 몸을 감싼 푸른 드레스는 아프로디테가 탄생한 바다를 연상시켜요. 사람들은 눈을 떼지 못합니다. 신부 옆에 있던 하객들이 전부 아프로디테 쪽으로 몰려가요.

단꿈 테티스 불쌍하다. 본인 결혼식인데.

설민석 그래도 착한 테티스는 오히려 아프로디테를 보면서 너무 아름답다고 찬사를 보내요. 남성 하객들은 넋을 잃고 아프로디테의 모습을 바라봅니다. 정말 너무 아름다웠거든요. 그렇게 아프로디테가 아름다움을 뽐내고 있을 때, 갑자기 저쪽에서 웅성거리는 소리가 나더니 헤라가 등장해요. 헤라는 무지개로 만든 숄을 두르고 나타났어요. 무지개를 길게 잘라 거기에 하늘의 별들을 따서 하나하나 박았죠.

단꿈 헤라도 작정하고 왔네요.

설민석 손을 흔들며 등장하는 모습이 너무 우아한 거예요. 아프로디테 쪽에 있던 하객들이 "오! 헤라 여신이여." 하고 경배하며 헤라 쪽으로 몰려갑니다.
그때였어요. 경쾌한 군가와 함께 늠름한 발걸음 소리가 다가오는 거예요. 전쟁의 여신 아테나의 등장이에요. 옷은 땀에 얼룩져 있고 맨얼굴이에요. 그리고 이렇게 말하며 등장해요. "미안해요, 제가 지금 전쟁터에서 바로 오느라."

단꿈 더 멋있어!

설민석 이제 아테나 앞으로 사람들이 환호하며 몰려듭니다. 잔뜩 힘을 주고 왔던 아프로디테의 심기가 좋을 리 없겠죠? 세 여신은 한 가족이라 나란히 서게 됐어요. 항렬로 따지면 누가 가장 높을까요?

단꿈 왠지, 헤라일 것 같은데요.

설민석 아니에요. 아프로디테가 헤라의 고모뻘이라 가장 높아요. 아테나는 헤라의 딸뻘이고요. 가족 서열로 치면 아프로디테, 헤라, 아테나 순인 거죠. 아프로디테가 헤라한테 한마디 합니다. "오랜만이네, 헤라. 요즘 좀 힘들어? 신은 원래 안 늙는데 많이 늙었다."

단꿈 세상에! 제일 듣기 싫은 말이잖아요. 심지어 최선을 다해서 꾸미고 왔는데.

설민석 헤라가 아무리 우아한 여신이지만 기분이 좋겠어요? "고모는 예의 좀 지키세요. 그렇게 몸이 훤히 드러나는 옷을 입고 결혼식장에 오면 어떡해요?" 헤라도 날카롭게 대응하죠. 이제 아프로디테는 아테나한테 화살을 돌립니다. "예의를 안 갖춘 건 아테나 아니야? 결혼식장에 맨얼굴로 오면 어떡해." 그러자 아테나는 "전쟁터에서 바쁘게 오느라고요. 뭐, 위장 크림이라도 발라야 할까요?" 하는 거예요. 셋 사이의 분위기는 일촉즉발의 상황입니다. 그때 갑자기 하늘에서 뭔가 뚝 떨어지는 게 아닙니까. 이 이야기에서 가장 중요한 상징이죠.

단꿈 혹시 사과인가요?

설민석 맞아요. 그것도 황금 사과. 제일 먼저 헤라가 사과를 주워 들여다봅니다. 그리고 미소를 지으며 말해요. "아니, 신부는 따로 있는데 왜 저한테 이런 걸 주시나요. 저한테 주는 선물이라고 쓰여 있네요." 그 말에 옆에 있던 아테나가 사과를 빼앗아 들여다보더니 말합니다. "무슨 말씀이세요? 저한테 주는 거라고 쓰여 있는데." 이번엔 아프로디테가 빼앗아 살펴보며 말해요. "무슨 소리야? 나한테 온 거잖아. 잘 읽어보라고." 서로 이 사과가 자기 거라는 거예요. 분위기가 혼란스러워지자 제우스가 놀라서 나타납니다. 이 결혼식이 잘못되면 큰일 나니까요. 제우스가 황금 사과를 들여다보니, 거기에는 누구의 이름도 아닌 '가장 아름다운 여신에게'라고 쓰여 있는 거예요.

그런데 이 사과, 누가 던졌을까요? 제우스는 짐작되는 인물이 있습니다. 만물에게 청첩장을 보냈는데 유일하게 안 보낸 데가 있었어요. 바로 불화의 여신. 주로 분쟁 지역에서 활동하는 여신이죠. 술자리에서 일어난 싸움, 운전하다 생기는 시비 다툼도 불화의 여신이 하는 짓이거든요.

단꿈 불화의 여신한테만 청첩장을 안 보냈구나.

설민석 그렇죠. 만약에 불화의 여신이 와서 테티스가 결혼 못 하기라도

테티스와 펠레우스의 결혼
얀 브뤼헐,
덴마크 코펜하겐
국립미술관

하면 큰일이거든요. 불화의 여신은 자신만 초대받지 못한 걸 알게 된 후, 앙심을 품고 문제의 황금 사과를 던진 거예요. "에이, 이거나 먹어라!" 하면서요.

세 여신이 서로 사과가 본인 거라고 아우성치며 싸우자 제우스는 난감합니다. "그만! 내가 선택해 줄게. 누가 가장 예쁜지 내가 선택할 테니까 그만해. 일단 결혼식은 마치자." 이렇게 제우스가 중재에 나서 결혼식은 무사히 마쳤습니다. 이제 약속대로 선택을 해줘야 하는데, 대체 누굴 고르나요. 제우스가 곤경에 처할 때면 항상 누구를 부릅니까?

제우스의 아들이자, 비서실장이죠. 뭐든지 해결해 주는 똘똘한 전령 헤르메스Hermes를 또 부릅니다. "이거 어떻게 하지?" 헤르메스는 이렇게 제안합니다. "인간이 선택하게 하세요."

단꿈   인간들한테 투표를 받나요?

설민석   아니, 한 명의 인간에게요. 제우스도 그건 터무니없는 일이라고 생각해요. "헤르메스야, 신도 선택하지 못하는데 하찮은 인간이 어떻게 힌단 말이냐?" 그러자 헤르메스는 일리 있는 근거를 제시하죠. "올림포스 12신 중에 누가 선택을 하려고 하겠습니까?"

셋 중 한 명을 선택하면 나머지 두 여신이 가만있을까요? 아니죠. 그걸 너무 잘 아는 신들은 감히 나서지 못하니, 이건 인간에게 맡겨야 한다는 겁니다. 또 인간이 뽑으면, 선택받지 못한 두

펠레우스의 향연 에드워드 번 존스, 영국 버밍엄박물관

여신도 위안받을 수 있다는 거예요. '하찮은 인간이 선택한 거니 난 인정 못 해.' 이러면서요.

그래서 인간에게 선택을 맡기기로 결정합니다. 이때 전쟁의 신 아레스가 한 사람을 추천해요. 아주 현명한 목동이 있으니, 그에게 맡겨보자고 하죠. 그를 추천한 사연은 잠시 후에 김헌 교수님이 다 얘기해 주실 거예요.

그리하여 제우스는 헤르메스한테 세 여신을 목동 앞에 데리고 가라고 해요. 목동 이름은 파리스Paris예요. 헤르메스는 세 여신과 함께 목동 파리스를 찾아가게 됩니다. 파리스는 가장 아름다운 여신을 뽑을 수 있을까요? 우리의 파리스는 얼마나 현명하게 최고의 미인을 뽑을까요. 잠시 뒤에 이어집니다.

단꿈 정말 어렵네요. 누구를 뽑아도 후폭풍이 있을 것 같아요.

그림과 신화

우라노스를 거세하는 크로노스 조르조 바사리, 이탈리아 베키오궁전

단꿈   아프로디테의 인기가 높다 보니까 그녀의 탄생 신화도 다양한 버전이 있다고 들었어요.

김헌   우리는 지금까지 아프로디테를 제우스나 헤라의 고모라고 이야기해 왔잖아요. 크로노스가 우라노스를 거세하면서 권력을 잡을 때, 거세된 남근을 지상에 던졌어요. 그것이 바다에 빠졌고, 거기에서 태어난 게 아프로디테라는 이야기를 따라왔어요. 이 이야기는 헤시오도스Hesiodos라는 시인이 쓴 책에서 유래하고요.

그런데 헤시오도스보다 한 세대 정도 앞서 활동했던 호메로스Homeros의 작품에서는 아프로디테가 제우스의 딸로 나와요. 제우스가 디오네Dione라는 여신과 사랑을 나눠 태어난 딸로 나오거든요.

과거에도 두 개의 설이 두루 전해지다 보니까 혼란스러웠나 봐요. 플라톤

아프로디테 우라니아
크리스티안 그리펜케를, 독일 아우구스테움

아프로디테 판데모스
마르크 샤를 가브리엘 글레르

도 왜 탄생 이야기가 두 개인지 의문을 갖다가 나름대로 정리를 합니다. 아프로디테는 둘이라고요.

먼저, 우라노스의 거세된 남근에서 태어난 아프로디테는 천상의 아프로디테라고 정의해요. 이름은 '우라노스의 딸'이라는 뜻의 '우라니아'를 붙여 '아프로디테 우라니아 Aphrodite Urania'라고 했고요.

제우스의 딸인 아프로디테는 지상의 아프로디테라고 했어요. 이름은 '아프로디테 판데모스 Aphrodite Pándēmos'. '판데모스'는 '지상의 모든 사람들에게'라는 뜻이에요.

플라톤은 정신적인 사랑을 주관하는 건 천상의 아프로디테고, 육체적이고 실질적인 사랑은 지상의 아프로디테가 관장한다고 정의 내렸어요.

✧ 파리스의 심판

단꿈   과연 황금 사과의 주인공은 누가 됐을지 너무 궁금해요. 가여운 파리스가 어떤 선택을 했나요?

설민석   헤르메스의 인도를 받으며 세 명의 여신이 구름을 타고 파리스 앞에 나타납니다. 당황한 파리스에게 헤르메스가 자초지종을 설명하죠. 이러저러한 사정으로 왔으니, 자네가 이 셋 중에 최고의 미모를 지닌 여신을 선택해 줘야겠다고요. 이창용 선생님이 만약 목동 파리스라면 가장 아름다운 여신을 고르실 수 있겠어요?

이창용   못 하죠.

설민석   그렇죠? 본인이 왜 선택해야 하는지도 모르겠고요. 그런 건 하기 싫다고 했을 거예요. 하지만 헤르메스가 누굽니까. 설득의 신 아닙니까? "왜 부담스러워 하는지는 알겠는데 전혀 걱정할 필요는 없어. 제우스의 이름으로 맹세할게. 누구를 뽑더라도 선택받지 못한 두 여신이 보복하는 일은 없을 거야. 다들 동의하시죠?" 여신들도 흔쾌히 동의했어요. 그렇게까지 다짐하니까 파리스도 응하게 된 거예요.
현명한 파리스는 이렇게 말합니다. "세상에서 가장 아름다운 여신을 뽑는 자리입니다. 외모만으로는 뽑을 수가 없어요. 각자 가장 소중하게 생각하는 가치를 말씀해 보세요. 만약 제가 황금 사과를 드린다면 저에게 무엇을 줄 수 있는지요."

가정의 여신 헤라가 제일 먼저 앞으로 나섭니다. "파리스, 만약 나에게 그 황금 사과를 준다면, 나는 당신에게 권력을 선물하겠어요." "네? 권력이요?" 예상치 못한 답변에 파리스가 되물어요. "가정의 여신인데 권력을 준다고요?" 그러자 헤라가 답합니다. "나는 결혼과 가정의 여신이기 전에 하늘의 여왕입니다. 당신에게 아시아의 통치권을 주겠어요. 아시아를 다스릴 수 있는 권력을 말이에요. 파리스, 나는 모든 가정을 수호하는 여신입니다. 그

파리스의 심판 클로드 로랭, 미국 워싱턴국립미술관

것이 나의 권력이죠. 하지만 나는 그 가정 위에 군림하거나 호령하지 않습니다. 가장 낮은 곳에서 헌신하고 양보하고 있어요. 그럴 때 그 권력이 더 빛이 난다고 생각합니다. 내가 당신에게 아시아의 통치권을 줄 테니 항상 헌신하고 봉사하는 통치자가 되세요. 그러면 당신의 이름은 역사에 길이 남을 거예요." 헤라는 권력을 약속하며 권력자로서의 교훈까지 준 거예요.

이 말에 제일 놀란 건 헤르메스였어요. 왜냐하면 그동안은 헤라가 바람피운 제우스에게 분노하는 모습만 봤거든요. 그런데 진짜 결혼과 가정의 여신으로서의 면모를 보니 더없이 아름다운 겁니다. 파리스도 헤라의 이야기에 마음이 움직였어요. 심지어 눈가에 눈물도 어립니다. 어렸을 때 버려진 파리스는 목동의 손에 자라서 엄마를 본 적이 없거든요. 항상 마음속으로만 엄마를 그려봤죠. '엄마는 어떤 모습일까?' 그런데 모두를 위해 희생하는 위대한 어머니의 모습을 헤라를 통해 본 거예요. 어머니를 뛰어넘을 아름다움이 어디 있습니까?

단꿈   게임 끝났네요.

설민석   헤르메스도 이건 무엇으로도 이길 수 없다고 보고, 승부가 끝났다고 생각했어요. 하지만 파리스는 그래도 공정한 태도를 유지합니다. 눈물을 거두고 다른 여신들에게도 똑같이 기회를 줍니다. "이번에는 지혜와 전쟁의 여신 아테나, 당신에게 가장 소중한 가치를 말해보시죠." 아테나가 말합니다. "파리스, 당신이 만약 나에게 황금 사과를 준다면, 나는 당신에게 전쟁에서 승리할 수 있는 지혜를 드리겠습니다." 그러자 파리스가 말해요. "저는 목동이라, 그건 필요 없는데요."

단꿈 그렇죠. 목동은 전쟁할 일이 없을 거 아니에요.

설민석 아테나가 얘기해요. "제가 말하는 전쟁은 칼과 방패가 부딪치는 전투만이 아닙니다. 우리의 인생을 둘러보시지요. 온통 전쟁터예요. 당신이 만약 정치인으로서 선거에 나간다면, 상대를 누르고 민심을 얻어야겠죠? 사업을 한다면, 경쟁자를 제치고 많은 소비자의 마음을 얻어야겠죠? 가정도 마찬가지입니다. 부부 간에는 사랑만 있는 게 아니라 전쟁도 끊임없이 이어지죠. 아이들을 키우고 교육시키는 것도 완전히 전쟁이고요. 나는 이 모든 인생의 전쟁에서 승리할 수 있는 지혜를 당신에게 드리겠습니다."

단꿈 그것도 괜찮다!

설민석 이창용 선생님, 조금 전까지는 아무도 헤라를 뛰어넘을 수 없다고 생각했어요. 그런데요, 선생님이 헤라를 택하면 일평생 희생하셔야 해요. 헌신하고 양보하며 살아야 해요. 반면, 아테나를 선택하면 모든 경쟁에서 이길 수 있는 지혜가 생겨요. 자식에게 어떤 말을 해도 "네, 아버지!" 하고 따르게 되는 거예요.

이창용   이미 결정이 끝났어요. 저는 아테나입니다.

설민석   판이 뒤집힌 거예요. 파리스의 마음도 아테나 쪽으로 기울어요. 그런데 공정해야 하니까, 파리스는 아프로디테에게도 기회를 줍니다. "아프로디테, 당신에게 가장 소중한 가치를 말해 보시죠." 아프로디테는 이렇게 말해요. "나는 권력도 없고, 지혜도 없어. 황금 사과를 나에게 주면 세상에서 가장 아름다운 여자랑 결혼시켜 줄게. 사랑을 줄게."

> 다른 여신들을 제쳐두고 선택된다면
> 헤라는 모든 인간들의 왕위를,
> 아테나는 전쟁의 승리를,
> 아프로디테는 (가장 아름다운 여인) 헬레네와의 결혼을
> 약속하였다.
>
> ✒ 아폴로도로스, 『신화집』

이거 조금 약하지 않습니까? 헤르메스도 "그건 좀 약하다."고 해요. 이때 아프로디테가 단호하게 한마디 합니다. "파리스, 지금 이 자리는 세상에서 가장 아름다운 여신을 뽑는 자리잖아. 권력이 아름다워, 지혜가 아름다워, 사랑이 아름다워? 이 세상에서

가장 아름다운 건 사랑 아닌가?"

단꿈 갑자기 왜 이렇게 똑똑해진 거죠?

설민석 그 말이 맞죠. 가장 아름다운 여신을 뽑는 대회인데 권력이 왜 나오고, 지혜가 왜 나오나요. 세상에서 가장 아름다운 건 사랑이라는 거죠.

단꿈 그렇죠. 대통령 뽑는 것도 아니니까요.

설민석 그러자 파리스가 살짝 미소 짓더니 "결정하겠습니다!"라고 말해요. 그리고 들고 있던 황금 사과를 아프로디테에게 건넵니다.

> 기꺼운 마음으로 프리기아의 청년은
> 들고 있던 황금 사과를 여신(아프로디테)에게 건넸는데,
> 이는 승리의 상징이었다.
>
> ◢ 루키우스 아풀레이우스, 『황금 당나귀』

황금 사과를 받은 아프로디테의 속마음을 살짝 들여다볼까요? "이렇게 나 아프로디테는 황금 사과를 얻게 되었다. 가장 아름다운 여신의 자리를 차지하게 된 것이다. 그런데 참 이상하지? 황금 사과를 얻었는데 왜 이리 마음 한구석이 헛헛한 걸까? 이번에

헤라를 가까이에서 보니 정말 멋진 여신이었다. 앞치마를 두르고 음식 냄새를 풍기던 그녀는 가정을 위해 희생하고 헌신하는 우리 모두의 엄마였다. 그리고 아테나. 그녀의 머릿속에 들어 있는 지혜의 아름다움은 세월이 지날수록 켜켜이 쌓여 영원히 빛날 것만 같았다. 진정한 아름다움은 이목구비나 8등신 황금비율 몸매만이 아니라는 것을 그녀를 통해 알게 되었다. 하지만 나는 믿고 있었다. 권력과 지혜와 사랑은 모두 다 중요한 가치이지만 그중 제일은 사랑이라고."

단꿈 이거 수상소감인 거죠?

설민석 아프로디테의 독백으로 풀어봤습니다. 지금 이 글을 읽고 있는 독자들과 이 깨달음을 나누고 싶어서요. 지금 나와 함께 하고 있는 사람이 내 인생에서 가장 소중한 가치이며, 나의 영원한 사랑

헬레네를 파리스에게 소개하는 아프로디테 개빈 해밀턴,
프랑스 루브르박물관

이라는 것을 기억해 주세요. 영원히 빛나는 미의 여신 아프로디테 이야기였습니다.

단꿈 세상에서 가장 예쁜 여자랑 결혼하게 된 파리스는 어떻게 됐어요?

설민석 파리스가 어렸을 때 버려졌다고 했었죠? 알고 봤더니 아빠가 왕이었어요. 그런데 파리스가 버려진 데에는 사연이 있었고, 목동이 그를 주워다 키운 거였죠. 아프로디테의 축복 덕분인지 파리스는 엄마, 아빠를 다시 만나 왕자의 신분을 되찾게 됩니다. 파리스의 고향이 트로이Troy거든요. 왕자가 된 파리스는 주변 나라들을 순방하다가 배를 타고 그리스에도 가게 됐어요.

거기에서 아프로디테가 약속했던, 세상에서 가장 아름다운 여자를 만나게 되죠. 그런데 하필 그 여인은 그리스 스파르타Sparta

헬레네의 납치 후안 데 라 코르테, 스페인 프라도미술관

왕의 부인이었어요.

단꿈 부인이라고요?

설민석 불륜 사건이에요. 둘은 첫눈에 반했고 야반도주를 해요. 그러면 그리스와 스파르타의 왕이 가만히 있을까요? 그리스 연합군을 만들어서 트로이로 쳐들어옵니다.

이것이 잘 알려져 있는 트로이 전쟁이죠. 아, 그리고 우리가 잠깐 잊고 있었지만, 이 모든 일이 테티스의 결혼식에서 시작됐잖아요. 테티스는 인간인 왕과 결혼해서 아이를 낳아요. 그 아이가 그 유명한 전쟁 영웅, 아킬레우스 Achilleus 입니다. 이 아킬레우스가 그리스 편에 서서 트로이로 쳐들어오게 되죠.

아킬레우스의 분노 샤를 앙투안 쿠아펠, 러시아 에르미타주박물관

그림과 신화

파리스의 심판 페테르 파울 루벤스, 영국 내셔널갤러리

단꿈 세 여신의 미모 대결을 담은 그림이 있다면 너무 아름다울 것 같아요. 그런 작품도 있겠죠?

이창용 아주 많아요. 그중에서도 제가 가장 좋아하고, 이 주제를 가장 잘 살렸다고 생각하는 작품이 바로크 거장 루벤스의 그림입니다. 우측의 나무 뒤에 헤르메스가 보이죠? 그 앞에는 목동으로 일하던 파리스가 있어요.

단꿈 사과를 들고 있네요.

이창용 그렇죠. 그리고 세 여신이 등장하는데, 우선 가장 오른쪽 여신 아래에 공작새가 있어요. 헤라라는 걸 확인할 수 있어요. 또 모피를 두르고 있는데 예나 지금이나 모피는 굉장히 비싸잖아요. '나를 선택만 해주면 너에게 이 엄청난 권력과 부를 선물해 주겠다.'는 의미예요. 가운데는 아프로디테인데, 자신을 선택하면 사랑을 주겠다고 했잖아요. 그래서 그녀 뒤편에 에로스가 있어요. 마치 "말만 해, 바로 화살 쏴줄게." 하는 분위기예요.
가장 왼쪽의 여신 옆에는 투구와 메두사의 얼굴이 새겨진 무적 방패가 보여요. 아테나의 상징들이죠. 그런데 왼쪽 위를 보면 하나가 더 있어요.

단꿈 부엉이?

이창용 부엉이는 지혜를 상징하잖아요. 지혜의 여신이기도 한 아테나를 나타내고 있어요. 그림 한 장에 조금 전에 들었던 이야기가 모두 표현된 걸 보면, 루벤스가 참 대단한 화가라는 것을 확인할 수 있어요. 저는 이 그림의 가장 하이라이트는 파리스인 것 같아요.

단꿈 왜요?

이창용 상상을 한번 해보세요. 만일 내가 평범한 목동인데 갑자기 하늘에서 신들이 내려와 심판을 하라고 한다면? 저라면 심판은 둘째 치고 신들과 눈도 못 마주칠 것 같아요. 그런데 지금 파리스를 보세요. 신들은 다 서 있는데, 혼자만 앉아 있어요.

파리스의 심판 기욤
기욤 르티에르

단꿈   아주 당당한데요?

이창용   이 그림을 보면서, 저는 어쩌면 파리스가 심판을 제안한 게 아닐까 생각해봤어요. 황금 사과를 내밀면서 "이거 드리면 저한테는 뭘 주실 건데요?" 하고 협상을 하는 것 같잖아요.

반면 기욤이라는 화가의 작품에는 파리스의 태도가 전혀 다르게 표현돼요. 신들을 보고 깜짝 놀라서 어쩔 줄 몰라 하며 경배를 드리고 있죠. 마치 "살려주세요." 하고 읍소하는 느낌이잖아요. 그런데 앞에서 본 그림의 작가인 루벤스는 파리스를 다르게 해석했어요. 여신들을 대면하고 직접 협상까지 하는 사람이라면, 절대 저렇게 신 앞에서 떨 리가 없다고 생각한 거죠. 오히려 파리스는 신들에게 뭔가를 당당하게 요구할 수 있는 당돌한 인간이었을 것이라고 생각한 거예요. 루벤스는 이처럼 캐릭터 분석이 뛰어난 화가이기도 합니다.

✧ 제우스는 왜 파리스에게 심판을 맡겼을까?

단꿈 제우스는 왜 굳이 인간인 파리스한테 이 어려운 선택권을 넘겼을까요? 특별한 이유가 있었던 걸까요?

김헌 여러 신화 사전을 보면 이런 대목이 있어요. 목동인 파리스가 데리고 있던 소 중에서 한 마리가 굉장히 힘이 세고 잘 싸웠대요. 그래서 여흥 삼아서 소싸움 대회를 열고, '내 소를 이기는 자에게 황금 면류관을 주겠다.'고 공표했어요. 그것을 보고, 아레스가 심심했던지 직접 황소로 변신해 대회에 참가한 거예요.

단꿈 와, 반칙이다!

김헌 이 소가 워낙 세니까, 파리스도 보통 소가 아닌 걸 눈치챘을 거예요. '혹시 신인가?' 하고 의심도 했어요. 그럼에도 불구하고 흔들림 없이 원래 약속했던 대로 황금 면류관을 그 소에게 씌워줬다고 해요. 아레스는 내심 '저 녀석이 내 정체를 아는 것 같은데 공정하게 자기의 약속을 지키는구나.'라고 생각했죠. 그래서 제우스에게 심판의 주역으로 파리스를 추천한 거예요.
파리스는 아레스가 지상에서 본 사람 중 가장 지혜롭고 용기 있고 정의롭고, 자기 마음을 누를 수 있는 절제력까지 지닌 자였으니까요. 파리스라면 가장 공정한 판단을 내릴 것이라고 생각한 겁니다. 플라톤의 『국가』에도 나오지만, 그리스에서 미덕으로 삼는 네 가지 덕목이 있어요. 지혜, 용기, 절제, 정의인데, 이 네 가지를 갖추면 군주의 모습이 될 수 있다고 말하죠.

제가 봤던 어떤 원전의 내용보다도 설민석 선생님이 새롭게 구성한 파리스는 그 네 가지 덕목을 갖춘 이상적인 캐릭터인 것 같아요. 공정하게 기회를 주고, 각자에게 가치가 무엇인지 물어보며 판단하죠. 세 여신의 변론도 멋있었고요. 이 신화가 주는 메시지가 아주 잘 구현된 이야기였습니다.

열한 번째 이야기

에로스와
프시케의 사랑

그녀가 상자를 열었는데 그곳에선 어떠한 아름다움도
다른 어떤 것도 발견할 수 없었고
오직 지옥 같고 치명적인 잠이 있었으니,
상자가 열리자마자 그것이
그녀의 온 사지를 침범하였고……
그대로 잠이 들어버렸다.

- 루키우스 아풀레이우스, 『황금 당나귀』

열한 번째 이야기
에로스와 프시케의 사랑

✧ 신의 질투를 부른, 절세 미녀 프시케

김현 이번 화의 주인공은 큐피드Cupid입니다. 그리스 신화에는 에로스Eros로, 로마 신화에는 쿠피도Cupido로 나오는데, 영어식 표현인 큐피드로 잘 알려져 있죠. 또 하나의 주인공인 프시케Psyche는 이 세상에서 가장 아름다운 여인으로 통합니다. 아프로디테Aphrodite보다 더 아름답다고 평가받아요. 항상 남들

프시케 윌리앙 아돌프 부그로, 개인 소장

에게 사랑을 선물했던 에로스가 사랑에 빠지는 이야기가 펼쳐집니다.

설민석 에로스의 '진정한 사랑' 이야기입니다. 옛날 어느 왕국에 아름다운 세 공주가 있었어요. 첫째와 둘째 공주도 예뻤지만, 셋째 공주는 인간의 언어로 표현할 수 없는 아름다움을 가지고 태어났어요. 이름은 프시케입니다. 얼마나 아름답냐고요? 그녀가 길을 나서면 남자들이 눈물을 흘리면서 그녀 앞에 무릎 꿇고 기도합니다. "공주님, 저도 공주님처럼 아름다운 신부를 맞이하게 해주세요." 하면서요.

남성들만이 아니에요. 여성들도 눈물을 흘리며 기도합니다. "공주님 미모를 조금만이라도 닮을 수 있게 해주세요." 거의 신격화될 정도로 아름다운 존재예요. 그런데 원래 이런 기도는 누구한

군중으로부터 칭송받는 프시케 루카 지오다노, 영국 로열컬렉션

테 해야 하죠?

단꿈 미의 여신? 아프로디테요.

설민석 그렇죠. 그런데 지금 아프로디테 신전은 사람들의 발길이 끊겨 먼지만 쌓이고 있어요.

> 여신(아프로디테)을 위한 의식들은 무시되었고
> 신전들은 흉하게 망가졌으며
> 여신의 방석은 짓밟혀 닳아버리고 제의들은 등한시되었다.
> ─ 루키우스 아풀레이우스, 『황금 당나귀』

아프로디테가 누굽니까? 황금 사과를 얻었던 올림포스 최고의 미녀 아닙니까. 그러니 이 상황이 믿어지지 않는 거예요. 도대체 어떻게 생겼길래 인간들이 열광하는지 궁금해서 프시케를 한번 봤어요. 아니, 너무 예쁜 거예요. 아프로디테가 나이도 한참 어린 이 프시케를 가만둘까요?

단꿈 세상 사람들이 못 보게 어디에 가둬두지 않을까요?

설민석 그런 마음일 거예요. 그렇지만 권위가 있잖아요. 직접 할 수는 없으니, 아들 에로스를 부릅니다.

로마 신화에서는 에로스가 아프로디테의 아들로 표현돼요. 에로스는 추정 나이가 3세일 정도로 외모가 귀엽고, 날개를 달고 있어요. 손에는 항상 화살을 들고 있는데, 그의 황금 화살을 맞으면 처음 본 상대와 사랑에 빠지게 되죠.
아프로디테는 에로스를 불

나무 위의 에로스 장자크 프랑수아 르 바르비에, 미국 휴스턴미술관

러 프시케에게 황금 화살을 쏘라고 해요. 유부녀가 되면 남성 팬들이 떨어질 테니, 빨리 결혼하게 만들려는 거죠. 부와 명예, 권력도 없는 볼품없는 남자와 이어주라고 하죠. 어머니의 명에 따르기 위해 에로스는 프시케가 잠들어 있는 방의 창가로 날아갔어요. 그리고 프시케의 얼굴을 살펴보다 깜짝 놀랍니다. 너무 예쁜 거예요. 아프로디테를 보며 자란 에로스의 눈에도 너무나 아름다워 보였어요. 일단 누군지 확인한 뒤 에로스는 다시 날아갑니다. 한편 프시케의 부모님도 딸을 결혼시키려고 해요. 이웃 나라 왕자들을 초대해 파티를 열어 딸을 소개하는데, 이걸 어쩌죠? 왕자들이 프시케 앞에만 서면 말도 못 걸고 굳어버리는 거예요.

단꿈 설마 너무 예뻐서요? 그 정도라고요?

설민석 신의 경지에 이른 아름다움을 지니고 있으니, 여자로 대하지 못하는 거예요. 왕과 왕비는 안 되겠다 싶어서, 신탁을 청하러 신전에 갑니다. "우리 딸은 언제, 어떤 사람과 결혼할 수 있겠습니까?"라고 여쭸을 때, 기가 막힌 신탁이 내려옵니다. "인간과 결혼할 생각은 하지 마라. 두 날개를 가진, 세상에 무서움을 뿌리는 괴물에게 바쳐질 것이다." 그러면서 모월 모일에 프시케를 언덕 위에 제물로 갖다 놓으라는 거예요.

아폴론의 신탁을 받는 프시케의 아버지
프랑수아 제라르, 미국 J. 폴게티박물관

단꿈 프시케 어떻게 해요.

설민석 착한 프시케는 슬픔에 빠져 있는 부모를 오히려 위로합니다. "아빠, 엄마, 울지 마세요. 만약 신탁을 거부하면 우리 왕국에 큰 화가 미칠지 몰라요. 제가 괴물과 결혼하겠어요."

✣ 괴물의 신부가 된 프시케

설민석 신탁에서 예언한 그날, 프시케는 신부 예복을 차려입고 언덕 위로 올라갑니다. 그곳에서 홀로 눈물을 흘리며 괴물 신랑을 기다리죠. 온 나라가 축하하고 기뻐해야 할 공주의 결혼식 날인데, 백성들은 상복 같은 옷을 입고 통곡하며 슬퍼하고 있어요.

> 온 백성 또한 고통스러워하는 집의 슬픈 운명을 통탄하였으며 사람들의 애통함으로 말미암아 바로 애도 기간이 선언되었다.
> — 루키우스 아풀레이우스, 『황금 당나귀』

얼마 후 두려움 속에 앉아 있던 프시케를 한 줄기 바람이 둥실 떠올립니다. 그리고 어느 숲에 내려놓죠.
'여기가 괴물이 있는 곳인가? 이제 나는 잡아먹히는 건가?' 하며

프시케의 결혼식
에드워드 번 존스,
벨기에 왕립미술관

버려진 프시케
폴리도로 다 카라바조,
영국 로열컬렉션

프시케는 두리번거리다 숲 건너편에서 지붕이 반짝거리는 걸 보았어요. 빛을 따라갔더니 황금 지붕이 덮인 커다란 저택과 난생처음 보는 호화로운 정원이 나타난 거예요. 심지어 정원석은 다이아몬드, 루비, 사파이어 같은 진짜 보석들이에요.

프시케가 잔뜩 겁을 먹고 서 있는데, 허공에서 목소리가 들려요. "안녕하세요, 프시케님? 저희는 이 집을 지키는 시종입니다. 여기가 프시케님의 신혼집이에요. 안으로 드시지요." 목소리에 이끌려 들어간 집안에는 〈미녀와 야수〉에나 나올 법한 거대한 식탁이 놓여 있어요. 끝이 안 보이는 그 식탁 위에는 산해진미가 차려져 있네요. 124첩 반상쯤 되나 봐요.

식사하는 동안 공중에서 님프들이 부드럽게 악기를 연주해 주더니, 식사가 끝나자 욕실로 안내합니다. 거울로 둘러싸인 순금 욕조에서 시중을 받으며 목욕도 해요.

어느새 프시케의 경계심도 조금 풀렸어요. 그래서인지 넓은 침실의 부드러운 침대에 누웠을 때는 저도 모르게 눈이 감겼죠. 그때

보이지 않는 영혼이 섬기는 프시케
루카 조르다노,
영국 로열컬렉션

였어요. 멀리서 발소리가 들려옵니다. 불이 없어 어둠만 가득한 집에서 발소리는 점점 가까워지고 잠시 후 귓가에 숨소리가 들려요. 아무것도 보이지 않는 어둠 속에서 그의 체취가 훅 느껴지는데, 너무 향기로운 장미 향이에요. 순간 프시케는 까무룩 정신을 잃고 말아요. 다음 날 아침, 프시케가 눈을 떴을 때 신랑은 오간데 없고, 다녀간 흔적만 남아 있습니다. 그렇게 프시케는 첫날밤을 보냈어요.

단꿈 남편을 못 본 거네요.

설민석 네, 장미 향기만 맡았어요. 다음 날도 그다음 날에도 나타납니다. 정체를 알 수 없는 그가 이렇게 매일 밤 어둠 속에 나타났다 사라지는 거예요. 처음에는 너무 긴장했던 프시케도 조금 적응이 되니, 그의 진짜 모습이 궁금해졌어요. '도대체 정체가 뭘까?' 그래서 자는 척하고 있다가 그가 다가와 살포시 자신을 안을 때, 피부를 살짝 만져봤어요. 악어 껍질처럼 징그러울 것 같았는데 뜻밖에 너무 보드라워요. 그리고 탄탄한 팔다리도 있는 걸 보니, 사람이에요. 건장한 남성의 몸이요. 자신도 모르게 그의 등을 끌어안은 프시케는 손에 닿는 뭔가를 느껴요. 날개였어요. 프시케는 그때 알았죠. 남편은 사람이 아니라는 걸요. 그럼, 누구일까요?

프시케의 화장 샤를 조제프 나투아르, 미국 뉴올리언스미술관

단꿈 혹시, 에로스?

설민석 에로스는 추정 나이 3살인걸요. 이 남자는 건강한 청년의 몸을 가지고 있어요. 그러니 에로스는 아닌 거 같고, 정체를 알 수 없는 거죠. 말이 없던 남편은 어느 날부터 말을 걸기 시작합니다. 사랑을 나눈 뒤 새벽닭 우는 소리와 함께 떠나면서 그가 말해요. "잘 자요." 다음 날은 어둠 속에서 물어요. "저녁 먹었어요?" 목

소리도 얼마나 감미로운지요.

단꿈 마법에 걸린 왕자님 아니에요?

설민석 혼란스럽긴 하지만 프시케는 행복한 신혼 생활을 이어나가요. 어느새 둘 사이에 사랑의 결실도 생겨요. 프시케가 임신한 거예요. 그러던 어느 날 밤, 신랑이 말해요. "내 말 잘 들어요. 혹시 당신 언니들이 찾아와 문을 열어달라고 애타게 외쳐도 절대 문을 열어주지 말아요." "네? 무슨 소리예요?" "실은 당신의 두 언니가 당신을 찾기 위해서 온 세상을 뒤지고 있어요. 우리 집 앞까지 찾아올 것 같은데, 우리 아이가 태어날 때까지만 언니들을 만나지 말아 줘요."
하지만 프시케는 걱정합니다. "언니들이 날 찾는 건 엄마, 아빠 때문일 거예요. 엄마는 내가 괴물한테 잡혀간 걸로 알고 있어요. 쓰러지신 게 분명해요. 출산할 때까지 기다릴 수 없어요. 그전에 엄마가 잘못되시기라도 하면 어떡해요? 여보, 나 집에 갈래요."
다정한 신랑은 한참 동안 말이 없어요. 그리고 잠시 후 이렇게 말해요. "프시케, 울지 말아요, 언니들을 만나게 해줄게요. 대신 나에 대해서는 절대 얘기하지 말아요. 약속해 줄 수 있어요?"
프시케는 약속했어요. 날이 밝자 문밖에서 "프시케!" 하고 부르는 언니들 목소리가 들렸고, 달려가 문을 연 프시케는 언니들과 눈물의 상봉을 합니다. 신랑이 약속을 지키기 위해 언니들을 초대했던 거예요. 세 자매는 반가움과 안도의 눈물을 흘립니다. "나, 잘 살고 있어요. 들어가서 아침 함께 먹어요." 프시케의 안내를 받으며 집 안으로 들어서던 언니들은 눈이 휘둥그레져요.

단꿈 집이 너무 좋잖아요.

설민석 웅장한 저택, 화려한 식탁, 고급 식기와 산해진미. 입을 다물지 못하고 두리번거리는 거예요. 언니들의 표정은 어느새 굳어져 있어요. 큰언니가 묻습니다. "프시케, 남편이 괴물 맞지? 흉측한 얼굴에 냄새나는 괴물?" 프시케는 언니 말을 못 들은 양 음식만 권합니다. 언니는 집요하게 캐묻죠. "너 왜 말을 피해? 혹시 폭력에 시달리는 거 아니니? 괜찮으니까 어서 말해봐. 남편이 도대체 어떤 사람인데?" 아무리 물어도 프시케는 대답하지 않아요. 언니들은 더욱 의심스러워하며 추궁합니다. "뭔가 있네, 있어. 너, 엄마 어떤 분인지 잘 알잖아. 내가 가서 네 남편에 대해 한마디도 안 하면, 엄마는 분명 문제가 있다고 생각하고 쓰러지실 거야. 너 이래도 말 안 할 거야?"

단꿈 불안하네요. "사실은……." 하고 털어놓을 것 같은데.

설민석 엄마가 쓰러지신다는데 어떻게 얘기를 안 해요? 프시케는 "사실은……." 하면서 모든 걸 얘기합니다.

**언니들에게
에로스의 선물을
보여주는 프시케**
장 오노레
프라고나르, 영국
내셔널갤러리

그 사람은 매일 밤 어둠 속에서 장미 향과 함께 나타나고, 탄탄한 근육을 가지고 있다고 말해요. 그 얘기를 듣던 언니들의 표정이 영 안 좋습니다. 배가 아파서 어쩔 줄 몰라요.

대단한 언니들은 집으로 돌아가는데
그들의 질투는 계속 커져가고
악으로 활활 타올라 자기들끼리 투덜대었다.

✒ 루키우스 아풀레이우스, 『황금 당나귀』

마음을 진정시키려 정원에 바람 쐬러 나온 언니들은 놀라 주저앉아 버립니다. 다이아몬드, 진주, 에메랄드 정원석을 본 거죠. 큰언니가 둘째에게 말해요. "이대로 둘 수 없어."

열한 번째 이야기 · **에로스와 프시케의 사랑**

다시 프시케 앞에 앉은 언니들은 이런 얘기를 꺼냅니다. "요새 우리 왕국에 소문이 도는데 말이야, 괴물이 나타나 여자를 납치한 다음에 '내 사랑, 내 사랑' 하면서 그렇게 잘해준대. 그리고 임신을 시키는데, 애를 낳잖아? 그러면 신부와 아이를 잡아먹는다는 거야. 네 남편이 괴물이라는 얘기는 아니지만, 그래도 혹시 모르니까……." 하면서 칼과 램프를 건네요.

"너를 찾아다닐 때 들고 다닌 것들이야. 걱정돼서 하는 얘기니까, 오늘 밤 램프를 켜서 네 남편 얼굴을 확인해 봐. 만약에 괴물이면 이 칼로 찔러버려."

언니들은 무서운 조언을 남기고 떠났어요. 그리고 밤이 됐어요. 오늘도 어둠 속에서 그가 나타납니다. 사랑을 나눈 다음, 남편이 먼저 잠들었는지 고른 숨소리가 들립니다. 프시케는 침대 밑에 숨겨둔 램프에 불을 붙이고 칼을 잡은 뒤 조심스럽게 남편의 얼

프시케에게 램프와 단검을 건네는 언니들 루카 조르다노, 영국 로열컬렉션

굴을 비춰봤어요. '당신 누구야? 정말 괴물이야?' 하는 마음으로요. 그런데 램프 빛에 비친 건 금발의 잘생긴 청년이었어요.

괴물이 아니에요. 프시케는 더 궁금해졌어요. '이렇게 잘난 남자가 왜 어둠 속에서만 나타나지? 그리고 왜 자기 얘기를 하지 말라고 했지? 정체가 뭐야?' 하

에로스를 훔쳐보는 프시케 자코포 주치, 이탈리아 보르게세미술관

면서 옆을 봤어요. 거기에는 남자가 풀어놓은 활과 화살통이 놓여 있었어요. 활을 가지고 다니는 날개 달린 신, 에로스잖아요.

단꿈 에로스요? 그 아기요?

설민석 프시케는 너무 놀라 들고 있던 칼을 떨어뜨렸고, 그 소리에 남편이 눈을 뜹니다. 남편과 눈이 마주친 프시케는 당황해 램프를 놓쳐버렸고, 이게 남편 어깨로 떨어져 버렸어요.

어떻게 된 사연일까요? 시간을 한번 거꾸로 돌려보겠습니다. 에로스가 프시케를 처음 본 날이에요. 아프로디테가 에로스에게 프시케라는 여자애를 이상한 놈하고 맺어주라고 보냈던 바로 그날

이죠. 프시케를 처음 본 에로스는 너무 예쁜 모습에 '어떻게 이렇게 예쁜 여자가 있나.' 싶어 찬찬히 뜯어보기 시작했어요. 손에 황금 화살을 들고도 그녀에게 눈을 떼지 못했죠. 그러다 그만 자기 손등을 찔러버린 거예요. 그렇게 에로스는 자신의 황금 화살에 찔려 프시케를 사랑하게 됩니다. 그냥 봐도 반할 만한데 황금 화살에 찔리기까지 했으니, 두 배로 사랑에 빠지게 된 거죠. 남자들이 사랑에 빠지면 어떻게 되죠? 호르몬 분비가 엄청납니다. 에로스의 몸도 순식간에 성인의 몸이 됐고요.

단꿈 갑자기요?

설민석 그러니까 본인도 얼마나 놀랐겠어요? 화들짝 놀라 도망가 버렸죠. 그래도 프시케가 너무 보고 싶어서 신전 근처를 서성이고 있었거든요. 그러다 신탁을 듣게 된 겁니다. "날개를 지니고 두려움을 뿌리는 괴물한테 시집갈 것이다." '날개? 두려움을 뿌려?' 신탁 속 괴물이 마치 자신을 가리키는 것 같아요.

기억해 둬야 할 것이 에로스는 두 가지 화살을 가졌다는 점이에요. 황금 그리고 납 화살이죠. 황금 화살을 맞으면 사랑에 빠지지만, 납 화살을 맞으면 처음 본 상대를 혐오하게 돼요. 그런 권능을 지녔으니 어찌 보면 제우스 못지않게 두려운 신이에요.

에로스는 궁궐을 만든 뒤 서풍의 신에게 언덕 위에 있던 프시케를 데려오게 한 겁니다. 그럼 이처럼 잘생긴 청년이 됐는데 왜 어

아프로디테와 에로스 마르텐 반 헴스케르크, 독일 발라프리하르츠박물관

둠 속에서만 나타났을까요? 그건 엄마인 아프로디테 때문이었어요. 저주를 내리라고 보냈는데 사랑에 빠졌다고 하면, 엄마가 가만히 있겠어요? 그래서 에로스는 몰래 프시케와 만나다가 아이를 낳은 다음 엄마한테 사실을 말하려 했죠. 손주를 안기면 받아주실 거라고 생각한 거예요. 생각대로 잘 진행되던 계획은 언니들이 찾아오면서 꼬여버린 겁니다.

에로스의 눈에 눈물이 차오릅니다. 램프에 덴 자리를 만지며 그가 슬프게 말해요. "내가 그렇게 부탁했는데……. 사랑과 의심은 절대 함께할 수 없어요." 이 말을 남기고 에로스는 떠나버립니다. 프시케는 놀라서 "여보! 여보!" 하고 외치지만, 이미 때는 늦었어요.

얼마나 울었을까요? 한참을 울던 프시케가 에로스를 찾아 나서려고 일어나자, 집과 정원을 비롯한 모든 것이 신기루처럼 사라집니다.

단꿈 으악, 너무해!

에로스에게 버림받는 프시케 앙투안 쿠아펠, 프랑스 릴미술관

설민석 남편도 가고, 저택도 가고, 남은 건 배 속에 있는 아이뿐이에요. 죄책감과 슬픔에 망연자실한 프시케는 결혼식 날 올랐던 언덕으로 갑니다. 저 언덕 아래에는 강물이 흐르고 있어요. 프시케는 "여보, 미안해. 내가 어떻게 당신 낯을 다시 볼 수 있겠어? 안녕, 내 사랑." 하는 말과 함께 강물에 몸을 던집니다. 이렇게 에로스의 사랑도 끝이 나버립니다. 하지만 여기까지가 전부라면 〈신들의 사생활〉이 아니죠.

분명 강물에 첨벙 빠졌던 프시케가 눈을 떠보니, 님프들이 자기를 내려다보고 있어요. 여기가 혹시 저승일까요? 과연 프시케의 운명은 어떻게 될지 잠시 후에 이야기할게요.

그림과 신화

이창용   프시케와 에로스가 등장하는 미술 작품도 아주 많습니다. 루브르박물관 안에만 프시케가 등장하는 작품이 400여 점이나 돼요.

이 작품은 어떤 장면을 묘사한 걸까요? 두 사람의 태도는 사뭇 달라요. 누가 봐도 에로스는 프시케에게 푹 빠져 있어요. 그런데 프시케는 앞에 누가 있는지 인지하지 못하는 상황인 것 같아요. 괴물과 결혼한다는 신

에로스와 프시케 프랑수아 제라르, 프랑스 루브르박물관

탁을 받은 프시케가 두려움과 절망에 휩싸인 채 언덕에서 기다리고 있는 장면이에요. 프시케는 지금 앞에 누가 있는지도 모르는 거예요. 그런 프시케를 에로스는 살며시 안으려는 듯하지만, 자세히 보면 만지지는 않아요. 너무나 안고 싶지만, 행여 그녀가 자신을 알아차릴까 봐 조심스레 감싸고만 있는 모습이죠.

제가 이 작품에서 가장 감탄한 부분은 얇은 천으로 감싼 프시케의 다리예요. 진짜 천을 올려놓은 것 같지 않나요? 얇은 천 아래 살며시 등장하는 프시케의 다리가 너무나 생생하고 아름답게 표현되어 있어요. 루브르박물관에 가신다면 이 작품을 꼭 보셨으면 좋겠어요.

✦ 사랑과 영혼

단꿈 강물에 몸을 던졌던 프시케가 어떻게 됐는지 궁금해요. 눈을 뜬 곳이 정말 저승이었나요?

설민석 아니에요. 님프들과 목축의 신인 판Pan이 구한 거예요. 프시케는 자신이 뛰어내린 강물 바로 옆의 둑에 눕혀져 있었어요. 눈을 뜬 프시케에게 판은 말합니다. "당신, 에로스의 부인이잖아. 아이까지 가졌는데 그렇게 무책임한 선택을 하면 어떡해? 어서 힘내서 에로스를 찾아가 봐. 만나서 미안하다고 얘기해, 내가 응원할 테니 용기를 내."

판의 말에 힘을 낸 프시케는 남편을 찾아 떠납니다. 그런데 에로스는 어디에도 보이지 않아요. 왜일까요? 아프로디테 때문이었어요. 아프로디테는 에로스가 프시케와 사랑에 빠졌고 몸도 커졌다는 사실을 갈매기로부터 듣게 돼요. 분노한 그녀는 에로스를 명령 불복종과 직무 유기, 배임의 이유로 높은 탑에 가둬버립니다. 그래서 프시케가 온 세상을 돌아다녀도 만나지 못했던 거예요. 남편을 못 만난 프시케. 그러면 누구라도 만나야 할까요?

단꿈 시어머니?

설민석 그렇죠. 시어머니를 만나려면 어디로 가면 되죠? 신전이에요. 프시케는 아프로디테의 신전에 가서 울며 기도합니다. "저를 용서해 주세요. 사람들이 저를 신처럼 대했을 때 제가 만류했어야 하는데 죄송해요, 어머니." 그때 갑자기 목소리가 들려요. "고얀 것, 네가 감히 내 아들을 꾀었어?" 아프로디테가 나타난 거예요.

"내 아들의 인생을 망치다니. 여봐라. 매로 다스려라!" 아프로디테는 냉혹한 명령을 내리죠. 시종들이 몽둥이를 들고 달려들자 프시케는 얼른 배부터 감쌌어요. 시종들은 프시케의 임신을 알아채고 아프로디테에게 이를 보고하죠. 아프로디테는 프시케에게 아이를 낳고 떠나라고 해요. 프시케가 받아들일까요?

아프로디테 앞의 프시케 에드워드 매슈 헤일, 영국 러셀코츠 미술관 및 박물관

단꿈 못 하죠. 안 가죠. "그렇게 못합니다, 어머니!"

아프로디테 앞의 프시케 헨리에타 래, 개인 소장

설민석   프시케가 바로 그렇게 말해요. "뭐든 할게요. 떠나라는 말은 말아주세요." 그러자 아프로디테는 프시케에게 그 유명한 4대 과업을 줍니다. 헤라클레스가 받은 과업 이상이에요. 쌀, 보리, 조, 피, 밀 같은 곡식들을 섞어놓고 내일까지 낱알 하나하나를 모두 종류별로 구분해 놓으라고 해요.

단꿈   완전히 콩쥐팥쥐네요.

설민석   두 번째는 사람을 잡아먹는 황금양의 털을 가져오는 거예요. 가면 물어뜯겨 죽죠. 세 번째는 높디높은 곳에서 떨어지는 폭포수가 있는데, 꼭대기에서 물을 떠오래요. 임신한 여자가 할 수 있겠어요?

단꿈 그걸 어떻게 해요.

설민석 하지만 프시케는 모두 해냅니다. 헤라클레스 같은 경우는 본인이 하지만, 프시케에게는 조력자들이 있었어요. 곳간에 쌓인 곡식 앞에서 프시케가 울고 있을 때, "울지 말아요, 프시케." 하며 개미들이 나타나더니 전부 분류해 줬어요.

> 다리 여섯 달린 것들 무리가 물밀듯 달려들어
> 온 힘을 다해 곡물 더미의 낟알 하나하나를 종류별로 나누고는
> 재빠르게 시야에서 사라져 버렸다.
> ✒ 루키우스 아풀레이우스, 『황금 당나귀』

사람 잡아먹는 황금양의 털을 가지러 갈 때는 갈대들이 말해요.

씨앗을 분류하는 프시케
줄리오 로마노, 이탈리아 팔라초테궁전

프시케에게 물병을 주는 독수리 벤저민 웨스트, 미국 프린스턴대학교미술관

"프시케, 지금 가면 위험해!"라고 하면서 널려 있는 황금 양털을 가져올 수 있는 방법을 알려주죠.
폭포수 꼭대기의 물은 제우스의 독수리가 날아와 떠다 줘요.
그렇게 과업을 마친 프시케에게 아프로디테는 마지막 과업을 줍니다. 저승으로 가 하데스Hades의 부인 페르세포네Persephone를 만나면, 상자에 아름다움을 가득 담아 오라고 해요.
저승에는 어떻게 해야 갈 수 있습니까?

너는 이 작은 상자를
프로세르피나(페르세포네)에게 들고 가서
'베누스(아프로디테)가 당신께 부탁합니다.
그분께 당신의 아름다움을 적정한 만큼만……
보내주십사 합니다.'라고 말하도록 해라.

▰ 루키우스 아풀레이우스, 『황금 당나귀』

단꿈　죽어야 가죠.

설민석　과업을 포기할 수 없었던 프시케는 저승에 가기 위해 죽으려고 해요. 높은 탑으로 올라가 뛰어내리려는 순간, 탑이 말을 건네는 거예요. "미쳤어? 안 돼!" 그렇게 멈춰 세우더니, 탑의 지하 방을 통해 저승으로 가는 방법을 알려줘요. 죽어서 가면 다시 돌아올 수 없으니 비밀의 길을 가르쳐준 거예요.

그리고 덧붙입니다. "저승에서 주는 음식을 먹으면 이승으로 돌아오지 못하니, 아무것도 먹지 마. 절대 뒤돌아보지도 말고. 이승에 나와서도 상자는 절대 열어보지마. 그 상자 안에 뭐가 들어 있는지 궁금해도 상자를 열어보면 안 돼."

프시케는 탑이 알려준 길을 따라 저승에 가서 하데스의 부인 페르세포네를 만납니다.

페르세포네는 상자에 뭔가를 담아주면서 건네요. 그러더니 프시케에게 석류를 먹으라고 권해요. 프시케는 탑의 이야기를 떠올리며 정중하게 거절하고 뒤

페르세포네를 만나는 프시케 샤를 조제프 나투아르, 미국 로스앤젤레스카운티미술관

돌아 옵니다. 그때 뒤에서 "프시케!" 하고 부르는 익숙한 목소리가 들려요. 그리운 엄마 목소리예요. 어떡해요, 돌아볼까요?

단꿈 절대 안 되죠.

설민석 "프시케야, 아빠다." 아빠 목소리도 들려요. 프시케는 그리운 목소리들에 마음이 흔들렸지만, 돌아보지 않고 무사히 나옵니다. 이제 살았어요. 만삭의 몸으로 어려운 과업을 다 해낸 거예요. 이제 신전에 상자만 바치면 됩니다.
안도의 한숨을 내쉬며 신전을 향해 걸어가는데, '짤랑짤랑' 상자 안에서 무슨 소리가 나는 거예요. '뭐지? 뭔데 소리가 나지? 희한하네. 아름다움은 어떻게 생겼을까?' 상자 속이 궁금해진 프시케는 열어보려고 해요.

단꿈 안 돼!

설민석 프시케는 호기심에 상자를 살짝 열어봅니다. 그리고 잠에 빠져듭니다. 상자 안에 들어 있던 건 아름다움이 아니고 잠의 안개였거든요. 프시케는 그 자리에서 식물인간처럼 잠들어 깨어나지 못합니다.

그녀가 상자를 열었는데 그곳에선 어떠한 아름다움도
다른 어떤 것도 발견할 수 없었고
오직 지옥 같고 치명적인 잠이 있었으니,
상자가 열리자마자 그것이 그녀의 온 사지를 침범하였고……
그대로 잠이 들어버렸다.

▰ 루키우스 아풀레이우스, 『황금 당나귀』

한편 에로스는 호기심 많은 프시케가 상자를 열까 봐 불안해하고 있었습니다. 그때 서풍의 신이 와서 소식을 전하죠. "이미 늦었어. 프시케는 이미 상자를 열었고, 영원히 잠들었어."

이창용 그래도 달려가야죠.

설민석 그렇죠? 에로스도 달려가려 하는데 서풍의 신이 붙잡아요. "너 미쳤어? 너 지금 눈에 콩깍지 씐 거야. 네 피부에 잠의 안개라도 닿으면 너도 영면인데 어쩌려고 그러는 거야? 네가 죽으면 세상에 사랑은 누가 뿌려? 정신 차려, 제발!" 그러자 에로스가 서풍의 신에게 말합니다. "콩깍지라고? 내 황금 화살의 유효기간이 얼마나 될 것 같아? 길어 봐야 6개월이야. 내 화살에 찔린 상처는 벌써 다 나았어."

한번 여쭤보겠습니다. 여자친구를 위해서 죽을 수 있을까요?

단꿈 글쎄요.

설민석 그럼 아내를 위해서 죽을 수 있습니까?

이창용 네!

설민석 저도 죽을 수 있습니다. 연인을 보면 가슴은 뛰지만 상대를 대신해 죽지는 못해요. 그런데 생사고락을 함께한 부부 중 많은 이가 서로 대신 죽을 수 있다고도 하거든요. 에로스는 말합니다. "이건 의리고, 내 선택에 대한 책임이야. 이게 진짜 사랑이지. 콩깍지는 벗겨졌지만 난 지금 내가 한 선택을 지키러 가는 거야." 하고는 프시케에게 날아갑니다.
그녀는 잠들어 있어요. 에로스는 화살통에서 납 화살 두 개를 꺼내서 그녀로부터 잠을 뜯어내기 시작합니다.

쿠피도(에로스)는……
그녀를 발견하고는
그녀의 얼굴에서 잠을 치워냈고
이를 도로 상자 속에 집어넣었으며…….

✒ 루키우스 아풀레이우스, 『황금 당나귀』

몇 날 며칠을 매달려 아주 조심스럽게 그 잠을 다 뜯어낸 뒤 상자에 다시 담았어요. 이제 그녀를 깨어나게 할 시간입니다. 에로스는 황금 화살을 뽑아서 잠든 프시케의 왼쪽 가슴을 툭 찔렀어요. 깨어나지 않아요. 너무 늦은 걸까요? 화살을 찌르고, 또 찌르고 아무리 심폐소생을 해도 그녀는 깨어나지 않아요. 에로스는 오열합니다. "프시케, 내가 너를 그렇게 떠났는데, 이렇게 가버리면 어떡해?"
여러분, 동화에서는 잠자는 공주를 어떻게 깨우죠?

단꿈 키스로요. 키스해!

설민석 에로스는 프시케에게 키스합니다. 그리고 자신의 진심 어린 사랑을 그녀의 입술을 통해 폐부 깊숙이 불어넣어요. 그의 눈에서 뜨거운 눈물이 흘렀고, 그 눈물이 프시케의 볼에 떨어집니다. 그러자 그녀의 손가락이 살짝 움직이더니 이내 숨결이 돌아옵니다. 그녀가 깨어났어요.
에로스는 울먹이며 "여보!"라고 외쳐요. 프시케가 에로스를 향해 건넨 첫마디는 뭘까요?

단꿈 사랑해?

설민석 "미안해요."였어요. 그러자 에로스는 이렇게 말해요. "사랑은 결코 '미안해.'라고 말하지 않는 거야."

잠에서 깨어나는 프시케
에드워드 번 존스, 영국 셰필드 미술관 및 박물관

에로스와 프시케의 사랑
루이 장 프랑수아 라그레네, 스웨덴 국립미술관

프시케와 에로스는 아프로디테에게 상자를 전달하고 과업을 완수해요. 그리고 제우스를 찾아가 결혼을 허락해 달라고 해요. 제우스는 축복하며 성대한 결혼식을 열어줬고, 아프로디테도 둘의 사랑을 인정합니다. 에로스와 프시케 사이에는 딸이 태어나요.

단꿈 미모가 얼마나 대단할까요? 할머니는 아프로디테, 엄마는 프시케, 아빠는 에로스인데.

> 그 의식으로 프쉬케(프시케)는
> 쿠피도(에로스)와 결혼하였고
> 적절한 시기에 그들에게 딸이 태어났는데
> 우리는 그녀를 '쾌락'이라고 부른다.
>
> ✒ 루키우스 아풀레이우스, 『황금 당나귀』

설민석 에로스가 사랑의 신이잖아요. 프시케는 영혼의 여신으로 승격됩니다. 그래서 둘은 '사랑과 영혼'으로 영원히 자리 잡게 됩니다. 콩깍지보다 더 위대한 의리, 그리고 선택에 대한 책임을 알려준 에로스의 사랑 이야기였습니다.

단꿈 너무 재밌어요. 디즈니 애니메이션으로 만들어도 재밌을 것 같아요.

김헌 사실 프시케와 에로스의 사랑 이야기가 〈미녀와 야수〉의 바탕이 되었다고 하죠.

단꿈 프시케라는 말은 '시시포스'처럼 의성어에서 나온 이름이라고 들었는데요?

에로스와 프시케의 결혼
프랑수아 부셰, 프랑스 루브르박물관

프시케의 결혼식
라파엘로, 이탈리아 빌라파르네시나

김현   네, 숨결을 뜻해요. 사전에 나온 프시케의 첫 번째 뜻은 '호흡'이에요. 또 '목숨'이라는 뜻도 있고요. 그 목숨이 우리 몸에서 빠져나갔을 때 흩어지지 않고 하나의 덩어리로 남아 있을 거라는 의미에서 '혼백'이라는 뜻도 생겼어요. 거기에 생명을 주면 '영혼'이라는 개념이 되기 때문에 플라톤 철학에서는 프시케를 '영혼'이라고 표현해요.

설민석 선생님이 풀어나간 이야기의 바탕은 로마 작가 아풀레이우스의 『황금 당나귀』입니다. 이 책은 플라톤주의자로 알려진 저자가 사람들에게 플라톤 사상을 쉽게 풀어주려 쓴 것이라는 해석도 있어요. 왜냐면 이전까지만 해도 '인간이 죽으면 몸에서 목숨이 빠져나간다.', 즉 '프시케가 나간다.'고 생각했거든요. 빠져나간 프시케는 지하의 하데스로 내려간다고요. 그러다 보니 죽음은 '고통스러운 것', '존재의 완전한 끝'이어서, 두렵고 부정적인 개념으로 여겼을 거예요.

플라톤은 우리가 어떻게 사느냐에 따라서 프시케가 두 군데로 나뉘어 갈 수 있다고 했어요.

그 사람이 가지고 있는 에로스가 세속적이고 육체적인 욕망에 사로잡히면, 영혼이 무거워지고 때가 묻어서 지하로 내려간다고 했어요. 반면에 에로스의 지향점이 정신적이고 순수하고 아름다우면 영혼이 정화되어서 하늘로 올라간다고 했죠. 이데아의 세계까지 올라간다는 거예요.

이런 사상을 이어받은 아

황금 상자를 여는 프시케 존 윌리엄 워터하우스, 개인 소장

**스틱스강의
뱃사공 카론**
알렉산더
리토브첸코,
러시아
러시아박물관

풀레이우스가 작품을 통해 우리에게 메시지를 전하려 했던 겁니다. 우리가 어떤 에로스를 품고 사랑하고 열망하느냐에 따라서, 우리의 영혼인 프시케가 영원한 하늘나라로 올라갈 수도 있다고요.

그림과 신화

에로스의 키스로 되살아나는 프시케 안토니오 카노바, 프랑스 루브르박물관

이창용   이 이야기는 미술사적으로도 같은 맥락을 지녀요. 에로스와 프시케의 이야기를 다룬 많은 작품이 대부분 신고전주의 시대에 제작됐어요. 신고전주의는 '다시 한번 과거로 돌아가자.'는 흐름이었죠.

> **신고전주의**
> 고대 그리스와 로마 문화에 영감을 받아 창조된 예술로,
> 예술 양식이 가장 완전하고도 조화롭게 표현된 시기

여기서 말하는 '과거'는 그리스 로마 시대를 이야기하고, 철학적으로는 플라톤주의를 말해요. 즉 플라톤주의를 미술에 다시 적용하자는 거예요. 그래서 신고전주의 시대에 활동했던 예술가들은 세상에서 가장 완벽하고 이상적이고 아름다운 사랑이 프시케와 에로스의 사랑이라고 여겨요. 그래서 이 시대에 프시케와 에로스가 특히 많이 그려졌어요. 이 작품은 신고전주의 시대의 가장 유명한 작품입니다.

안토니오 카노바 Antonio Canova 라는 작가의 조각인데, 제목도 멋있어요. 〈에로스의 키스로 되살아나는 프시케〉입니다. 루브르에서 만날 수 있는데, 현장에서 보면 감탄이 나올 정도로 아름다워요. 작품 뒤편에 항아리가 놓여 있는데, 원전에는 상자라고 표현돼 있지만 시대에 따라서 항아리로 표현되기도 해요. 항아리의 뚜껑이 열리면서 프시케가 순식간에 잠들었고, 그녀를 되살리기 위해 에로스가 방금 막 키스를 마친 것 같아요. 왜냐하면 살며시 눈을 뜬 프시케가 사랑하는 연인 에로스를 발견하고, 그를 끌어안으려는 순간처럼 보이잖아요?

단꿈 아주 생생하게 표현돼 있네요.

이창용 실력 있는 조각가들은 대체로 통대리석으로 작품을 만들어요. 안토니오

카노바도 워낙 실력 있는 작가이기 때문에 웬만해선 통대리석으로 조각하는데, 이 작품만은 에로스의 날개 부분을 따로 만들어 붙였어요. 에로스의 날개를 얇게 표현하기 위해서였어요.

또 이 작품은 옆에 고리를 달아 360도 빙글빙글 회전시킬 수 있도록 만들었어요. 처음부터 창가에 두려고 계획한 작품이고요. 창가에 빛이 들어오면 막 잠에서 깨어나려고 하는 프시케의 얼굴에 빛이 떨어지고, 에로스의 날개는 투명하게 보이죠. 이런 극적인 효과를 주기 위해 통대리석을 쓰지 않고 날개를 얇게 따로 만들어 붙였던 거예요. 모든 것을 계산해서 만든 거죠.

미술관에 가서 작품을 볼 때는 '왜 이 작품을 여기에 전시했을까?' 하는 큐레이팅까지 함께 생각해 보면, 좀 더 깊게 작품을 즐길 수 있을 거예요.

✦ 에로스, 그 위대한 힘

단꿈 에로스와 프시케의 이야기를 들으니까 예나 지금이나 사랑이라는 가치는 그 무엇보다 숭고한 것 같아요.

김헌 그렇죠. 그리스 로마 신화 원전 중의 원전이라고 꼽을 수 있는 헤시오도스Hesiodos의 『신들의 계보』에서는 에로스가 최초의 신 가운데 하나로 나와요. 그래서 '세상을 움직이는 힘'이라고 표현되죠. 또 '신들 가운데 가장 잘생겼다', '인간이나 신의 이성과 의지, 의도를 몽롱하게 만든다.'는 표현 등이 나와요.

에로스Ἔρως는 그리스어로 '욕망'이라는 뜻을 지니고 있어요. 무엇이든 나에게 결핍된 것을 채우려고 할 때, 그 대상에 대해 내가 갖는 열망을 모두 '에로스'라고 표현해요. 욕망이 작동할 때 우리는 뭔가 채워나가며 행복을 누리려고 해요. 그런 관점에서 볼 때, 모든 인간을 활동하게 만드는 위대한 힘이 바로 에로스라고 말할 수 있을 것 같습니다.

열두 번째 이야기

왕좌의 게임, 기간토마키아

신들에게 신탁이 내려지길 기간테스 중
어느 누구도 신들에게는 죽임을 당할 수 없으며
어떤 필멸자가 함께 싸울 때 그들이 죽을 수 있다는 것이었다.
- 아폴로도로스, 『신화집』

열두 번째 이야기
왕좌의 게임, 기간토마키아

✧ 전쟁의 시작

김헌   신들의 사생활 2권의 모든 이야기는 바로 이번 이야기를 위한 포석이었다고 말할 수 있습니다. 형제자매들과 함께 권력을 획득하고, 자식들까지 모아 올림포스 12신 체제를 이룬 제우스에게 마지막 역경이 다가옵니다. 그의 세력에 도전하는 어마어마한 세력인 기가스 무리, 기간테스 Gigantes가 몰려오거든요.

가이아 안젤름 포이어바흐, 오스트리아 빈 미술아카데미

기간테스는 기가스Gigas의 복수형이에요. '제우스가 올림포스 12신과 함께 이 사태에 어떻게 대응해 나가는가.' 이것이 이번 이야기의 관전 포인트입니다.

설민석 저는 지금 전쟁터에 나가는 기분입니다. 대장정을 마무리할 이번 이야기에는 흥미를 더하기 위한 각색이 아주 많습니다. 이 점을 감안해 재미있게 들어주시길 바라겠습니다.

우라노스와 티탄들 카를 프리드리히 싱켈, 독일 베를린 기술대학교 건축박물관

혼돈, 티탄의 탄생 조지 프레더릭 와츠, 영국 테이트브리튼미술관

자, 대미를 장식할 최후의 전쟁 속으로 여러분을 안내합니다. 이 비극은 대지의 여신 가이아Gaea의 모성 때문에 시작됩니다. 태초에 가이아가 있었어요. 대지의 여신이죠. 가이아는 하늘의 신 우라노스Ouranos를 낳았습니다. 우라노스는 사실상 온 세상의 첫 번째 왕이라고 할 수 있어요.

가이아는 자신이 낳은 우라노스와 사랑을 나눴고, 둘 사이에서 12명의 자식이 태어납니다. 이들이 티탄Titan족입니다. 키가 크고 잘 생기고 늘씬한 거신들이에요.

멋진 자식들의 탄생에 우라노스는 행복했습니다. 그런데 문제는 그다음에 태어난 아이들이었어요. '천둥', '번개', '벼락'이라는 아이들이 태어나는데, 눈이 하나씩밖에 없었죠.

또 그다음에는 머리가 오십 개에 손이 백 개 달린 기괴한 형상의 아이들이 셋씩이나 태어나요. 손이 백 개라고 해서 우리가 '백손이 삼 형제'라고 불렀던 것 기억하시죠?

크로노스
조반니
프란체스코
로마넬리,
폴란드 바르샤바
국립박물관

> **백손이 삼 형제 '헤카톤케이레스(Hekatoncheires)'**
> 100개의 팔과 50개의 머리를 지닌 거신 3형제.
> 올림포스 신들과 티탄 신들 사이에 전쟁이 벌어졌을 때
> 올림포스 신들의 편에 서서 이들의 승리를 도왔다.

 일반적이지 않은 외모의 아이들을 보며 어머니는 마음이 아팠어요. 그런데 아버지라는 사람은 자식들을 창피해하더니, 흉측하다는 이유만으로 지하 감옥에 가둡니다. 그렇게 비정한 아비가 우라노스예요. 이런 남편을 가만둘 수 있나요? 우라노스를 당장 지고 싶었지만, 힘이 없었던 가이아는 자식들을 부릅니다. "내가 너희에게 거대한 낫을 주마. 그걸로 네 아비를 쳐라. 누가 하겠느냐?"

크로노스에게 거세된 우라노스 조르조 바사리, 이탈리아 베키오궁전

그때 막내 크로노스가 자신이 하겠다며 나섰고, 가이아는 그에게 낫을 맡깁니다. "이제 네가 왕이 되는 거야. 잊지 말고 형제들을 꼭 풀어줘야 한다."

크로노스는 어머니의 계략대로 아버지 우라노스를 내쳤어요. 그런데 권력을 맛보더니 약속을 어기고 형제들을 풀어주지 않습니다. 가이아는 배신감을 느끼죠. "그래, 네놈이 네 아비를 내쳤지? 너도 네 아들한테 당해봐라." 그러면서 크로노스의 아들 제우스를 설득합니다. "제우스, 형제들과 힘을 합쳐서 네 아비를 쳐라! 대신 삼촌들을 꼭 풀어줘." 제우스도 할머니 가이아와 약속한 뒤, 아버지 크로노스를 내쫓고 왕이 됩니다.

그런데 크로노스가 쫓겨났어도 그의 형제인 티탄들이 모두 한자리씩 차지하고 앉아 있는 거예요. 조선 시대로 따지자면, 크로노스가 왕일 때 티탄들이 정승, 판서인 거죠. 이제 권력이 조카한테

티탄 신족의 추락 코르넬리스 판 하를럼, 덴마크 코펜하겐국립미술관

넘어갔는데 그들이 가만히 있겠어요? 그래서 티탄의 난이 벌어집니다. 제우스는 이 전쟁에서 이기기 위해 지하에 감금됐던 삼촌들을 풀어주죠. 제우스는 형제들, 삼촌들과 힘을 합해 티탄족을 모두 제압합니다. 이것이 티탄과 올림포스 신들이 10년간 벌인 전쟁 '티타노마키아 Titanomachia'예요.

역적이 된 티탄들은 지하 감옥에 갇히죠. 가이아는 또 자식들의 옥살이를 보게 됐어요. 세월이 흐른 어느 날 가이아가 제우스에게 찾아가서 말해요. "많은 시간이 흘렀다. 이제 용서할 때가 되지 않았니? 티탄들을 풀어주자." 과연 제우스가 풀어줄까요?

단꿈 할머니를 생각해서 풀어줄 마음도 살짝 들지 않을까요?

설민석 제우스는 거절합니다. 가이아는 저주를 퍼붓죠. "할아비, 아비, 자식 놈까지 똑같구나. 너도 쫓아내 주마!" 분노한 가이아는 세상의 배꼽이라는 델포이 신전의 바위 위에 앉아, 온 우주의 에너지를 모아 그들을 소환합니다. 바로 기간테스입니다.

원전에 묘사된 기간테스의 외모는 흉측해요. 상반신은 인간이지만 하반신은 뱀의 형상을 하고 있고 용의 비늘 같은 것으로 뒤덮여 있어요. 덩치도 커서 약 4~27미터로 다양하게 표현되는데 우리 세계관에서는 4미터로 하겠습니다. 거신족 기간테스는 땅에 발을 딛고 있는 순간만큼은 무적이에요. 불사신이죠.

가이아는 기간테스 앞에서 말합니다. "제우스 또한 독재자다. 이 전쟁은 제우스를 몰아내고 갇혀 있는 티탄들을 풀어주는 해방 전쟁이다."

기간토마키아 작자 미상, 튀르키예 이스탄불 고고학박물관

한편 올림포스에서는 가이아의 계획을 알고 있었어요. 신탁이 있었거든요. "기간테스가 올림포스로 쳐들어올 것이다. 12신이

모두 힘을 합쳐도 올림포스는 멸망할 것이다. 그러나 필멸의 인간이 나타나서 올림포스를 구하리라."

신들에게 신탁이 내려지길 기간테스 중
어느 누구도 신들에게는 죽임을 당할 수 없으며
어떤 필멸자가 함께 싸울 때 그들이 죽을 수 있다는 것이었다.

✒ 아폴로도로스, 『신화집』

제우스는 신도 막지 못하는 괴물을 한낱 인간이 막을 수는 없을 테니, 신과 인간 사이에 태어난 영웅이 올림포스를 구할 거라고 생각해요. 그래서 그 영웅을 낳기 위해서 수많은 여인과 애정 행각을 벌이고 다닌 겁니다. 우리가 그동안 봐왔잖아요.
그러던 어느 날 연회 도중 느닷없이 집채만 한 괴물 두 마리가 구름 위로 고개를 들이밀며 올라옵니다. 가이아가 보낸 일종의 사신이었어요. "제우스는 물러나고 티탄들을 풀어줘라. 그러면 별 일 없을 거야."라는 경고를 전하죠. 제우스가 물러날까요?

단꿈 안 물러나죠. 뒤에 12신이 있는데, 싸워봐야죠.

설민석 제우스는 생각할 시간을 갖기 위해 침거에 들어갑니다. 그동안 신들끼리 갑론을박을 펼칩니다. 포세이돈은 헤라에게 권하죠. "제우스를 넘기자." "지금 왕을 팔아넘기자는 거예요?" "제우스만 물러나면 모두 무사하다잖아. 우리가 이길 수 없다는 신탁 못 들었어? 당신도 바람이나 피우던 제우스한테 한 맺힌 거 많잖아. 우리가 연합정부로 통치하면 된다고." 이렇게 제안합니다. 헤라는 과연 남편을 팔까요?

단꿈 팔지 못할 것 같아요. 아직 전쟁은 시작도 안 했는데 신탁만 믿고 제우스를 넘긴다는 건 무리죠.

설민석 헤라가 답해요. "당신 말에 전적으로 공감해요. 그런데 가이아가 우리를 가만두겠어요? 처음에는 가이아의 꼭두각시가 되어 연합정부의 수장이 되겠지만, 바로 제우스처럼 감옥에 가둬버릴 거예요. 난 이 얘기 못 들은 걸로 하겠어요, 포세이돈."

같은 시각, 달의 여신 아르테미스와 태양의 신 아폴론 남매도 언쟁을 벌입니다. 아르테미스는 당장 가서 싸우자고 주장하죠. "싸워야지! 우린 올림포스 12신이잖아!" 아폴론 의견은 달라요. "누나 좀 진정해. 신탁 들었잖아. 우린 못 이겨. 아버지 모시고 가이아에게 가서 무릎 꿇고 빌자." 아르테미스는 더 흥분해요. "뭐? 무릎 꿇고 살라고? 난 차라리 죽을 거야."

그렇게 신들이 옥신각신할 때 고민을 끝낸 제우스가 나타나 말합니다. "싸우자. 우리가 충분히 이길 수 있을 것 같다." 그러면서 전쟁의 신 아레스부터 찾죠. 헤르메스가 전합니다. "아레스가 사신들에게 도발하다가 청동 항아리에 거꾸로 처박혔어요."

그는 열세 달 동안 청동 항아리에 묶여 있었다.
전쟁에 만족할 줄 모르는 아레스는
그곳에서 파멸해 버렸을 수도 있었다.

✒ 호메로스, 『일리아스』

제우스는 헤르메스에게 아레스를 구해오라고 명하며, 또 한 가지 일을 시킵니다. "저승에 가서 하데스를 만나. 그리고 이번 전쟁에 절대 참전하지 말라고 전해."

헤르메스가 놀라 되묻죠. "아니 아버지, 병력이 하나라도 더 있어야 하는 상황인데, 왜요?" 제우스는 이유를 말해요. "가이아는 기간테스 일부를 저승으로 보내 지하 감옥의 문을 열 거야. 원한에 맺힌 망자들을 세상에 풀어 폭동을 일으키고 후방을 교란하기 위해서지. 그러니 저승을 지키는 것이 전쟁의 승기를 잡는 방법이라는 걸 반드시 전해."

제우스는 이어서 전쟁의 여신 아테나를 부릅니다. "너는 신탁에서 말한 필멸

페르세포네를 만나는 프시케 샤를 조제프 나투아르, 미국 로스앤젤레스카운티미술관

의 인간을 데려와."라고 명하며 그가 누구인지 알려주죠. "아, 그 자를 데려오면 되나요?" "데리고 와서 바로 전쟁에 투입해."

자, 이렇게 전쟁 준비가 진행됩니다. 그런데 먼저 처리해야 할 게 있어요. 골칫거리인 사신들입니다. 이놈들이 얼마 전 말도 안 되는 횡포를 부렸어요. 아르테미스와 헤라를 희롱하며 자신들의 부인으로 들이겠다고 한 거죠. 감히 제우스의 아내와 딸을요. 이거 가만히 있을 수 없는 일입니다.

제우스는 분노를 누르고 큰 그림을 그려요. 그리고 아르테미스를 불러 계획을 알려줍니다. 제우스의 전략에 따라 평소답지 않게 화장을 곱게 하고 나타난 아르테미스는 사신들을 유혹해요. "전 당신의 아내가 되기로 마음먹었어요. 우리 첫날밤을 보내야 하니까 일단 절 따라올래요?" 그렇게 해서 이들을 섬으로 데려간 뒤, 숲으로 숨으며 말하죠. "저는 사냥 잘하는 남자가 매력 있더라고요." 그때 빛보다 빠른 속도로 달리는 아르테미스의 암사슴이 등장합니다.

베르사유의 아르테미스 레오카레스, 프랑스 루브르박물관

사신들은 창을 들고 흩어져 사슴을 쫓아가지만, 사슴이 너무 빨라요. 한참을 쫓고 있을 때, 갑자기 암사슴이 속도를 줄이며 그들 가운데로 뛰어듭니다. 사신들은 신이 나서 "여기 있구나, 이놈." 하며 동시에 창을 던지죠. 결국 그들은 서로가 던진 창에 맞아 죽게 됩니다.

여신(아르테미스)이 사슴으로 모습을 바꾸어
그들 가운데로 뛰어들자
알로에우스의 자식들이 그 짐승을 맞히려다가
서로를 향해 창을 던졌던 것이다.

／ 아폴로도로스, 『신화집』

그 둘의 숨이 끊어지는 순간, 명상에 잠겨 있던 가이아가 눈을 번쩍 뜹니다. "얘들아, 전쟁이다!" 그러고는 기간테스 무리를 올림포스로 올려 보내요. 사신 둘이 먼저 올라왔잖아요. 날개도 없는 이들이 어떻게 올라왔을까요? 산을 가져다 놓고, 그 위에 또 산을 쌓고, 그 위에 산을 첩첩이 쌓으며 기어 올라온 거예요.

올림포스산에다가 옷산을
또 옷산에다가 텔리온산을 쌓았는데
이 산들을 통해 하늘로 올라갈 것이라고 으름장을 놓았고…….

／ 아폴로도로스, 『신화집』

쌓아 올린 산으로 기간테스 백여 마리가 개미 떼처럼 기어오릅니다. 올림포스 12신은 이미 준비하고 있어요. 먼저 1열을 볼까요? 제우스와 형제들입니다. 제우스가 번개를 들고 선봉에 서고, 그 옆에 강펀치의 소유자인 헤라가 버티고 있고, 그 곁에서 포세이돈이 삼지창을 돌리고 있어요. 뒤에는 곡식의 여신 데메테르가 뜨거운 횃불을 들고 대기하고 있죠. 1세대 먼저 출격!

그 뒤에 2세대가 섭니다. 전쟁의 신 아레스가 맨 앞에 서고, 그 뒤에 태양의 신과 달의 여신 남매가 활을 조준하고 있어요. 디오니소스와 아프로디테도 뒤에서 달려옵니다.

올라오는 기간테스에게 제우스가 번개를 내리꽂아 시력을 멀게 하고, 헤라가 턱을 가격해 날려 보냅니다. 잇달아 쏟아지는 신들의 공격에 주춤거리던 기간테스 무리는 진격을 멈추고 도망가기 시작하죠. 포세이돈과 헤라는 재빨리 그들을 쫓아갑니다. 그때 제우스가 다급히 소리쳐요. "내려가지 마!"

하지만 그 소리를 못 듣고 벌써 내려가 버린 포세이돈과 헤라는 땅에 닿자마자 곧바로 기간테스에게 포위당합니다. 헤라가 기간테스의 턱을 한 방 쳤지만, 기간테스는 끄떡없고 그녀의 손가락이 부러져요. 제우스가 번개를 쳐도 기간테스는 눈 하나 깜짝 안 해요. 이게 무슨 일이죠?

단꿈 땅에 서 있으면 불사신이잖아요.

설민석 네, 발이 땅에 닿는 순간 그들은 불사신이 되거든요. 그래서 신들을 땅으로 유인했던 겁니다. 다시 올라가려던 포세이돈은 무참히 끌어내려지고 삼지창까지 빼앗기죠. 포세이돈도 헤라도 제우스도 무력하게 두들겨 맞아요. 이대로 끝인 걸까요?

제우스조차 절망감을 느낄 때, 쩌렁쩌렁한 목소리가 들리며 사자 가죽을 쓴 건장한 남성이 등장합니다. "야! 여기 우두머리가 누구냐?" 그의 뒤에 서 있던 전쟁의 여신 아테나가 말하죠. "아버지께서 말씀하신 '신탁에서 말한 자', 올림포스를 지킬 그를 데려왔습니다. 헤라클레스가 왔어요."

헤라클레스! 신탁에서 말한 올림포스를 구할 영웅이 나타난 겁니다. 우두머리를 찾는 헤라클레스의 호령에 기간테스 중 가장 강한 알키오네우스Alcyoneus가 나서 거칠게 공격합니다. 헤라클레스는 강하게 맞서죠. 그런데 어쩌죠, 조금씩 밀리는 거예요.

단꿈 헤라클레스도요? 어떡해요?

설민석 방법은 하나예요. 적들의 발이 땅에서 떨어지면 힘을 잃는다는 걸 기억한 헤라클레스는 있는 힘껏 기간테스를 들어 올려 거꾸로 꽂아버립니다. 그때 제우스가 소리치죠. "후퇴!" 올림포스 신들은 이 틈에 모두 하늘로 올라갑니다.

가이아는 큰 충격을 받습니다. 예측하지 못했던 일이거든요. 가이아 입장에서 한번 생각해 보죠. 올라갔던 신들이 다시 땅으로 내려올 것 같나요?

단꿈 그런 생각 못 하겠죠. 안 내려올 것 같아요.

설민석 절대 안 내려오죠. 두 번은 안 당하니까요. 그러면 기간테스를 올려 보내는 수밖에 없어요. 하지만 올라가면 전력이 약해질 텐데 도대체 어떤 전략을 써야 할까요?

가이아는 판단합니다. "바로 지금이야!" 우리 측도 피해가 있었지만, 상대는 무기도 다 잃을 정도로 피해가 컸어요. 포세이돈의 삼지창은 지금 지상에 꽂혀 있고, 데메테르의 횃불도 진작에 꺼졌고, 신들의 화살도 다 소진됐어요. 그러니 지금 쳐야 한다고 판

페르가몬 신전, 아테나와 알키오네우스 작자 미상, 독일 페르가몬박물관

단한 겁니다. "전군 진격하라!" 가이아의 명령에 따라 기간테스가 피를 흘리면서 올림포스로 올라갑니다.

제우스는 신들을 올림포스에 피신시킨 후 계속 번개를 내리쳤지만, 개미 떼처럼 올라오는 기간테스를 막지는 못합니다. 밀리며 싸우고 있는데, 기간테스의 수가 조금씩 줄어드는 느낌이에요. 무슨 일인가 봤더니, 저쪽에서 아프로디테가 그 어느 때보다 화려하게 치장하고 기간테스를 유혹하고 있는 겁니다. 그 모습에 홀려 기간테스가 쫓아가면, 동굴로 같이 들어가는 거예요. 잠시 후 헤라클레스가 동굴에서 방금 들어간 기간테스의 목을 들고 나옵니다. 아프로디테가 싸우는 방식이었죠.

여신(아프로디테)이 헤라클레스를
어느 동굴에 숨기려고 그에게 청원하였다.
그리하여 기간테스를 하나하나씩 받아서는
헤라클레스에게로 보내는 속임수를 써서 죽였다는 것이다.

스트라본, 『지리학』

잠시 후 비명이 들리는 쪽을 봤더니 기간테스가 헤라의 옷을 찢고 겁탈하려 하고 있어요. 분노한 제우스가 번개를 들고 구하러 가는데, 헤라를 제압하던 기간테스 머리가 갑자기 펑 터져버립니다. 헤라클레스가 쏜 화살을 맞은 거였죠. 기간테스를 처치한 헤라클레스는 그대로 헤라한테 달려가더니 사자 가죽을 벗어 그녀

올림포스를 공격하는 기간테스
안토니오 템페스타

사진 ⓒThe Elisha Whittelsey Collection, The Elisha Whittelsey Fund, 1951

의 몸을 가려줍니다.

단꿈 역시 멋있네요, 헤라클레스!

설민석 마음이 든든해진 제우스는 다른 기간테스를 상대하러 갑니다. 그런데 이번에는 헤라클레스의 비명이 들리는 거예요. 화살이 다 떨어져 기간테스에게 잡혀버린 겁니다. 제우스가 구하러 달려가는데 헤라클레스를 짓누르던 기간테스의 머리가 또 펑! 터져요. 이건 또 뭐죠? 자신의 아들 헤파이스토스가 나타나 망치를 휘두른 거였어요. "이봐, 덩치! 화살 부족하지? 내가 만들어 왔어. 이거 받으라고!" 헤파이스토스는 헤라클레스에게 화살을, 포세이돈에게는 새로 만든 삼지창을, 아레스에게는 잘 만들어진 창을 건네고 갑니다. 디오니소스에게는 포도주와 새 지팡이도 주죠. 헤파이스토스가 신들에게 모든 무기를 보급한 거예요. 이렇게 전열을 가다듬은 12신은 힘을 합쳐 기간테스를 모두 죽여버립니다. 이것이 '기간토마키아Giganthomachia'입니다. 올림포스 신들은 이렇게 전쟁에 승리합니다. 제우스에게는 영광이지만 가이아는 기분이 어떨까요?

단꿈   치욕스럽죠.

설민석   상상도 못 했던 결과였으니까요. 가이아는 물러서는 대신 자신의 모든 힘과 에너지를 모아서 이 세상이 생긴 이래 가장 강하고 무서운 생명체를 만듭니다.

단꿈   또요?

설민석   그때 전쟁에서 승리한 제우스는 구름 위에서 모처럼 평화롭게 축배를 들고 있었어요. 그런데 등

디오니소스 시메온 솔로몬, 개인 소장

뒤에서 한 남성의 목소리가 들립니다. "전쟁은 끝나지 않았습니다. 이제 시작이에요." 그 목소리의 주인공은 프로메테우스Prometheus였습니다.

미래를 예언하는 프로메테우스는 이렇게 경고해요. "가이아가 '그것'을 만들고 있습니다. 지금까지 단 한 번도 경험하지 못한 죽음의 사신, 티폰Typhon입니다."

티폰은 아무도 상대할 수 없는 거신이에요. 키가 얼마나 크냐면 걸어 다니면 머리가 하늘에 있는 별이나 달에 부딪힐 정도예요. 왼손을 뻗으면 세상 서쪽 끝에 닿고 오른손을 뻗으면 세상 동쪽 끝에 닿을 정도로 거대하죠. 입에서는 화염을 내뿜어요. 상반신은 인간의 형상인데 하반신은 수많은 뱀으로 이루어져 있어요.

기간테스의 몰락 페리노 델 바가, 이탈리아 빌라델프린시페박물관

한쪽 손은 서쪽 끝까지, 다른 쪽 손은 동쪽 끝까지 뻗쳐나갔다.
이 손들에선 백 마리의 용들이 튀어나와 있었다.
티폰은…… 한없이 커서 모든 산들보다 높이 있었고
머리는 자주 별들을 건드리기까지 했다.

▶ 아폴로도로스, 『신화집』

티폰에게는 죽음의 날개가 있어서, 한 번 펄럭일 때마다 엄청난 태풍이 불어 세상이 떠내려갑니다. 그래서 '티폰'이라는 이름에서 태풍을 뜻하는 '타이푼Typhoon'이 나온 거예요.

프로테메우스는 가이아의 명령으로 지금 티폰이 올림포스로 향하고 있다고 전합니다. "내가 이길 수 있겠는가?" 제우스의 물음에 프로메테우스가 답하죠. "패배하실 겁니다. 티폰이 당신의 살가죽을 벗기고 온 힘줄을 다 뜯어낼 겁니다. 당신의 늘어진 육신은 세상의 끝에 걸리게 될 거고요." 그의 답을 들은 제우스가 "겁주러 왔구먼!"이라고 반응하자, 프로메테우스는 결연

인간에게 불을 가져다준 프로메테우스
하인리히 퓌거

하게 말합니다. "겁주러 온 게 아니라 용기를 주러 왔습니다. 싸우세요. 이전 전쟁에서 가이아의 목표는 당신이었지만 이번엔 인류의 절멸을 결심한 것입니다. 그녀는 세상을 다시 세우려 하고 있어요. 올림포스 12신뿐 아니라 당신을 따랐던 모든 신과 님프, 인간, 세상의 모든 동식물까지 다 절멸시킬 겁니다. 그리고 그 위에 티탄들을 풀어주고 새로운 세상을 만들려 하고 있어요. 당신이 싸우지 않으면 나의 자식들인 인간도 멸종됩니다. 제우스, 비겁하게 도망가지 말아요. 당신이 싸우면 혹시 압니까? 올림포스의 훗날을 도모하게 될 수도 있잖아요?"

제우스는 지금까지 한 번도 보지 못한 절대강자 티폰을 맞이하게 됩니다. 올림포스의 12신들은 과연 티폰의 공격을 막을 수 있을까요? 가이아 대 제우스의 대전은 잠시 뒤에 계속됩니다.

그림과 신화

거신의 몰락, 기간테스 줄리오 로마노, 이탈리아 팔라초테궁전

단꿈   한 편의 영화를 본 것처럼 스펙터클한데, 화가들은 기간토마키아를 어떻게 표현했을지 궁금해요.

이창용   이탈리아 만토바 지역에 '팔라초테Palazzo del Te'라는 궁전이 있어요. 궁전 전체를 신화로 도배해 놓았는데, 그중 한 방에선 기간토마키아의 장관이 펼쳐집니다. 벽면부터 천장까지 방 전체를 그림으로 꾸며놓았어요. 위 사진 중앙에 나 있는 출입문과 비교해 보면 규모가 얼마나 큰지 짐작되실 겁니다.

모서리 부분도 굴곡 형태를 자연스럽게 연결해서 방 전체가 돔 형태처럼 느껴지도록 구성했고, 천장 또한 원근법을 이용해 끝없이 펼쳐진 하늘을 묘사했어요. 관람객은 방 안으로 들어오는 순간, VR 체험을 하는 것 같은 기분을 느끼게 돼요. 약 500년 전 르네상스 판 '기간토마키아 VR 체험'인 셈이죠.

거신의 몰락
줄리오 로마노, 이탈리아 팔라초테궁전

이야기 속에서는 기간테스의 하체가 뱀으로 표현되는데, 여기서는 평범한 인간처럼 표현되어 있어요. 시대에 따라서 해석이 조금씩 달라질 수 있으니 참고해서 보시면 좋을 것 같아요.

거신의 몰락, 천장화 줄리오 로마노, 이탈리아 팔라초테궁전

하늘로 올라가 보면 올림포스 신들의 모습이 표현돼 있는데, 대부분 겁에 질려 있어요. "맞서 싸우자!"라는 표정이라기보다 "큰일 났는데? 도망쳐야 하는 거 아니야?" 하는 표정이에요. 그 사이에서 유일하게 이들을 독려하는 남성이 있습니다. 기간토마키아의 영웅이죠.

단꿈 헤라클레스!

이창용 네, 헤라클레스가 "다같이 맞서 싸워야지!" 하면서 용기를 북돋아 주는 모습으로 표현돼 있어요.

김헌 기간토마키아 이야기가 아주 거대한 형태로 남아 있는 곳이 또 있습니다. 독일 베를린의 페르가몬 Pergamon 박물관입니다.

페르가몬은 튀르키예 서북쪽에 있는 도시예요. 거기에 있던 신전의 흔적들을 독일의 고고학자가 발굴했죠. 파편들이 방치된 채 있어, 그냥 두면 안 되겠다고 생각해 제단 전체를 떼어 독일로 가져갔는데 거기에 기간토마키아의 다양한 장면이 조각돼 있었던 것입니다.

페르가몬 신전 작자 미상, 독일 페르가몬박물관

사진 ©Vicenç Valcárcel Pérez

페르가몬 신전, 제우스
작자 미상, 독일
페르가몬박물관

위 사진에서 가운데 보이는 건장한 몸이 제우스입니다. 오른쪽 끝에 등이 보이는 거신은 강력했던 기가스로 알려진 포르피리온Porphyrion 이고요. 그가 헤라를 겁탈하려는데, 제우스가 압도하는 장면이죠.

사진 ©Miguel Hermoso Cuesta

**페르가몬 신전,
아프로디테와 에로스**
작자 미상, 독일
페르가몬박물관

이번 작품에서는 아프로디테와 에로스가 보입니다. 위쪽에 작은 부분으로 남아 있는 게 에로스고, 왼쪽에 아프로디테가 있어요. 발을 보면 기가스의 얼굴을 밟고 있어요. 아프로디테가 강력하게 싸우는 뜻밖의 모습을 보여주고 있죠.

페르가몬 신전, 아르테미스
작자 미상, 독일
페르가몬박물관

사진 ©Snowman se

위 사진의 중앙 우측에 있는 여신이 아르테미스입니다. 그 왼쪽 옆에는 아르테미스의 어머니인 레토 여신이 있고, 조금 더 왼쪽으로 가면 아폴론이 있어요. 일가족이 다 동원되어 기간테스와 싸우는 장면이죠.

페르가몬 신전, 아테나와 알키오네우스
작자 미상, 독일
페르가몬박물관

사진 ©Ealdgyth

이것은 아테나 여신이 알키오네우스Alcyoneus와 싸우는 장면입니다. 알키오네우스는 기가스의 왕이라고 하는데, 아테나가 그의 머리채를 잡아당기고 있죠? 아래쪽을 보면 뱀 형태의 하체가 조금 남아 있는 게 보입니다.

페르가몬 신전, 헤라
작자 미상, 독일
페르가몬박물관

이것은 제우스를 돕기 위해 헤라가 달려오는 장면입니다. 많이 남아 있진 않지만, 왼쪽에서 마차를 몰고 있는 게 헤라 여신이에요.

페르가몬 신전, 데메테르
작자 미상, 독일
페르가몬박물관

이 장면은 너무 많이 부서져서 가늠하기 어렵지만, 손에 뭔가를 든 여신의 모습이 일부 보이죠? 데메테르 여신이라고 합니다. 페르세포네를 찾기 위해 들고 다녔던 횃불을 이번에는 무기로 사용하는 장면입니다.

몇 가지 장면만 간단히 소개했지만, 기간토마키아의 수많은 장면이 생생하게 표현되어 남아 있는 곳입니다.

✧ 올림포스 엔드게임, 티폰과의 전쟁

단꿈 무시무시한 티폰과의 전쟁, 어떻게 펼쳐질지 너무 궁금해요.

설민석 아슬아슬합니다. 과연 올림포스의 12신이 막아낼 수 있을까요? 제우스가 12신을 모두 불러 모아 말합니다. "가이아가 다시 전쟁을 일으키려고 하니 도망가야겠다. 우리는 이길 수 없어." 어디로든 물고기나 새로 변신해서 도망가라고 합니다. 제우스는 올림포스와 최후를 함께 하겠다며 티폰에 대항할 준비를 하죠.
잠시 후 태양이 사라져요. 거대한 티폰이 빛을 가리며 나타난 겁니다. 미처 그의 전체 모습을 확인하기도 전에 제우스는 목덜미를 잡혀버립니다. 제우스 눈에 보이는 건 자기를 움켜쥔 손가락뿐이에요. 숨도 못 쉴 것 같아 '이대로 끝인가?' 하는 순간, 티폰의 손가락이 벌어지며 제우스는 풀려납니다. 전쟁의 여신 아테나가 티폰의 엄지손가락에 창을 박아버렸거든요. 하지만 잠시 후 아테나는 티폰이 휘두른 손에 맞아 세상 밖으로 날아가 버립니다.
다시 제우스를 잡은 티폰은 새끼손가락 손톱으로 제우스의 정수리를 찢고, 살갗을 벗겨 모든 힘줄을 다 뜯어냅니다.

단꿈 예언대로네요.

설민석 프로메테우스의 예언은 틀린 적이 없어요. 티폰은 제우스의 힘줄을 자기가 갖고 육신은 세상의 끝에 둡니다. 여기에서 말하는 세상의 끝이 어디일까요?

반란을 벌인 티탄들이 감옥에 갇혔다고 했죠? 그때 갇히지 않고 따로 형벌을 받는 티탄이 하나 있었어요. 하늘을 이고 있는 아틀라스입니다. 가이아의 명령을 받은 티폰은 아틀라스의 발밑에 있는 동굴에 제우스의 늘어진 육신을 매달아요. 아틀라스도 가이아의 명령을 받았습니다. 12신 중 누구라도 이것을 가지러 오면 하늘을 내려놓아 버리라고요. 구출 자체가 불가능한 겁니다.

제우스는 그렇게 처참하게 쓰러졌어요. 도망간 올림포스 12신은 물고기, 새, 염소 등으로 변신해 초라하게 숨어 있습니다.

> 신들은 가짜 모습 속으로 자신들을 숨겼다고 한다.
> ……아폴로(아폴론)는 까마귀의 모습으로
> 바쿠스(디오니소스)는 염소로
> 포이부스의 누이(아르테미스)는 고양이로
> 유노(헤라)는 흰 눈을 지닌 소로
> 베누스(아프로디테)는 물고기로
> 퀼레네의 메르쿠리우스(헤르메스)는 따오기 속으로 숨었다.
>
> ✒ 오비디우스, 『변신』

하지만 언제까지 이대로 숨어 있을 수는 없잖아요. 12신이 모여

회의를 엽니다. 선택지가 없으니 무조건 싸워야 한다고 의견을 모으죠. 그러려면 전쟁의 수장이 될 제우스부터 구해야 하는데, 누가 나설까요? 이때 아틀라스의 동굴에 가겠다고 나선 신이 있어요. 제우스가 위기에 처했을 때 배신하지 않고 그를 지켜주었던 그림자, 헤르메스입니다.

단꿈 정말 용감하다.

설민석 한편 티폰이 지배하게 된 세상은 파괴되고 있습니다. 티폰이 한숨을 한 번 쉬면 화염이 뿜어져 나와 곡식과 산림을 다 불태워 버리고, 날갯짓을 한 번 하면 태풍이 일어나 해일이 덮쳐요. 이대로 뒀다가는 세상이 쑥대밭이 될 판이에요.
제우스를 구하기 위해 떠난 헤르메스는 티폰을 찾아가던 길에 어떤 남자가 여유롭게 고기를 구워 먹는 모습을 보게 돼요. 이 혼란 속에서 보기 힘든 희한한 모습에 그에게 말을 걸었어요. 그는 제우스에게 납치된 여동생을 찾는 중이었어요. 헤르메스는 자기가 제우스가 있는 곳을 아는데, 제우스는 티폰이라는 무시무시한 괴물에게 힘줄이 다 뜯겨 산송장 상태이니 만나도 여동생 소식을 알 수 없을 거라고 말해요. 그러자 남자는 뜻밖의 말을 하죠. "저 산등성이 너머에 있는 괴물? 잘 알아요. 얘기도 나눠봤어요. 덩치만 크지 안 무섭던데." 티폰은 올림포스 신들에게만 공격적일 뿐, 한낱 미물인 인간에게는 온순했던 거예요.

이 남자가 제안합니다. "내가 그 힘줄을 가져오면 제우스의 육신에 이어 붙여줄 수 있어요? 그럼 저도 제우스를 만날 수 있는 거죠?" 헤르메스는 약속합니다. "그럼요. 그런데 당신, 할 수 있겠어요?" 남자는 자신 있게 말합니다. "일도 아니지 뭐!" 남자는 티폰 앞으로 달려가더니 피리를 불어요. 그러자 티폰이 우주에 있던 머리를 내려서 "이게 뭐야?" 하고 본 거죠.

그는 영락없는 시골 목동 옷을 입은 채
부푼 볼에 있는 교묘한 숨을 내보내면서
티파온(티폰)의 귀에 간교한 노래를 보내었다.

￫ 논누스, 『디오니시아카』

티폰이 물어요. "소리 좋다. 다른 노래도 들려줄 수 있어?" 남자가 답하죠. "그럼. 그런데 다른 노래는 이 피리로 안 되고 리라가 있어야 돼." "리라? 그게 뭐야?" 이때 남자는 거짓말을 해요. "거북이 등껍질로 틀을 만들고, 소 힘줄을 엮어 만든 악기야. 제우스가 번개로 내 현을 다 잘라버려서 지금은 없어. 제우스의 번개로도 잘리지 않는 현이 있다면, 리라를 만들어서 연주해 줄 수 있는데." 그러자 티폰이 제우스의 힘줄을 던져줍니다. "그럼 이거 가져가서 리라로 만들어. 꼭 리라 연주 들려줘."

남자는 티폰에게 받은 제우스의 힘줄을 헤르메스에게 건넵니다. 헤르메스는 그걸 들고 세상의 끝으로 날아가죠. 그런데 눈물이 계속 흐릅니다. 왜일까요? 헤르메스는 사실 아틀라스의 외손자예요. 역적인 외할아버지가 부끄러워, 기억에서도 마음에서도 모두 지웠죠. 그런데 위급한 순간이 되어서야 찾아가게 된 겁니다. 헤르메스는 아틀라스 앞에 무릎을 꿇고 고합니다. "할아버지 너무 죄송합니다. 못난 손자 왔습니다." 아틀라스는 고개를 돌려 헤르메스에게 말하죠. "이 할아비가 수천 년 동안 하늘을 받치고 있는 이유가 뭔지 아니? 너 때문이란다. 이 하늘이 무너지면 너의 세상도 무너지잖니? 나는 아무것도 못 봤으니 어서 네가 하려던 바를 이루어라." 그리고 눈물이 고인 채 고개를 돌립니다.

단꿈 아, 너무 고맙다.

설민석 헤르메스는 울면서 동굴로 들어가 축 늘어진 제우스의 육신을 업고 날아갑니다. 이제 누가 나타나야 할까요? 의술의 신 아스클레피오스입니다. 그가 제우스의 힘줄을 다시 이어 붙입니다.

살아난 제우스 앞에 12신이 다 모였어요. 그때 하데스가 보낸 저승사자가 제우스에게 편지를 전합니다. 편지에는 이렇게 써 있어요. "제우스야, 너는 절대 티폰을 이길 수가 없다. 저승으로 내려와라. 하늘과 지상을 포기하고 이곳에서 살자." 제우스가 모든 걸 포기하고 숨을까요?

프로메테우스가 한 말이 있잖아요. 비겁하게 숨지 말라고. 제우스는 바로 답장을 씁니다. "형님, 저에게는 아직 12신이 있습니다. 미천한 제우스 아직 죽지 않았어요."

단꿈   하하하. 이순신 장군인가요? 12척의 배 대신 12신!

설민석   그렇게 편지를 써서 지하로 보내고 12신을 모아 작전을 지시합니다. "우리의 작전은 티폰을 코카서스산맥으로 유인하는 거야. 병법에 이르기를 '좁은 곳을 한 명이 지키면 천 명도 막을 수 있다.'고 했어. 티폰은 너무나 몸이 커서 코카서스산맥에 오면 여러 개의 발이 산맥에 하나하나 걸리게 될 거야. 그렇게 기동성을 제압하면 나는 하늘로 솟구쳐 올라가서 그놈의 정수리에 번개를 꽂을 것이야. 그동안 너희가 각자의 권능으로 시선을 끌어줘." 그때 헤르메스가 묻죠. "아버지, 누가 티폰을 좁은 곳으로 유인하죠?"

단꿈   제우스의 힘줄이 끊어지는 것도 봤는데 선뜻 못 나서겠죠.

설민석   그때 전쟁의 신 아레스가 나섭니다. "아버지, 제가 갈게요. 아시잖아요. 제가 도발에는 선수라는 거." 그러면서 아레스가 떠납니다. 나머지 신들은 코카서스산맥에 매복하고 있어요.
원전에는 티폰이 제우스와 1대1로 싸운다는 내용이 나옵니다. 그런데 그건 3천 년 전 버전이잖아요. 그래서 제가 교수님께 자문받은 뒤, 티폰과 펼쳐지는 전쟁 이야기를 새롭게 창작했습니다. 지금부터 이 전쟁, 마음껏 즐겨보시기 바랍니다.

단꿈 기대돼요!

설민석 얼마 후 쿵, 쿵, 쿵 지축을 흔드는 소리가 들리고 아레스가 티폰을 유인해 옵니다. 열이 머리끝까지 오른 티폰은 아레스를 쫓아오다 코카서스산맥에 발이 걸리고 말죠. 움직이지 못하고 있을 때, 제우스가 "이때야!" 하고 신호를 보내며 티폰의 머리를 향해 올라갑니다. 하지만 티폰은 금세 제우스를 잡아버리죠. 신들도 가만있지 않아요. 곧바로 태양의 신 아폴론이 태양 불을 붙인 화살을 연달아 쏩니다. 쏟아지는 불비를 막던 티폰이 다른 손으로 아폴론을 낚아채 태양에 처박아 버려요. 곧바로 헤라가 분노의 주먹을 날립니다. 하지만 티폰이 어느새 여러 개의 발로 헤라를 감아버리죠.

티폰이 분노를 담아 손에 잡은 제우스를 짓이겨 버리려 할 때였어요. 갑자기 그 손가락이 퍽 하고 날아가고 제우스는 풀려납니다. 저승의 문이 열리면서 하데스와 수많은 망자가 밀고 나오기 시작한 거예요. 검은 말이 끄는 마차를 타고 달려오던 하데스가 쌍지창을 던져 티폰의 손가락을 날려버린 거죠. 저승의 문을 지키는 머리 셋 달린 개 케르베로스는 티폰의 다리에 이빨을 박으며 공격합니다. 가장 큰 위력을 발휘한 건 백손이 삼형제예요. 셋이 합쳐 삼백 개나 되는 손으로 바위를 집어 던져 타격했고, 덕분에 붙잡혀 있던 신들이 모두 풀려납니다.

상대가 수백, 수천으로 늘어나자 당황한 티폰은 태풍을 일으키려 날개를 펼치죠. 그때였어요. 곡식의 여신 데메테르가 횃불로 한쪽 날개에 불을 붙여 태워버려요. 티폰은 이제 화염으로 쓸어버리려고 입을 쩍 벌리는데, 갑자기 뭔가가 입을 칭칭 감네요. 송이송이 열매가 달려 있는 넝쿨이에요.

단꿈 혹시 포도?

설민석 술의 신 디오니소스입니다. 환영과 환각을 보게 하는 신이죠. 환영으로 만든 포도 넝쿨로 재갈을 물려 티폰이 입을 못 쓰게 막아버린 겁니다. 이제 티폰은 남아 있는 한쪽 날개로 태풍을 일으키려 합니다. 그런데 또 불이 화르르 붙어버려요. 이 공격의 주인공은 프로메테우스입니다. 프로메테우스는 인간에게 불을 선물해줘서 하늘에서 쫓겨났었는데요. 그 불로 티폰의 남은 날개를 태워버린 겁니다. 그 뒤로는 인간들이 쳐들어오네요. 그리스 연합군부터 유럽, 아시아, 아프리카 연합군 수십만 명이 몰려옵니다. 그런데 병사들만 있는 게 아니에요. 뒤로는 낫과 곡괭이를 든 농부들까지 달려옵니다.

단꿈 농부들이요?

설민석 "씨를 뿌리고 곡식을 가꿔서 수확하는 건 우리의 일상이야. 무엇과도 바꿀 수 없는 소중한 일상을 앗아가다니! 이건 나와 내 가족, 우리 인류를 지키기 위함이다."라며 합세한 겁니다.

그 위로 달의 여신 아르테미스가 날아옵니다. 동물을 관장하는 신이기도 한 그녀 뒤로 코끼리, 사자, 호랑이, 맹금류가 와요. 날개가 있거나, 이빨이 있거나, 발톱이 있거나, 독이 있는 것들은 모두 달려오는 거예요. 위기를 느낀 티폰은 있는 힘을 다해 포도 넝쿨을 뜯어내고 아가리를 벌려 화염을 뿜어댑니다. 바로 그 순간 수증기가 피어올라 인간과 동물을 화염으로부터 보호하는 장막이 되는 게 아닙니까. 잠시 후 불이 꺼지고 수증기가 사라지면서 삼지창을 들고 씩씩거리는 누군가가 보입니다.

포세이돈이죠. 그가 대서양의 물을 끌어와서 화염을 막은 거예요. 모든 능력을 잃은 티폰은 도망가려고 코카서스산맥에서 발을 빼려 합니다. 그런데 그만 중심을 잃고 휘청거리네요. 저승사자가 시시포스를 묶었던 줄로 티폰의 다리를 칭칭 감았던 거예요. 중심을 잃은 티폰이 넘어지더니 "으악!" 비명을 지릅니다. 눈에 뭔가가 박혀 고통받고 있었죠. 자세히 보니 초승달이 박혔어요. 이걸 누가 박았을까요? "나는 하얀 천과 바람만 있으면 어디든지 갈 수 있어요." 기억나세요?

단꿈 아르테미스의 연인 오리온?

설민석 별자리가 된 오리온이 자신의 사랑인 아르테미스의 초승달을 뽑아서 티폰의 왼쪽 눈에 팍 찔러버린 겁니다. 인간부터 별자리까지 모두 하나 되어 티폰을 제압하고 있습니다. 그 순간 높이 튀어오르는 신이 있었으니 바로 제우스입니다. 제우스는 자신의 모든 힘을 모아 티폰의 정수리에 번개를 내리꽂죠. 티폰의 두개골이 쩍 갈라지자 티폰은 한없이 작아져 버립니다.

제우스는 쪼그라든 티폰을 끌고 가서 이탈리아 남부의 땅속에 거꾸로 처박은 다음, 위에다 산을 덮어 영원히 가둬버려요. 그때부터 땅속의 티폰이 끙끙거리면서 신음소리를 낼 때마다 산에서 화염이 솟아났다고 해요. 이것이 오늘날 에트나 화산이라고 합니다. 제우스의 세상, 신들의 세상이 아닌, 우리 모두의 세상을 지키기 위한 최후의 전쟁이 이렇게 끝을 맺습니다.

에트나가 그의 머리를 짓누르고 있다.
그 아래에서 티포에우스(티폰)는 재를 내뿜고
사납게 화염을 입으로부터 토해낸다.
자주 대지의 무게를 밀어내려 하며
도시들과 큰 산들을 몸에서 굴려 보내려 발버둥 치고 있다.

오비디우스, 『변신』

단꿈 울컥하네요. 신들이 힘을 합치는 것도 좋았지만, 인간이 함께하는 부분에서 찡했어요. 하나를 지키기 위해서 모두가 합심하는 마음이 굉장히 뭉클했고요.

그림과 신화

제우스와 테티스 장 오귀스트 도미니크 앵그르, 프랑스 그라네미술관

이창용 이번 이야기에서는 '아, 이래서 제우스가 신 중의 신이구나.' 하는 생각이 들었어요. 그래서 제우스의 위엄과 권위가 느껴지는 작품을 한번 골라봤어요. 도미니크 앵그르라는 화가의 작품입니다. 위 작품 속 모습은 기간토마키아가 끝난 직후의 상황이라고 추정해 볼 수 있어요. 그 근거는 제우스가 앉아 있는 왕좌 아래의 장식이에요. 부조 같은 장식이 있죠. 자세히 보면, 왼쪽에는 제우스가 번개를 던지려는 순간을 표현하고 있어요. 맞서 싸우는 이들은 하체가 뱀이고요. 기간토마키아를 상징하는 장식이

라는 걸 알 수 있어요. 이를 왕좌에 새겨놓았다는 건 그 전쟁에서 승리했다는 것과 함께 그가 진정한 왕이 되었다는 걸 표현한 것 같아요.

이 작품을 그린 화가 앵그르는 당시 권력자들을 많이 그렸거든요. 그가 그린 최고의 권력자는 나폴레옹이었어요. 나폴레옹의 초상화와 제우스의 그림을 비교해 보면 느낌이 비슷하다는 걸 알 수 있어요. 나폴레옹이 제우스의 홀과 같은 지팡이를 쥐고 있죠? 바닥 태피스트리에는 제우스의 상징인 독수리가 새겨져 있고, 머리에 쓰고 있는 것도 월계관이에요. 그리스 로마 신화에서 권력을 상징하는 것은 모두 가져온 것 같아요. 기독교가 공인되고 난 후에는 더 이상 그리스 신화가 종교로서 받아들여지지는 않았지만, 서양 문화 전반에 스며들어서 그림에도 영향을 주고 있다는 걸 알 수 있습니다.

자화상 장 오귀스트 도미니크 앵그르, 프랑스 콩데박물관

황좌에 앉은 나폴레옹 장 오귀스트 도미니크 앵그르, 프랑스 군사박물관

✦ 제우스의 성공 신화가 갖는 의미는?

단꿈   교수님은 설민석 선생님이 창작한 이야기를 어떻게 들으셨는지 궁금해요.

김헌   '신화란 무엇인가'를 다시 생각하는 시간이 되었습니다. 이번 이야기는 원전에서 많이 벗어나 있고, 전통적인 그리스 로마 신화에서도 벗어난 느낌이 있어요. 하지만 우리가 원전의 틀을 과감하게 벗어나서 우리 시대에 맞게 새로운 이야기를 만들어나간다면, 바로 이런 신선한 이야기가 되지 않을까 싶었어요.

그러면서 상상도 해봤어요. 이집트 어디에선가 항아리가 발견된 거예요. 열어보니까 파피루스에 글이 적혀 있는데 지은이 이름이 '설민석쿠스'인 겁니다. 제목은 〈티포노마키아〉. 그동안 알려지지 않았던 티폰 이야기를 담고 있는 거죠. 티폰 이야기는 사실 어느 책을 봐도 한 페이지 이상 안 넘어갈 정도로 분량이 무척 짧거든요. 설민석 선생님이 2300년 전에 태어나서 지금 이야기해 주신 걸 파피루스에 남겼다면, 그 이야기가 원전으로 통하며 지금 우리들에게 읽혔겠죠.

설민석   영광입니다.

단꿈   오늘 최초로 제우스가 권위 있어 보였거든요. 제우스의 성공 신화가 갖는 의미는 뭘까요?

김현 신화는 역사나 철학이나 과학이 없던 시대에서 세상에 대한 지식과 삶에 대한 지혜를 담아냈던 콘텐츠였다고 볼 수 있어요. 플라톤의 『국가』에 나오는 '인간이 살아갈 때 필요한 네 가지 덕'이 있는데, 지혜, 용기, 절제, 정의거든요. 그 시대 사람들은 바로 이 미덕을 제우스가 구현했다고 이야기해요. 그래서 제우스의 이야기를 통해 아이들은 '내가 어떤 미덕을 가져야 삶을 성공적으로 이끌 수 있을까.'를 배우고, 사회의 지도자는 '어떤 모습으로 이 공동체를 이끌어야 할까.'를 배웠던 거죠.

또 역사적으로도 그리스는 굉장히 파란만장했어요. 실제 그리스인들은 외적으로부터 침입받고 내부적으로 분열할 때, 기간토마키아를 거쳐서 티폰을 이겨낸 신화를 되새기며 큰 힘을 얻었죠. 이 이야기를 '카오스에서 코스모스로'라고 정리하기도 해요. 카오스는 혼란과 혼돈, 코스모스는 안정과 질서라고 말할 수 있어요. 수많은 혼란 속에서 누군가는 앞에 나서고, 남은 자들은 힘을 합하며 각자의 역할을 하면 모든 위기를 극복하고 안정적인 공동체와 행복을 유지해 나갈 수 있다는 메시지가 담겨 있어요.

그리스인과 로마인이 담아내려고 했던 메시지, '이것만은 후손들이 꼭 알고 살아갔으면' 해서 남겨둔 이야기들을 되새겨 보면 오늘날 우리의 삶에도 큰 도움이 될 거라 생각합니다.

에필로그

남은 봄을 헤아려볼 때
우리가 향해야 할 길을 알 수 있다면

  방송 첫 미팅이 엊그제 같은데 역시 시간은 아폴론의 화살처럼 빠르네요. 하루하루 지나는 저의 시간에도 언젠가는 끝이 있을 텐데, 삶이 달콤하고 아름다울수록 죽음 없는 삶을 누리는 신들이 부러워집니다. 하지만 '영원히 산다면 마냥 좋기만 할까, 우리의 유한한 삶이 어쩌면 신들의 무한한 생활보다 더 아름답진 않을까.'라는 생각도 해봅니다. 끝이 있기에 더 소중해서 더욱 의미 있게 살 방법을 고민하게 되니까요.

  유한한 삶이 안타까워 영원한 신들의 삶을 상상했던 그리스 로마인들은 불멸하는 신들의 세계를 멋지게 그려내고, 이야기로 지어내며 엿보는 재미로 무료함을 달랬습니다. 그런데 신들의 사생활은 인간의 삶과 크게 다르지 않았습니다. 사실 그리스 로마인들은 인간의 본성과 삶의 진실을 신들에게 담아내며 사람 사는 세상을 비춰보았던 겁니다. 그리고 마침내 인생의 참된 가치를 발견합니다. 유한해서 더 찬란할 수 있는 것이 인생임을 선언했던 것이죠.

  그리스 로마 신화를 연구하고 가르치는 서양 고전학자로서 이렇게 훌륭한 팀과 시즌 1, 2 방송을 해냈다는 것이 감격스럽습니다. 그리스 로마 신화는 단순히 먼 옛날 머나먼 땅의 이야기가 아니라, 인류의 소중한 자산이 되었습니다. 나아가 우리만의 시각으로 새롭게 해석하고 이야기를 재구성하고 발전시켜 문화적 자산으로 만들 수 있는 단계에 와 있습니다. 이번 시즌 2 방송이 그 가능성을 충분히 보여줬지요. 시즌 1에서는 어떻게 그리스 로마 신화의 세계가 탄생하고 제우스가 권력을 잡았는지에 대해 이야기했다면, 이번 시즌 2에서는 제우스가 권력을 확고히 하고 확장해 나가는 여정을 그렸습니다. 제우스는 이 과정에서 신뢰할 만한 동반자들을 선택하고 올림포스 12신 체제를 구축했는데, 우리는 그 신의 면면을 그리며 채워나간 것이지요. 이렇게 확립된 체계에 닥친 거센 도전에 제우스와 신들이 성공적으로 대응하면서 영원한 권력을 단단하게 다져낸 대서사시가 펼쳐졌습니다.

   전통의 신화를 원전에 충실하면서도 개연성과 설득력 있는 상상력으로 재구성하고 흥미롭게 전달하는 것이 무척 힘든 과정이었음에도 누구든 빠져들게 만드는 설민석 선생님의 스토리텔링과 이창용 선생님의 세심한 미술 작품 해설이 있어 이번 시즌이 더욱 빛났습니다. 진행을 매끄럽게 이끌어준 한가인 님의 역할도 중요했지요. 부디 이 책이 독자들께 방송의 감동을 포착해 영원히 가슴 속에 심어주는 도구가 되어, 이 세상을 살아가시는 데 큰 힘을 드릴 수 있기를 바랍니다.

서울대학교 인문학 연구원 교수 김헌

에필로그

우리가 신화와 예술에 빠지는 이유

〈신들의 사생활-그리스 로마 신화〉두 번째 시즌에 참여하게 된 이창용입니다. 이번 기회를 통해 제가 늘 생각해 오던 신화와 예술 작품 사이의 관계를 더욱 깊이 있게 들여다볼 수 있었습니다. 소중한 시간 속 함께 해준 많은 분께 이 지면을 빌려 고마운 마음 먼저 전합니다.

그림과 신화에는 공통된 매력이 있습니다. 다가가면 갈수록 더 큰 감동과 다양한 시각을 선물해 준다는 점이죠. 어떤 작품이든 창작자가 전하고 싶은 메시지를 품고 있고, 그로부터 느끼는 감동의 크기는 감상하는 이가 들여다본 깊이에 따라 달라진다는 사실이 참으로 매력적입니다.

과연 그 이유는 무엇일까요? 아마도 그림과 신화가 '삶'을 이야기하고 있다는 것, 따라서 살아 있는 이라면 누구든 공감할 수밖에 없는 주제이기 때문이 아닐까 싶습니다. 수많은 예술가, 작가, 철학자가 매료되었고 고뇌했고, 또 탐구하고자 끊임없이 파고들었던 삶에 대한 성찰과 고찰 그리고 더 나아가 사후의 삶까지가 신화에도 예술 작품에도 고스란히 녹아 있기 때문입니다. 결국 작가가 전하고픈 메시지는 삶을 살아가는 다양한 상태에 대한 것이며, 신화와 그림은 그 표현 방식에서만 차이가 있을 뿐 본질은 동일했던 건지도요.

   그동안 수없이 많은 작품을 만나고 연구했지만 이번 방송에서는 이와 같은 이유로 조금 다른 방식으로 해설을 풀어봤는데, 이야기를 따라가며 작품을 고르고 흐름을 이어가는 과정이 저를 놀랍도록 그 세계에 푹 빠지게 만들더군요. 결국 그 모든 과정이 '잘 살아가는 방식'을 배우며 찾아가는 여정이었으니까요.

   작품이 전하는 메시지에 상상력을 더해 창작자의 생각이나 마음까지 찾아가는 길은 언제나 즐겁습니다. 특히 이번에는 김헌 교수님, 설민석 선생님과 함께 머리를 맞대고 준비할 수 있어 더욱 의미 있는 시간이었습니다. 독자 여러분도 이 책을 통해 한 발 더 가까이 다가가 신화 이야기에 빠져들고 예술 작품 속에 녹아들어 보시길 바랍니다. 지금까지와는 또 다른 감동이 기다리고 있을 것이라 믿습니다.

미술사 강사 이창용

에필로그

신화가 우리에게 말하는 것들

고전 속 생생하게 살아 숨쉬는 신과 인간들의 매력적인 이야기를 많은 분과 나누고자 시작했던 〈신들의 사생활 - 그리스 로마 신화〉, 그 두 번째 시즌이 많은 사랑을 받으며 막을 내렸습니다. 무엇보다도 이번 시즌에서 가장 중점을 두었던 부분은 제우스가 권력을 잡은 이후 어떻게 체제를 완성하고, 유지하고, 또 지켜냈는가에 대한 의미를 전하는 것이었습니다. 이는 '신화 속에서 깨달음을 얻으며 세상 살아가는 법을 배운다.'는 핵심 기획 의도로 이어지는 세계관이기도 합니다.

헤라클레스에게 12과업이 있었던 것처럼 두 번째 시즌에는 총 12개의 굵직한 이야기가 펼쳐집니다. 저는 이번 이야기 속에서 신들이 때로는 버겁고 아프더라도 그들이 지켜내야 하는 것들에 최선을 다하고 또 이겨내는 과정을 담으면서, 어쩌면 오늘날 우리가 살아가는 모습과 많이 닮아 있다는 생각을 했습니다.

죽지 않고 영생하는 신이기 때문에 혹시라도 자신을 능가하는 아들이 태어날까 봐 불안해하는 제우스, 역적의 외손자로 태어났지만 역경을 딛고 올림포스 12신에 오른 헤르메스, 속임수 때문에 가족을 모두 죽여 버렸지만 자신의 죄를 씻기 위해 온 힘을 다해 12과업을 해낸 헤라클레스. 이들의 이야기는 과연 우리에게 어떤 메시지를 줄까요?

그리스 로마 신화는 원전이 여러 가지로 전해지고, 시대에 따라 또 사람에 따라 해석도 매우 다양합니다. 같은 이야기로도 각자가 얻는 교훈은 다를 수 있다는 것이죠. 하지만 한 가지는 분명하지 않을까요? 삶에서 맞닥뜨리는 매 순간은 어느 누구에게든 처음 찾아온 것이라 서툴 수밖에 없고, 방향을 안내해 주는 존재가 있다면 우리는 지금보다 더 지혜로워질 수 있다는 것입니다. 이런 이유로 그리스 로마 신화로 전하는 이 책의 메시지가 매일을 겪어가는 우리에게 도움이 되어줄 것이라 생각합니다.

이번 시즌의 이야기는 김헌 교수님이 세운 탄탄한 세계관을 기반으로 여러 작가진과 수많은 회의를 거치며 한 땀 한 땀 이야기를 구성하는 과정을 거쳤습니다. 덕분에 거대한 이야기를 엮은 12개 주제가 전하고자 하는 메시지를 묵직하게 담아내게 된 것 같아 매우 기쁩니다.

이런 노력으로 완성한 하나하나의 이야기가 선물 같은 우리의 삶에서 늘 반짝이며 지혜로운 길로 안내해 주길 바랍니다. 그리고 조금이라도 더 따뜻하고, 여유로운 마음으로 서로를 지켜낼 수 있기를요.

고맙습니다.

스토리텔러 설민석

신들의 사생활을 스케치하다!
이야기를 구성한 과정이 생생하게 담긴 설민석 드로잉

- 영웅의 탄생! 헤라클레스 -

헤라클레스와 사자 투구

- 술의 탄생, 디오니소스 -

디오니소스를 허벅지에 넣어 탄생시킨 제우스의 사연

니사산에 디오니소스를 데려다주는 헤르메스

- 아테네에서 생긴 일, 포세이돈 VS 아테나 -

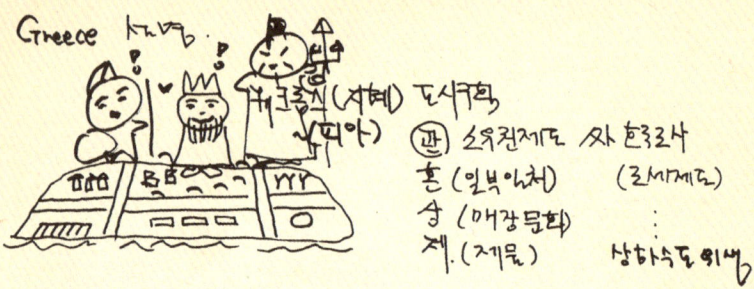

살기 좋은 도시국가를 만든 케크롭스 왕

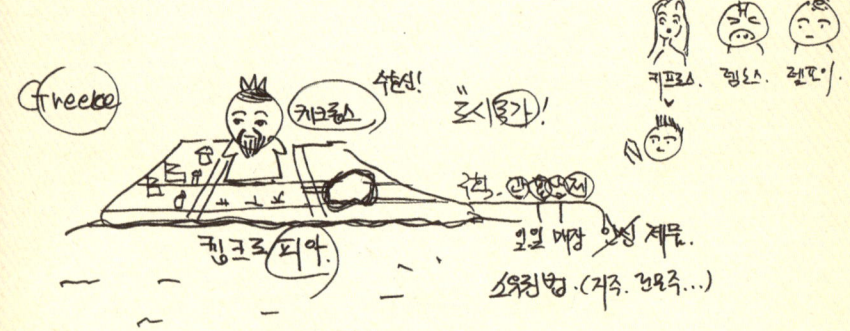

수호신을 기다리는 케크롭스 왕

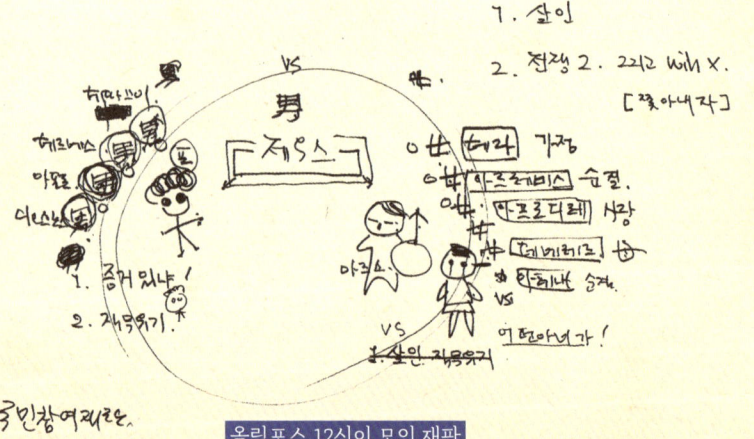

올림포스 12신이 모인 재판

- 헤르메스의 성공 신화 -

헤르메스의 능력

- 아르테미스의 분노와 복수 그리고 사랑 -

아르테미스와 오리온의 사랑 이야기

- 결혼과 가정의 여신, 헤라 이야기 -

헤라의 마음

- 데메테르와 하데스 -

허기의 여신과 풍요의 여신

〈신들의 사생활 – 그리스 로마 신화〉
만든 사람들

기획

박진성 장군 김형배

책임 연출

권오용 안철완

연출

송성찬 이정선 정대영 김은지 신새봄 박소영 강다현 송은지 정민정 김수현

기획 작가

안채리 정지온

작가

김수지 이연정 최민지 김소희 송지혜 정민지 민예람

내용 감수

김헌 최미 김민수 김충구

그림 감수

김성진 김영숙

번역

김민수 최미

아트 & 디자인

최은정

신들의 사생활 2-그리스 로마 신화
ⓒDankkumi Corp.

1판 1쇄 인쇄 2023년 09월 07일
1판 1쇄 발행 2023년 09월 18일

지은이 〈신들의 사생활-그리스 로마 신화〉 제작팀

펴낸이 장군 | **총감독** 설민석
총괄 조성은 | **편집** 고연경, 박정민, 류지형 | **윤문** 최성은 | **구성** 기서경
디자인 올컨텐츠그룹, 윤나래, 강은정, 김지선 | **영업** 박민준, 최연수, 황단비
마케팅 박상곤, 강지성, 방현영 | **제작** 혜윰나래
사진 Wikimedia

펴낸곳 단꿈아이
출판등록 2019년 10월 8일 제 2019-000111호
문의   내용문의 dankkum_i@dankkumi.com
            구입문의(영업마케팅) 031-623-1425 | Fax 031-602-1277
주소 13487 경기 성남시 분당구 판교로 242(삼평동), C동 701-2호

홈페이지 dankkumi.com | **인스타그램** @seolsamtv | **유튜브** '설민석', '설쌤TV' 검색

ISBN 979-11-93031-26-1   03210

• 이 책의 저작권은 (주)단꿈아이에 있습니다.
• 이 책은 저작권법에 따라 보호받는 저작물이므로 무단전재와 무단복제를 금합니다.
• 이 책의 전부 또는 일부를 재사용하려면 반드시 저작권자의 동의를 받아야 합니다.